JN050773

学ぶ人は、
変えて
ゆく人だ。

目の前にある問題はもちろん、

人生の問いや、

社会の課題を自ら見つけ、

挑み続けるために、人は学ぶ。

「学び」で、

少しずつ世界は変えてゆける。

いつでも、どこでも、誰でも、

学ぶことができる世の中へ。

旺文社

旺文社
中学
総合的研究

三訂版

問題集

社会

旺文社

はじめに

「もっと知りたくなる気持ち」を湧き立たせる参考書として、旺文社は2006年に『中学総合的研究』の初版を刊行しました。たくさんのかたに使っていただき、お役に立てていることを心からうれしく思っています。

学習意欲を高めて、みなさんの中にあるさまざまな可能性を引き出すきっかけになることが『中学総合的研究』の役割の1つですが、得た知識を定着させ、活用できるようになるには、問題を多く解いてみることが重要です。そのお手伝いをするために『中学総合的研究』に準拠した『中学総合的研究問題集』をここに刊行するものです。

この問題集は、身につけた基礎学力をきちんと使いこなせるようになるために、易しい問題から無理なく実践問題に進んでいける段階的な構成になっています。得意な単元は実践問題から、苦手な単元は易しい問題から、というように、自分の学習レベルに応じて効率的な問題演習をすることができます。

また、近年では中学校の定期テストで知識理解、思考・判断、資料読解・活用などの観点別の問題を取り上げる学校が増えています。この問題集ではそれぞれの問題がどの観点に分類されるかがわかるようになっていますので、その問題を解くことでどのような力が身につくのかを意識しながら取り組むことができます。

ただ、問題を解いているうちに、知識不足で解けない問題が出てくるかもしれません。知識が足りないときはいつでも、『中学総合的研究』を開いてみましょう。知識が足りないと気づくこと、それを調べようとする姿勢は重要な学習の基盤です。

総合的研究本冊とこの問題集をともに使っていただければ、知識を蓄積し、その知識を駆使する力がきっと身につきます。みなさんが、その力を使って、学校の勉強だけではなく、さまざまなことに挑戦をし、みなさんの中にある可能性を広げることを願っています。

株式会社　旺文社　代表取締役社長
生駒大壱

もくじ

 地理編

第 1 章	世界と日本の地域構成		8
第 2 章	世界の国々①	アジア	12
第 3 章	世界の国々②	ヨーロッパ・ロシア連邦・アフリカ・オセアニア	18
第 4 章	世界の国々③	南北アメリカ	24
第 5 章	自然環境からみた世界と日本		30
第 6 章	人口・資源・産業からみた日本		36
第 7 章	交通・通信・生活・文化からみた日本		42
第 8 章	都道府県のようす①	北東部・中央部	47
第 9 章	都道府県のようす②	南西部	53
第10章	身近な地域の調査		59

 歴史編

第 1 章	文明のおこりと日本	66
第 2 章	古代の日本	72
第 3 章	中世の日本	78
第 4 章	天下統一と幕藩体制の成立	84
第 5 章	幕藩体制の展開と動揺	90
第 6 章	欧米諸国のアジア進出と日本の開国	96
第 7 章	明治政府の成立と国際社会の中の日本	102
第 8 章	第一次世界大戦と日本	110
第 9 章	第二次世界大戦と日本	116
第10章	現代の日本と世界	122

公民編

第 1 章	現代社会とわたしたちの生活	130
第 2 章	人権の尊重と日本国憲法	136
第 3 章	民主政治① 選挙・地方自治	144
第 4 章	民主政治② 国会・内閣・裁判所	150
第 5 章	消費生活と企業	158
第 6 章	福祉の向上と政府・財政	166
第 7 章	世界平和と人類の福祉	172

入試予想問題

| 入試予想問題　第 1 回 | 177 |
| 入試予想問題　第 2 回 | 185 |

社会情勢の変化により、掲載内容に違いが生じる事柄があります。
弊社ホームページ『知っておきたい時事ニュース』をご確認ください。
https://www.obunsha.co.jp/pdf/support/jiji_news.pdf

本書の特長と使い方

STEP1 単元の基礎知識を整理

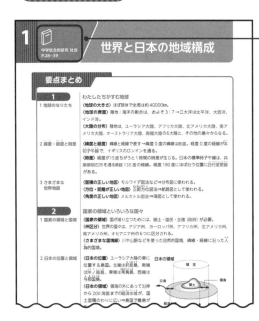

それぞれの章において重要な項目を
整理します。

**中学総合的研究
社会 P.○○**

各章が「中学総合的研究
社会」のどの部分に該当す
るかを示しています。

STEP2 基本的な問題で確認

基本的な問題を集めた一問一答形式
で、「要点まとめ」の内容が理解でき
ているかを確認します。

解答は、別冊の解答解説に
掲載されています。

「中学総合的研究問題集　社会　三訂版」は，中学3年間の社会の学習内容を網羅できる問題集です。問題がステップ別になっているので，自分の学習進度に応じて使用することができます。単元ごとに「中学総合的研究　社会　四訂版」の該当ページが掲載されており，あわせて学習することで，より理解を深めることができます。

STEP3　実践的な問題形式で確認

実際の定期テストや入試問題にあわせた形式の問題を掲載しています。

問題の出題頻度を示します。

でる！ → 定期テストレベルで問われやすい，重要問題につきます。

差がつく → 難易度の高い問題につきます。

それぞれの問題で必要な力を示します。
これは，観点別評価の観点にもとづいています。

知識・理解　基本的な社会科用語の力。

資料　地図や写真などの資料を読み取る力。

思考　地理・歴史・公民的観点から考える力。

※大問や小問につきます。大問のなかの小問についている場合は，その問題がとくに必要とする力です。

STEP4　入試予想問題で力試し

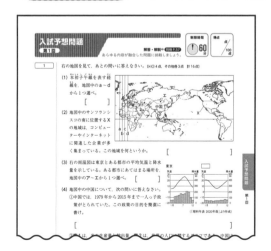

実際の入試問題を想定したオリジナル問題です。入試本番に向けて，力試しをしてみましょう。

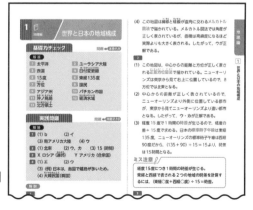

「基礎力チェック」「実践問題」「入試予想問題」の解答・解説は別冊を確認しましょう。

監修者紹介

大東文化大学文学部歴史文化学科特任教授
大野新

清泉女子大学特任教授 (元東京学芸大学附属小金井中学校副校長)
平田博嗣

開成中学校・高等学校教諭
松本英治

東京学芸大学附属竹早中学校教諭
上園悦史

スタッフ一覧

編集協力／有限会社マイプラン
校正／尾崎涼子，株式会社東京出版サービスセンター，中山みどり，小田嶋永，株式会社ぷれす
本文デザイン／平川ひとみ (及川真咲デザイン事務所)
装丁デザイン／内津剛 (及川真咲デザイン事務所)
写真協力／アフロ，茅野市尖石縄文考古館，宮内庁三の丸尚蔵館，公益社団法人 日本臓器移植ネットワーク，
国立国会図書館，徳川美術館所蔵　© 徳川美術館イメージアーカイブ /DNPartcom，長崎大学附属図書館，
長崎大学附属図書館経済学部分館，日本写真著作権協会，ColBase (https://colbase.nich.go.jp/)

地理編

第 1 章	世界と日本の地域構成	8
第 2 章	世界の国々① アジア	12
第 3 章	世界の国々② ヨーロッパ・ロシア連邦・アフリカ・ オセアニア	18
第 4 章	世界の国々③ 南北アメリカ	24
第 5 章	自然環境からみた世界と日本	30
第 6 章	人口・資源・産業からみた日本	36
第 7 章	交通・通信・生活・文化からみた日本	42
第 8 章	都道府県のようす① 北東部・中央部	47
第 9 章	都道府県のようす② 南西部	53
第 10 章	身近な地域の調査	59

世界と日本の地域構成

要点まとめ

1

1 地球のなりたち

わたしたちがすむ地球

〈**地球の大きさ**〉ほぼ球体で全周は約40000km。

〈**地球の表面**〉陸地：海洋の割合は，およそ3：7→三大洋は太平洋，大西洋，インド洋。

〈**大陸の分布**〉陸地は，ユーラシア大陸，アフリカ大陸，北アメリカ大陸，南アメリカ大陸，オーストラリア大陸，南極大陸の6大陸と，その他の島々からなる。

2 緯度・経度と時差

〈**緯度と経度**〉緯線と経線で表す→緯度0度の緯線は赤道。経度0度の経線が本初子午線で，イギリスのロンドンを通る。

〈**時差**〉経度が15度ちがうと1時間の時差が生じる。日本の標準時子午線は，兵庫県明石市を通る東経135度の経線。経度180度にほぼ沿う位置に日付変更線がある。

3 さまざまな世界地図

〈**面積の正しい地図**〉モルワイデ図法など⇒分布図に使われる。

〈**方位・距離が正しい地図**〉正距方位図法⇒航路図として使われる。

〈**角度の正しい地図**〉メルカトル図法⇒海図として使われる。

2

1 国家の領域と国境

国家の領域といろいろな国々

〈**国家の領域**〉国が成り立つためには，領土・国民・主権（政府）が必要。

〈**州区分**〉世界の国々は，アジア州，ヨーロッパ州，アフリカ州，北アメリカ州，南アメリカ州，オセアニア州の6つに区分される。

〈**さまざまな国境線**〉川や山脈などを使った自然的国境，緯線・経線に沿った人為的国境。

2 日本の位置と領域

〈**日本の位置**〉ユーラシア大陸の東に位置する島国。北端は択捉島，南端は沖ノ鳥島，東端は南鳥島，西端は与那国島。

〈**日本の領域**〉領海の外にあって沿岸から200海里までの経済水域が，国土面積のわりに広い⇒島国で離島が多いため。

〈**日本の領土問題**〉ロシア連邦との北方領土（国後島，択捉島，色丹島，歯舞群島）問題，韓国との竹島問題や中国との尖閣諸島の問題などがある。

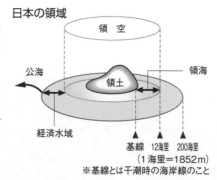

日本の領域

領空

公海　領土　領海

経済水域

基線　12海里　200海里

（1海里＝1852m）

※基線とは干潮時の海岸線のこと

3 世界のいろいろな国々

〈**面積**〉最も大きいロシア連邦，最も小さいバチカン市国。

〈**人口**〉中国，インド，アメリカの順に多い。

基礎力チェック

ここに載っている問題は基本的な内容です。必ず解けるようにしておきましょう。

1 三大洋は，大西洋，インド洋とあと1つは何か。　[　　　　　]

2 6大陸のうち，最も面積が広い大陸は何か。　[　　　　　]

3 緯度0度の緯線を何というか。　[　　　　　]

4 経度180度付近に引かれていて，この線をまたぐときは日付を進めたり遅らせたりする線を何というか。　[　　　　　]

5 地球が24時間で1回転することから，経度が何度ちがうと1時間の時差が生じるか。　[　　　　　]

6 日本の標準時を定めている，兵庫県明石市を通る経線の経度は何度か。　[　　　　　]

7 右の地図は，東京を中心とする正距方位図法の地図である。この地図では，東京からの距離と何が正しく表されているか。　[　　　　　]

8 国家が成り立つための条件は，領土，主権（政府）とあと1つは何か。　[　　　　　]

9 世界を6つの州に分けたとき，日本が属する州はどこか。　[　　　　　]

10 イタリアの首都のローマ市内にある，世界最小の国を何というか。　[　　　　　]

11 日本の最南端の島を何というか。　[　　　　　]

12 領海の外側で沿岸から200海里までの水域では，沿岸国が水域内の資源などを利用する権利が認められている。この水域を何というか。　[　　　　　]

13 ロシアに不法占拠されている，国後島，択捉島，色丹島，歯舞群島の島々を何というか。　[　　　　　]

実践問題

実際の問題形式で知識を定着させましょう。

1 右の地図を見て，次の問いに答えなさい。

でる！ (1) 知識・理解 赤道を表す緯線を，地図中の**a～c**から1つ選べ。

[　　　　　]

(2) 資料 地図中の**d**の経線が通る都市を，次の**ア～エ**から1つ選べ。

ア　ニューヨーク　　イ　ロンドン
ウ　ペキン　　　　　エ　モスクワ

[　　　　　]

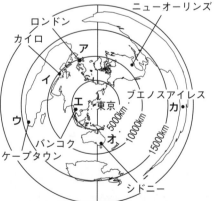

でる！ (3) 知識・理解 地図中の**A**の国は何大陸にあるか。 [　　　　　]

(4) 知識・理解 地図中の**X**，**Y**は，地図上では同じ面積を表しているが，実際の面積はどのようになっているか。正しい文を次の**ア～ウ**から1つ選べ。

ア　X と Y は実際の面積も等しい。
イ　X は Y よりも実際の面積が小さい。
ウ　Y は X よりも実際の面積が小さい。

[　　　　　]

2 健太さんは，日本とニューオーリンズの位置を調べるために，下の地図を用意した。次の問いに答えなさい。〈長野県〉

東京からの距離と方位が正しい地図

でる！ (1) 資料 東京から見て，ニューオーリンズは8方位でどの方位になるか，漢字で書け。

[　　　　　]

(2) 資料 東京から見て，ニューオーリンズより遠くにある都市を，地図中の**ア～カ**からすべて選べ。

[　　　　　]

(3) 思考 日本とニューオーリンズの時差は，何時間になるか求めよ。標準時を決める子午線は，日本では東経135度，ニューオーリンズのある地域では，西経90度である。ただし，夏時間（サマータイム）は，考えないこととする。 [　　　　時間]

3

差がつく

思考 右の資料は，一郎さんが，国土面積が大きい国（2018年）と人口が多い国（2020年）の上位7か国について，それぞれの国の国土面積と人口が，日本の何倍にあたるかを調べたものである。**ア，イ**は国土面積，人口のいずれかを示している。**X，Y**が示す国名を，それぞれ書きなさい。〈福岡県・改〉

X [　　　　　　　　　　　]

Y [　　　　　　　　　　　]

項目順位	ア		イ	
1	X	45.2倍	Z	11.4倍
2	カナダ	26.4倍	インド	10.9倍
3	Y	26.0倍	Y	2.6倍
4	Z	25.4倍	インドネシア	2.2倍
5	ブラジル	22.5倍	パキスタン	1.7倍
6	オーストラリア	20.3倍	ブラジル	1.7倍
7	インド	8.7倍	ナイジェリア	1.6倍

（「世界国勢図会 2020/21」より作成）

4 右の地図を見て，次の問いに答えなさい。

(1) 知識・理解 地図中の**X**は，現在ロシア連邦に対して返還を求めている地域である。この地域に含まれる島として誤っているものを，次の**ア～エ**から1つ選べ。

　ア　択捉島（えとろふとう）
　イ　国後島（くなしりとう）
　ウ　歯舞群島（はぼまいぐんとう）
　エ　南鳥島（みなみとりしま）

[　　　　　]

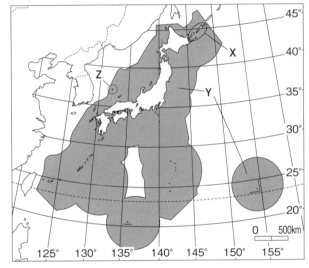

(2) 知識・理解 地図中の**Y**の水域について正しく述べている文を，次の**ア～エ**から1つ選べ。

　ア　この水域は，日本の主権の及ぶ範囲を示している。
　イ　外国の船はこの水域を航行することはできない。
　ウ　この水域で得られる鉱産資源は，日本のものとすることができる。
　エ　この水域の面積は，日本の国土面積とほぼ同じである。

[　　　　　]

(3) 思考 日本は国土面積がせまいわりには，**Y**の水域の面積が広くなっている。この理由を簡潔に書け。

[　　　　　　　　　　　　　　　　　　　　　　　　　　　]

(4) 知識・理解 地図中の**Z**には竹島（たけしま）が位置する。日本は，ある国との間で竹島をめぐって問題をかかえている。ある国とはどこか。国名を書け。

[　　　　　　　　　　]

世界の国々①
アジア

1

1 中華人民共和国

東アジア

〈**自然**〉二大河川は黄河と長江。気候は温帯や冷帯。内陸部は山脈，高原，砂漠。

〈**特色**〉世界一の人口⇒一人っ子政策（2015年まで）。漢民族と多くの少数民族。社会主義の国。

〈**農業**〉人民公社から，各農家が生産を請け負う生産責任制へ転換。

〈**鉱工業**〉石炭，石油，鉄鉱石など鉱産資源が豊富。経済特区⇒外国企業の誘致。

中国の農業区分

2 朝鮮半島

〈**朝鮮民主主義人民共和国（北朝鮮）**〉社会主義の国で，日本と国交が開かれていない。拉致問題，核開発問題など。

〈**大韓民国（韓国）**〉平地が多く気候は温帯。造船や鉄鋼などの重工業やＩＴ産業が発展⇒アジアＮＩＥＳ（新興工業経済地域）の１つ。

2

1 自然・特色

東南アジア

〈**自然**〉大部分が熱帯。

〈**特色**〉ＡＳＥＡＮ（東南アジア諸国連合）を結成。商業や金融業などで華人が活躍。

2 産業

〈**農業**〉米やプランテーションによる天然ゴムなどの生産。

〈**鉱工業**〉すず，石油など鉱産資源が豊富。

マレーシアは，モノカルチャー経済から機械工業が発達した国へ発展。

東南アジアの宗教

▨	キリスト教（カトリック）
	イスラム教
	仏教
	その他の宗教

3

1 自然・特色

南アジア

〈**自然**〉ガンジス川，インダス川。北部にヒマラヤ山脈。季節風の影響を受ける。

〈**特色**〉インドはヒンドゥー教徒が多い。かつてカースト制という身分制度が存在。

2 産業

〈**産業**〉インドでは米や小麦，茶の生産。近年はＩＴ産業も発展。

4

1 自然・特色

西アジア

〈**自然・特色**〉大部分が乾燥帯。多くがイスラム教を信仰。

2 産業

〈**産業**〉原油の産出量が多い⇒ＯＰＥＣ（石油輸出国機構）の結成。

原油の国別生産量割合

アメリカ 15.3%
ロシア 14.0
サウジアラビア 12.2
イラク 5.9
カナダ 5.5
その他 47.1
2019年 47億kl

（「世界国勢図会 2020/21」より作成）

基礎力チェック

ここに載っている問題は基本的な内容です。必ず解けるようにしておきましょう。

1 中華人民共和国（中国）で人口増加を抑えるために 2015 年までとられていた，子どもは 1 人までとする政策を何というか。　　　　　　　　　　[　　　　　　　　　　]

2 中国で人口が最も多いのは何民族の人々か。　　　　　[　　　　　　　　　　]

3 中国の農業でとられている制度で，決められた量の農産物を政府に納め，残ったものは自由市場で売ることができるというしくみを何というか。　　[　　　　　　　　　　]

4 右の地図中の **A** の油田を何というか。

[　　　　　　　　　　]

5 右の地図中の ● は，外国企業を誘致するために外国企業にさまざまな優遇措置をとっている地区である。これらの地区を何というか。

[　　　　　　　　　　]

6 北朝鮮の正式国名を何というか。[　　　　　　　　　　]

7 大韓民国（韓国）や台湾など，1980 年代から，急速に工業が発展したアジアの国や地域を何というか。　　　　　　　　　　[　　　　　　　　　　]

8 1967 年に発足した，東南アジア諸国が政治・経済などさまざまな分野で協力して発展していくことを目的とした組織を何というか。　　[　　　　　　　　　　]

9 天然ゴムや油やしなど，輸出向けの農作物を大量に栽培している農園を何というか。

[　　　　　　　　　　]

10 海外に移住した中国人のうち，その国の国籍をとった人々を何というか。

[　　　　　　　　　　]

11 現在もインドの社会で大きな影響力がある，古くから存在していた厳しい身分制度を何というか。

[　　　　　　　　　　]

12 西アジアで最も多くの人々が信仰している宗教は何か。　[　　　　　　　　　　]

13 西アジアをはじめとする世界の原油生産国が1960年に結成した組織を何というか。

[　　　　　　　　　　]

実践問題

1 中国とインドについて，次の問いに答えなさい。〈市川高·改〉

(1) [資料] 図1中の**ア〜ク**のうち，両国の首都の位置を示しているものはどれか，それぞれ1つずつ選べ。

中国 [　　　] インド [　　　]

図1

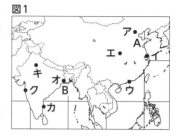

(2) 図1中の**A，B**は，世界的な大河川の河口付近を示している。これらに共通して形成される地形を何というか，書け。 [　　　　　　　]

(3) [資料] 中国とインドでは，さまざまな家畜・農作物が生産されている。次の問いに答えなさい。

① **表1**は羊・豚・牛の家畜頭数上位5ヵ国を示している。あ〜うにあてはまる組み合わせとして正しいものを，あとの**ア〜カ**から1つ選べ。

表1

	1位	2位	3位	4位	5位
あ	中国	オーストラリア	インド	ナイジェリア	スーダン
い	ブラジル	インド	アメリカ	中国	エチオピア
う	中国	アメリカ	ブラジル	スペイン	ドイツ

（「データブック オブ・ザ・ワールド 2020年版」より作成）

ア あ−羊　い−豚　う−牛　　**イ** あ−羊　い−牛　う−豚
ウ あ−豚　い−羊　う−牛　　**エ** あ−豚　い−牛　う−羊
オ あ−牛　い−羊　う−豚　　**カ** あ−牛　い−豚　う−羊

[　　　]

② **図2**の▨は，ある農作物の栽培がさかんな地域を示している。この農作物の名称として正しいものを，次の**ア〜エ**から1つ選べ。

ア さとうきび　**イ** 綿花
ウ バナナ　　　**エ** 茶

[　　　]

図2

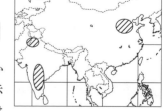

③ **表2**は，さとうきび・綿花・バナナ・茶のいずれかの農作物の生産量上位5ヵ国と生産量世界合計を示したものである。②で選んだ農作物を示したものはどれか，**P〜S**から1つ選べ。

[　　　]

表2

	1位	2位	3位	4位	5位	生産量世界合計（万トン）
P	中国	インド	ケニア	スリランカ	ベトナム	610
Q	ブラジル	インド	中国	タイ	パキスタン	184153
R	インド	中国	インドネシア	ブラジル	エクアドル	11392
S	インド	中国	アメリカ	パキスタン	ブラジル	2616

（「データブック オブ・ザ・ワールド 2020年版」より作成）

2 右の地図を見て，次の問いに答えなさい。

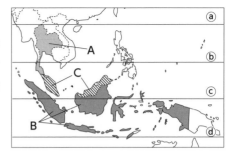

(1) **知識・理解** 地図中の地域は，アジア州の一部である。東アジア，東南アジア，南アジア，西アジア，中央アジア，シベリア地方のどれに属するか，書け。

[　　　　　　　　　　]

でる!

(2) **知識・理解** 地図中の@～@のうち，赤道を示している緯線を1つ選べ。

[　　　]

(3) 地図中のA～Cはインドネシア，タイ，マレーシアのいずれかである。これらの国々について，次の問いに答えよ。〈愛知県・改〉

① **知識・理解** 次の文章は，A～Cのいずれかの国について述べたものである。この文章で述べている国はどこか。あてはまる国を，地図中のA～Cから1つ選び，記号と国名を書け。

> この国は，この地域の多くの国々がヨーロッパ諸国の植民地となる中で，独立を保ち続けた。日本との交流も古くからあり，仏教国として知られている。2019年には，この地域における日本の最大の貿易相手国となっている。

記号 [　　] 国名 [　　　　　　]

② **資料** 次の表は，1970年と2018年の日本と地図中のA～Cの3国との貿易において，輸入額の多い上位3品目の総額に占める割合を示した資料である。表中のX，Yにあてはまる品目を，あとのア～エから1つずつ選べ。

1970年		2018年	
Aからの輸入		Aからの輸入	
品目名	割合(%)	品目名	割合(%)
天然ゴム	29.7	機械類	38.0
とうもろこし	20.6	肉類	7.9
X	8.0	プラスチック	5.0
総額 68255(百万円)		総額 2770728(百万円)	

1970年		2018年	
Bからの輸入		Bからの輸入	
品目名	割合(%)	品目名	割合(%)
原油	50.0	石炭	14.7
木材	27.7	Y	12.4
石油製品	7.6	機械類	11.1
総額 229159(百万円)		総額 2378912(百万円)	

（「数字でみる日本の100年　改訂第7版」より作成）

1970年		2018年	
Cからの輸入		Cからの輸入	
品目名	割合(%)	品目名	割合(%)
木材	45.1	機械類	30.5
すず	22.0	Y	29.2
鉄鉱石	11.0	合板	3.4
総額 150802(百万円)		総額 2091021(百万円)	

ア 自動車　**イ** 小麦　**ウ** 液化天然ガス　**エ** 魚介類

X [　　　] Y [　　　]

3 右の地図を見て，次の問いに答えなさい。

(1) 知識・理解 次の文は，地図中の**A**，**B**どちらの国について述べているか，記号を書け。

〇平野が多く稲作がさかんである。

〇近年，工業の発展がめざましく，アジア NIES の１つに数えられている。 [   ]

でる！

(2) 資料 次の資料は，(1)の国の輸出額・輸入額の上位の品目を示している。資料について述べた文として正しいものを，次の**ア〜エ**から１つ選べ。

ア この国の貿易額は，赤字になっている。

イ 輸出額・輸入額の両方で上位４位以内に入っている品目が２つあり，いずれも輸入額のほうが多い。

ウ プラスチックの輸出額は，輸出額全体の15％以上を占めている。

エ 機械類の輸出額・輸入額は，ともに総額の20％以上を占めている。 [   ]

輸出 (百万ドル)		輸入 (百万ドル)	
機械類	261648	機械類	144724
自動車	60583	原油	80393
石油製品	47454	液化天然ガス	23189
プラスチック	30964	石油製品	22763
その他	204158	その他	264114
計	604807	計	535183

（「世界国勢図会 2020/21」より作成）

4 インドについて，次の問いに答えなさい。

でる！

(1) 知識・理解 資料Ⅰは，インドのおもな宗教人口の割合を示したものである。**A**にあてはまる宗教を書け。

[   ]

資料Ⅰ

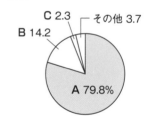

C 2.3　その他 3.7
B 14.2
A 79.8%

（「世界国勢図会 2020/21」より作成）

(2) 資料 資料Ⅱは，インドにかかわる統計を調べたものである。**A〜C**は何の国別割合を示しているか。次の**ア〜エ**から１つずつ選べ。

ア 人口

イ 米の生産量

ウ 鉄鉱石の生産量

エ 石油の生産量

A [   ]
B [   ]
C [   ]

資料Ⅱ

			インドネシア	バングラデシュ		ベトナム	
A	中国 27.1%		インド 22.1	10.6	7.2	5.6	その他 27.4

				インド	ロシア	
B	オーストラリア 36.5%		ブラジル 17.9	中国 14.9	8.3	4.1 その他 18.3

				インドネシア	ブラジル	その他	
C	中国 18.5%		インド 17.7	4.2 3.5		2.7	50.6
		アメリカ			パキスタン 2.8		

（「世界国勢図会 2020/21」より作成）

(3) 思考 インドは，近年ソフトウェアの開発などアメリカの企業と結びついたＩＴ産業が急成長している。その理由の１つを，言語に関するインドの特色の面から書け。

[   ]

5 次の文章は，友子さんと，サウジアラビアで仕事をしていたおじさんとの会話である。これを読んで，あとの問いに答えなさい。〈宮城県・改〉

友子：おじさん，サウジアラビアの首都の①リヤドはどんなところでしたか。

おじ：砂漠の真ん中にある大都市で，夏はとても暑く，一年を通じて雨はほとんど降らなかったよ。

友子：サウジアラビアは，産油国として有名ですよね。

おじ：そうだね。②ラスタヌーラという原油の積み出し港には，たくさんのタンカーが集まっていたよ。サウジアラビアでは，国が経営する会社で原油と石油製品の生産や輸出を行うから，その利益の大部分が国の歳入になっていて，歳入全体の8割を占めていると聞いたよ。

(1) 　資料　右の地図を参考にしてサウジアラビアについて述べた文として正しいものを，次の**ア～エ**から1つ選べ。

ア サウジアラビアは，アジア州に属している。

イ サウジアラビアは，大西洋の沿岸にある。

ウ 首都のリヤドは，仙台市より高い緯度にある。

エ 首都のリヤドは，西経45度の付近にある。

[　　　　]

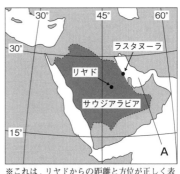

※これは，リヤドからの距離と方位が正しく表されている地図の一部である。

(注：実際の試験で使われた地形図を80%に縮小して掲載)

(2) 　知識・理解　下線部①のリヤドが属している気候帯の名称を，会話を参考にして書け。

[　　　　　　　　　　]

(3) でる！　資料　下線部②のラスタヌーラが面している地図中の**A**の湾を何というか。また，**A**の湾の沿岸にない国を，次の**ア～エ**から1つ選べ。

ア イラク　　**イ** バングラデシュ　　**ウ** イラン　　**エ** アラブ首長国連邦

湾 [　　　　　　　　] 記号 [　　　　]

(4) 差がつく　資料　おじさんとの話に興味を持った友子さんは，サウジアラビアの貿易について調べ，**資料**を見つけた。サウジアラビアの貿易について，**資料**から読みとれることを述べた文として正しいものを，次の**ア～エ**から1つ選べ。

ア 原油の輸出額は，66億ドルになっている。

イ 石油製品の輸出額は，自動車の輸入額と等しい。

ウ 工業製品の輸入額は，輸入の総額の25％に満たない。

エ 輸出の総額は，輸入の総額の1.5倍以上になっている。

[　　　　]

資料 サウジアラビアの貿易（2016年）

輸　出		輸　入	
品目	割合(%)	品目	割合(%)
原油	66	機械類	25
石油製品	11	自動車	14
プラスチック	7	鉄鋼	4
その他	16	その他	57
合　計	100	合　計	100
総額 （億ドル）	2076	総額 （億ドル）	1298

（「世界国勢図会 2020/21」より作成）

3

中学総合的研究 社会
P.66~83,96~98

世界の国々② ヨーロッパ・ロシア連邦・アフリカ・オセアニア

要点まとめ

1 ヨーロッパ

1 自然・特色

〈自然〉南部に**アルプス山脈**が連なる。**ライン川**や**ドナウ川**は**国際河川**。北大西洋海流と**偏西風**の影響で高緯度のわりに温暖な気候。東部は冷帯など。

〈特色〉1990年に東西ドイツが統一される。**バチカン市国**は世界最小の面積の国。オランダは**ポルダー**とよばれる干拓地が多い。⇒国土の4分の1が海面下の土地。ロッテルダムには**ユーロポート**。

〈EU〉1993年にECから**EU**（ヨーロッパ連合）へ発展。東欧諸国も加盟。統一通貨（**ユーロ**）。

EU加盟国（2020年11月現在）

2 農業

〈農業〉大部分で**混合農業**，南部で**地中海式農業**。オランダは**酪農**や**園芸農業**がさかん。フランスはEU最大の農業国⇒**小麦**やぶどう。

3 鉱工業

〈鉱工業〉ドイツの**ルール工業地帯**では鉄鋼業などが発達。**北海油田**の開発。

2 ロシア連邦

1 自然・特色

〈自然・特色〉大部分が冷帯・寒帯。世界最大の面積の国。**ウラル山脈**がアジアとヨーロッパを分ける。

2 産業

〈農業〉**黒土地帯**は小麦の大産地。かつては集団農業⇒農地の私有化が進む。

〈鉱工業〉石炭や原油などの資源が豊富。近年は**BRICS**の1つに。

3 アフリカ

1 自然・特色

〈自然・特色〉北アフリカには**サハラ砂漠**。**ナイル川**は世界最長の川。経緯線に沿った国境線が多い。かつては南アフリカ共和国で**アパルトヘイト**（人種隔離政策）。

2 産業

〈産業〉東部の高原で**コーヒー**・**茶**など，ギニア湾沿岸では**カカオ**の栽培。鉱産資源は，ナイジェリアの**原油**，南アフリカ共和国の**金**・**ダイヤモンド**など。

4 オセアニア

1 自然・特色

〈自然・特色〉オーストラリアの内陸部は砂漠で乾燥帯。オーストラリアは**英語**が公用語。オーストラリアの先住民は**アボリジニ**。

オーストラリアの農業

▨	小麦
▧	羊
▩	牛
▦	酪農

2 産業

〈産業〉オーストラリア，ニュージーランドは**牧羊**がさかん。オーストラリアは**天然ガス**・**石炭**・**鉄鉱石**の生産も多い。

基礎力チェック

ここに載っている問題は基本的な内容です。必ず解けるようにしておきましょう。

1 アルプス山脈に源流があり，ドイツやオランダなどを通って北海に注ぐ国際河川を何というか。

[　　　　　　　　　　　]

2 ヨーロッパの気候に大きな影響を与えている，西から吹く風を何というか。

[　　　　　　　　　　　]

3 1993年に発足した，人や物の移動を自由にするなど，ヨーロッパ諸国の結びつきを強めていくことを目的とした地域共同体は何か。アルファベットで書け。

[　　　　　　　　　　　]

4 　3　 で2002年から流通が開始された統一通貨を何というか。

[　　　　　　　　　　　]

5 フランスなどでさかんな，牛や豚などの家畜の飼育と農作物の栽培を組み合わせた農業を何というか。

[　　　　　　　　　　　]

6 世界で最初に産業革命が始まった国はどこか。

[　　　　　　　　　　　]

7 炭田や　1　 の川の水運を背景に発達した，ドイツ最大の工業地帯を何というか。

[　　　　　　　　　　　]

8 世界最大の面積の国はどこか。

[　　　　　　　　　　　]

9 右の地図中の**A**の砂漠を何というか。

[　　　　　　　　　]

10 右の地図中の**B**の国で多く生産されている農作物は何か。

[　　　　　　　　　]

11 右の地図中の**C**の国で長くとられていた，有色人種を差別する人種隔離政策を，カタカナで何というか。

[　　　　　　　　　]

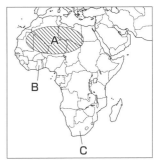

12 右のグラフは，日本のオーストラリアからの輸入品目割合を示している。グラフ中の**D**にあてはまるものは何か。

[　　　　　　　　　]

			肉類 4.5
液化天然ガス 35.4%	D 30.0	鉄鉱石 12.4	その他 17.7

(2019年)(「日本国勢図会 2020/21」より作成)

実践問題

実際の問題形式で知識を定着させましょう。

1

ヨーロッパについて，次の問いに答えなさい。

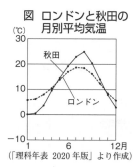

注：⬭ は，2020年11月現在の加盟国を示している。

（「世界国勢図会 2020/21」より作成）

（1） 知識・理解 地図中の▨で示した国々が加盟している組織について，次の問いに答えよ。

でる! ①地図中の▨で示した国々が加盟している，1993年に発足した国際組織を何というか，書け。〈三重県・改〉

[　　　　　　　　]

② ①の組織について述べた文として正しいものを，次の**ア～エ**から1つ選べ。

ア 今後，加盟国が増えることはない。

イ 加盟国間の人やものの移動を自由にした。

ウ 加盟国間で経済格差はない。

エ 加盟国間で，お互いに高い関税をかけている。

[　　　]

でる! ③ ①の組織では，2002年から多くの国で統一通貨の流通が始まった。この統一通貨の名称を書け。〈開成高〉

[　　　　　　　　]

④「永世中立国」を宣言し，①の組織に加盟していない国（2020年11月現在）を，次の**ア～オ**から1つ選べ。

ア イギリス　　イ スイス　　ウ ノルウェー

エ ベラルーシ　　オ フィンランド

[　　　]

（2） 地図中のロンドンについて，次の文は，地図と**図**からわかったことをもとにまとめたものである。この文を読んで，あとの問いに答えよ。〈秋田県・改〉

> ロンドンは秋田より　**X**　に位置しているが，秋田より　**Y**　のは，イギリスの沖合を流れる　**Z**　と偏西風（へんせいふう）の影響を受けるためである。

① 資料 　**X**　，　**Z**　にあてはまる語の正しい組み合わせを，次の**ア～エ**から1つ選べ。

ア **X**－低緯度（ていいど）　**Z**－暖流　　イ **X**－高緯度　**Z**－暖流

ウ **X**－低緯度　**Z**－寒流　　エ **X**－高緯度　**Z**－寒流

[　　　]

② 思考 　**Y**　にはロンドンの気候の特色が入る。年間の気温を秋田と比較して，あてはまる内容を書け。

[　　　　　　　　　　　　　　　　　]

図 ロンドンと秋田の月別平均気温

秋田

ロンドン

（「理科年表 2020年版」より作成）

2 ヨーロッパについて，次の問いに答えなさい。

でる！

(1) 知識・理解 次の文は，地図中の**A**，**B**
の地域でさかんな農業について述べて
いる。それぞれの農業を何というか，
書け。

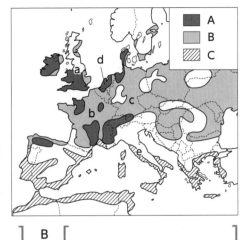

A 乳牛を飼育して，チーズやバター
などの乳製品を生産する農業。

B 小麦，大麦，じゃがいもなどの食
料・飼料作物の栽培と，牛や豚な
どの家畜の飼育を組み合わせた農
業。

A [　　　　　　　　　　] B [　　　　　　　　　　　　]

(2) 思考 地図中の**C**の地域でさかんな農業について，この地域の気候と関連づけて
書け。

[　　　　　　　　　　　　　　　　　　　　　　　　　　　　　　　　　　　]

でる！

(3) 資料 右のグラフの**X**には，
地図中の**a**〜**e**のいずれかの国が
あてはまる。**X**にあてはまる国を，
地図中の**a**〜**e**から１つ選び，記
号と国名を書け。

小麦の生産

	アメリカ合衆国 ロシア				X	
7.34 億t	中国 17.9%	インド 13.6	9.8	7.0	4.9	その他 46.8

小麦の輸出

	オーストラリア カナダ				ウクライナ	
1.97 億t	ロシア 16.8%	アメリカ 合衆国 13.9	11.2	11.2	8.8	X 7.7	その他 30.4

（「世界国勢図会 2020/21」より作成）

記号 [　　　　　] 国名 [　　　　　　　　　　]

差がつく

(4) 資料 それぞれの国の輸出品からは，その国の産業のようすを読みとることがで
きる。次の表は，イギリス・フランス・ドイツ・イタリア・スペインの輸出総額と輸
出額上位６品目の比率を示したものである。イギリスとスペインに該当するものを，
表中の**ア**〜**オ**から１つずつ選べ。〈開成高・改〉

	輸出総額(億ドル)	輸出品目別比率（％）
ア	15624	機械類 28.2　自動車 16.5　医薬品 6.3　精密機械 4.3　金属製品 3.2　プラスチック 2.9
イ	5685	機械類 20.0　自動車 9.6　航空機 9.1　医薬品 6.1　精密機械 2.7　鉄鋼 2.7
ウ	4908	機械類 21.0　自動車 10.8　金(非貨幣用) 6.6　医薬品 6.4　原油 5.6　航空機 3.9
エ	3285	自動車 17.4　機械類 13.3　野菜・果実 6.3　石油製品 5.9　衣類 4.5　医薬品 3.9
オ	5499	機械類 25.8　自動車 7.9　医薬品 5.4　衣類 4.7　鉄鋼 4.0　金属製品 3.9

（「世界国勢図会 2020/21」より作成）

イギリス [　　　　　　] スペイン [　　　　　　]

3 太郎さんは，ロシアについて調べ，発表しました。**図**と**資料**は，そのときに使用したものの一部である。次の問いに答えなさい。〈群馬県・改〉

(1) 【知識・理解】 **資料**の ［ A ］，［ B ］ にあてはまる語をそれぞれ書け。

A ［　　　　　　　　　　　　　　　　　］

B ［　　　　　　　　　　　　　　　　　］

差がつく

(2) 【資料】 **資料**の ［ C ］ にあてはまる文を，**図**を参考にして簡潔に書け。

図 モスクワと東京の月別平均気温

気温（℃）

東京の気温

モスクワの気温

（「理科年表 2020 年版」より作成）

［　　　　　　　　　　　　　　　　　　　　　　　　　　　　　　　　　　　］

資料

国土	・東西に長い国土である。 ・ウラル山脈の東側はシベリア，西側はヨーロッパとよばれている。
自然	・モスクワは東京より ［ A ］ にあるため，東京と比べて日の光が弱く，冬は昼の時間が短い。 ・シベリアは冷帯（亜寒帯）にあるため，北海道に見られるような ［ B ］ の森林帯が広がっている。 ・モスクワは，［ A ］ にあるとともに内陸部にあるので，東京と比べて ［ C ］ 。
産業と経済	・南部に黒土地帯が広がり，農業がさかんである。 ・輸出は原油や石油製品，天然ガスの割合が高く，輸入は機械類や自動車の割合が高い。 ・一人当たりの国民総所得が 2000 年から 2018 年までに著しく増加した。

4 【知識・理解】 アフリカについて，次の問いに答えなさい。

(1) 地図中の **X** の地域について述べた次の文中の ［　　　］ にあてはまる語句を書け。〈岡山県・改〉

> 降水量が少ないこの地域では，人口増加により燃料や食料の需要が増え，土地が植物の生育に適さなくなるほど木の伐採や放牧が行われるなどしたために，［　　　］といわれる現象が進み，深刻な環境問題となっている。

X

［　　　　　　　　　　　　　　　　　］

でる！

(2) アフリカ大陸の国々の国境線について述べた次の文章中の ［　　　］ にあてはまるものを，あとの**ア〜エ**から１つ選べ。〈岐阜県〉

> アフリカ大陸に直線的な国境線が多いのは，［　　　］を利用して国境線を引いたためである。これは，アフリカ大陸の国々が，かつてヨーロッパ諸国の植民地であったことと深く関係している。

ア　山や川などの自然物　　イ　使用されている言語の分布

ウ　住んでいる民族の分布　　エ　経線や緯線

［　　　　　］

右の地図を見て，次の問いに答えなさい。

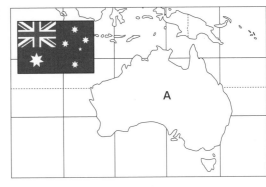

(1) 知識・理解 地図中の**A**国は何州に属しているか，書け。〈群馬県〉

[　　　　　　　　　　　]

でる!

(2) 知識・理解 地図中の**A**国に古くから住んでいる先住民を何というか，書け。

[　　　　　　　　　　　]

(3) 知識・理解 地図中の国旗は，**A**国の国旗である。かつて**A**国と結びつきが強かった国を，国旗を参考にして書け。　　[　　　　　　　　　]

(4) 知識・理解 地図中の**A**国と日本の位置や時差について述べた文として正しいものを，次の**ア〜エ**から1つ選べ。

　ア　**A**国は日本の真南に位置している。

　イ　**A**国と日本では，日本のほうが赤道に近い。

　ウ　**A**国と日本の時差は，9時間以上ある。

　エ　**A**国と日本は，どちらも日付変更線の東に位置している。　　[　　　　　]

でる!

(5) 資料 明子さんは，地図中の**A**国と日本との貿易について調べたところ，**A**国からの輸入量が多い品目があることがわかった。資料は，そのとき調べたものの一部である。資料の　**X**　，　**Y**　にあてはまるものを，次の**ア〜カ**から1つずつ選べ。〈山形県・改〉

日本におけるある品目の輸入先上位3か国

品目：X		品目：Y	
国名	％	国名	％
アメリカ	47.3	A国	57.3
カナダ	34.4	ブラジル	26.3
A国	16.7	カナダ	6.2

（財務省のホームページなどより作成）

ア	小麦	**イ**	天然ガス
ウ	米	**エ**	原油
オ	鉄鉱石	**カ**	とうもろこし

X [　　　　　]　Y [　　　　　]

(6) 資料 次のグラフは，**A**国の1965年と2018年の貿易相手国の割合である。このグラフから**A**国の貿易相手国はどのように変化したか，書け。

《1965年》

輸出 33.9億ドル	アメリカ合衆国 17.5%	イギリス 16.3	日本 10.8	ニュージーランド 6.2	その他 49.2

輸入 37.9億ドル	イギリス 26.3%	アメリカ合衆国 23.3	日本 9.7	西ドイツ 5.5	その他 35.2

《2018年》

輸出 2547億ドル	中国 34.1%	日本 16.2	韓国 6.9	インド 4.6	その他 38.2

輸入 2409億ドル	中国 24.4%	アメリカ合衆国 7.4	日本 10.3	ドイツ 5.0	その他 52.9

（「世界国勢図会 2020/21」ほか作成）

[　　　　　　　　　　　　　　　　　　　　　　　]

要点まとめ

1

1 アメリカ合衆国

北アメリカの国々

〈**自然**〉西部にロッキー山脈，東部にアパラチア山脈。中央平原にはミシシッピ川。カナダとの国境には五大湖が広がる。東部や，西部の太平洋沿岸は温帯，北東部は冷帯，西部は乾燥帯が広がる。

〈**特色**〉18世紀に東部13州がイギリスから独立した。民族のサラダボウル⇒白人，黒人，先住民のネイティブアメリカンなど。近年は，ヒスパニックが増加。

〈**農業**〉世界有数の農産物生産国であり，農産物の輸出量も多い。適地適作で企業的な経営。

〈**鉱工業**〉アパラチア炭田，メサビ鉄山，メキシコ湾岸やカリフォルニアの油田。工業地域⇒五大湖周辺（デトロイトの自動車工業など），サンベルト（北緯37度以南），シリコンバレー（電子工業）。多国籍企業。

アメリカの農業区分

2 カナダ

〈**自然・特色**〉世界で2番目に面積が広い国。気候は冷帯・寒帯。公用語は英語とフランス語。

〈**産業**〉豊富な鉱産資源⇒ニッケル，銅など。小麦や木材の生産量も多い。

2

1 自然と歴史

中南アメリカの国々

〈**自然**〉太平洋側にアンデス山脈，赤道付近にはアマゾン川が流れる。気候は熱帯や温帯，乾燥帯，高山気候。

〈**歴史**〉マヤ文明，インカ文明などの古代文明が発達。ブラジルはポルトガル，他の国々はスペインが支配。

2 特色

〈**特色**〉民族はインディオ（先住民），メスチソ（先住民と白人の混血）など。ブラジルは日系人が多い。公用語はブラジルはポルトガル語，他の国々はおもにスペイン語。

ラテンアメリカ

3 産業

〈**農業**〉ブラジルはコーヒー・大豆・とうもろこしの生産，アルゼンチンは小麦の栽培や牧畜。アンデス山脈では，リャマやアルパカを飼育。

〈**鉱工業**〉ブラジルは鉄鉱石が豊富⇒鉄鋼や機械工業が発達。メキシコは，銀や原油の産出。

基礎力チェック

ここに載っている問題は基本的な内容です。必ず解けるようにしておきましょう。

1 アメリカ合衆国（アメリカ）の中央平原を流れる，アメリカで最も長い川は何か。

[　　　　　　　　　　　]

2 アメリカは，先住民や白人，黒人などいろいろな民族が，それぞれ独自性を保ちながらすごしていることから，何とよばれているか。

[　　　　　　　　　　　]

3 最近，アメリカで増加している，ラテンアメリカの国々から来たスペイン語を話す人々を何というか。

[　　　　　　　　　　　]

4 アメリカでは，その土地の地形・気候に合った作物を大量に栽培している。これを何というか。

[　　　　　　　　　　　]

5 右の地図中の**A**の地域で栽培されている作物は何か。

[　　　　　　　　]

6 右の地図中の**B**の地域は，1970年代以降に発達した工業地帯である。この地域は何とよばれているか。

[　　　　　　　　]

7 右の地図中の**C**の地域は，サンフランシスコの近くで，電子工業などがさかんである。この地域は何とよばれているか。

[　　　　　　　　　　　]

8 北アメリカ大陸にあり，世界で2番目に面積の大きい国はどこか。

[　　　　　　　　　　　]

9 南アメリカ大陸の赤道付近を流れる，世界で最も流域面積が広い川は何か。

[　　　　　　　　　　　]

10 ブラジルの公用語となっている言語は何か。

[　　　　　　　　　　　]

11 日本がブラジルから多く輸入している，鉄鋼業の原料となる鉱産資源は何か。

[　　　　　　　　　　　]

12 リャマやアルパカの飼育がさかんな，南アメリカ大陸の太平洋側に連なる山脈は何か。

[　　　　　　　　　　　]

実践問題

実際の問題形式で知識を定着させましょう。

1

右の**資料Ⅰ**は，アメリカ合衆国（アメリカ）の
農業地域を示している。**資料Ⅰ**を見て，次の問
いに答えなさい。

資料Ⅰ

でる！ ⋯▶ (1) 【資料】**資料Ⅰ**中のA〜Cの農業の組み
合わせとして正しいものを，次の**ア〜エ**か
ら1つ選べ。

　ア　A　小麦　　B　綿花　　C　酪農
　イ　A　小麦　　B　酪農　　C　綿花
　ウ　A　酪農　　B　綿花　　C　小麦
　エ　A　酪農　　B　小麦　　C　綿花

　　　　　　　　　　　　　　　[　　　　　]

(2) 【資料】**資料Ⅰ**の放牧は，おもにどのような自然環境の地域で行われているか。**資
料Ⅱ**，Ⅲをもとにして述べた▢▢内の文の空欄**A・B**にあてはまる数字を書け。

〈鹿児島県・改〉

資料Ⅱ

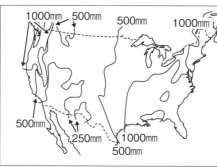

資料Ⅲ

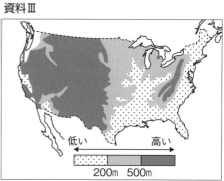

年降水量が　A　mmより少なく，標高が　B　mより高い地域。

A [　　　　　　　] B [　　　　　　　]

でる！ ⋯▶ (3) 【知識・理解】アメリカの農業について述べた文として誤っているものを，次の**ア〜エ**
から1つ選べ。

　ア　その土地の地形や気候に合った作物を大量に栽培している。
　イ　とうもろこしや大豆の生産量・輸出量は世界有数である。
　ウ　せまい耕地で多くの人手をかけて生産している。
　エ　農業関連の企業が，生産や販売などを手がけている。

　　　　　　　　　　　　　　　[　　　　　]

2 アメリカの工業について，次の問いに答えなさい。

(1) 知識・理解 地図中の**X**の湖は，合わせて何とよばれているか，書け。

[　　　　　　　　　　]

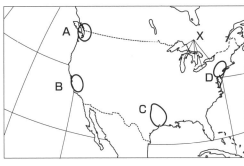

(2) でる! 知識・理解 地図中の**X**の湖周辺に発達した工業地帯に含まれている，世界的な自動車工業都市の名前を書け。

[　　　　　　　　　　]

(3) でる! 資料 次の説明にあてはまる地域を，地図中の**A**～**D**から1つずつ選べ。また文中の（　　）にあてはまる語句を書け。

①サンフランシスコ近郊(きんこう)には，コンピューターや半導体などの電子工業がさかんな（　　　）とよばれる地域がある。

記号 [　　　　] 語句 [　　　　　　　　　　]

②豊富な工業用地や労働力などから1970年代以降に工業が発達した（　　　）とよばれる地域に含まれる。石油化学工業がさかんなヒューストンなどの都市がある。

記号 [　　　　] 語句 [　　　　　　　　　　]

③古くから発達した都市が多く，世界の金融や商業などの中心地がある。アメリカの中心都市である（　　　）には国際連合の本部がある。

記号 [　　　　] 語句 [　　　　　　　　　　]

(4) 右のグラフについて，次の問いに答えよ。

① 資料 アメリカにあてはまるものを，グラフ中の**A**～**C**から1つ選べ。

[　　　　　]

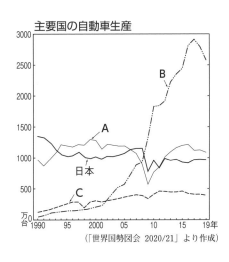

主要国の自動車生産

（「世界国勢図会 2020/21」より作成）

② でる! 知識・理解 自動車の輸出・輸入をはじめとする日本とアメリカとの貿易において，貿易摩擦(まさつ)とよばれる問題がおこった原因は何か，次の**ア**～**エ**から1つ選べ。

ア 日本の輸出額が輸入額を大きく上回ったこと。

イ 日本の輸入額が輸出額を大きく上回ったこと。

ウ 日本の農産物がアメリカに大量に輸出されたこと。

エ アメリカの農産物が日本に大量に輸入されたこと。

[　　　　　]

右の地図を見て，次の問いに答えなさい。

(1) 知識・理解 A国の国名を書け。また，この国と同じ大陸にある国で，A・B国に次いで面積が大きい国はどこか，書け。

A国 [　　　　　　　　　　　]

[　　　　　　　　　　　]

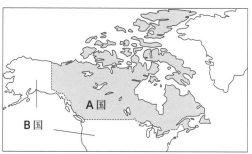

(2) 知識・理解 A国の大部分の気候は何帯に属しているか，正しい組み合わせを次のア〜エから1つ選べ。

ア　温帯，乾燥帯　　イ　温帯，冷帯

ウ　冷帯，寒帯　　　エ　冷帯，乾燥帯　　　　　　　　　　[　　　　　　]

でる！

(3) A国について調べた資料Ⅰを見て，次の問いに答えよ。

① 知識・理解 資料Ⅰ中の（　　　）にあてはまる語句を書け。

[　　　　　　　　　　　　　　　　　]

資料Ⅰ

面積	9985千km^2
人口	37742千人
公用語	英語・（　　）語

（「世界国勢図会 2020/21」より作成）

② 思考 A国の人口密度は1km^{2}あたりおよそ何人か。最も近いものを，次のア〜エから1つ選べ。

ア　4人　　イ　13人　　ウ　23人　　エ　33人

[　　　　　　]

(4) 知識・理解 A国は，三つの大洋のうち，二つの大洋に面している。その二つの大洋の名前をそれぞれ書け。〈山形県〉

[　　　　　　　　] [　　　　　　　　　　]

差がつく

(5) 日本とA国との貿易額上位の品目を調べた。資料Ⅱは，その一部である。資料Ⅱを見て，次の問いに答えよ。

① 資料 A国から日本への輸出品を表しているのは，X・Yのどちらか，記号を書け。

[　　　　　　]

資料Ⅱ 日本とA国との貿易額上位の品目
（単位：百万円）(2019年)

X		Y	
自動車	375,313	石炭	186,380
機械類	249,851	肉類	159,800
自動車部品	125,658	なたね	106,323
金（非貨幣用）	31,327	医薬品	100,189
鉄鋼	28,293	鉄鉱石	91,647

（「日本国勢図会 2020/21」より作成）

② 思考 日本から見た，A国との貿易の特色を書け。〈山形県・改〉

[　　　　　　　　　　　　　　　　　　　　　　　　　　]

4 南アメリカについて，次の問いに答えなさい。

(1) 知識・理解 図Ⅰは，この地域の国々でおもに使用されている言語の分布を示したものである。a，bにあてはまる言語を，次のア〜エから1つずつ選べ。

〈岩手県・改〉

図Ⅰ

サンティアゴ

（ a ）
（ b ）
英語
フランス語
オランダ語

ア スペイン語　イ アラビア語
ウ ドイツ語　　エ ポルトガル語

a [　　　　] b [　　　　]

(2) 資料 図Ⅰ中のサンティアゴの気温と降水量を示したグラフを，次のア〜エから1つ選べ。

[　　　　]

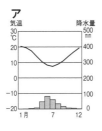 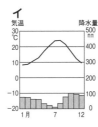 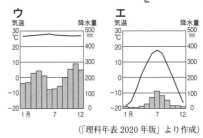

（「理科年表 2020 年版」より作成）

(3) 知識・理解 ブラジルについて説明した次の文の空欄A〜Dにあてはまる語句や数字を，あとのア〜クから1つずつ選べ。

> ブラジルは南アメリカ大陸で最も面積が広い国である。鉱産資源が豊富で，特に（　A　）の生産量は世界有数である。近年は工業の発達もめざましい。反面，アマゾン川流域では道路の建設や農地開発などのため（　B　）の破壊が進んでいる。農産物では，（　C　）の生産量・輸出量が世界一となっている。
> また，（　D　）が最も多い国で，その数はおよそ200万人といわれている。

ア 鉄鉱石　　イ 石炭　　ウ オゾン層　　エ 熱帯林　　オ カカオ
カ コーヒー豆　　キ ヒスパニック　　ク 日系人

A [　　　] B [　　　] C [　　　] D [　　　]

(4) 右の図Ⅱは，わが国とアルゼンチン，イギリス，インド，フランスの小麦の収穫時期を示したものである。この図を見て，次の問いに答えよ。

図Ⅱ

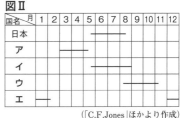

（「C.F.Jones」ほかより作成）

① 知識・理解 図Ⅱ中のア〜エのうち，アルゼンチンにあてはまるものを1つ選べ。〈香川県〉

[　　　　]

② 思考 ①のように判断できるのはなぜか，アルゼンチンの地球上の位置と季節にふれてその理由を書け。

[　　　　　　　　　　　　　　　　　　　　　　　]

自然環境からみた 世界と日本

要点まとめ

1

1 山地

世界の地形

〈2つの造山帯〉環太平洋造山帯⇒ロッキー山脈，アンデス山脈，日本列島など。
アルプス・ヒマラヤ造山帯⇒アルプス山脈，ヒマラヤ山脈など。

2 川，平野，砂漠

〈川〉世界で最も長いナイル川，世界で最も流域面積が広いアマゾン川など。
〈平野・砂漠〉地表が侵食されてできた平野⇒アメリカ合衆国の中央平原など。
サハラ砂漠は世界一広い砂漠。

2

1 山地

日本の地形

〈特色〉国土のおよそ4分の3が山地。
フォッサマグナ（大地溝帯）を境に東日
本・西日本に分かれる。
〈日本アルプス〉中央高地の飛驒山脈，
木曽山脈，赤石山脈。3000m級の山々
が連なる。

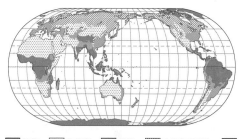

2 川，平野，海岸地形

〈川〉短く急流。日本一長い信濃川，日
本一流域面積が広い利根川など。
〈平野〉川が運ぶ土砂が堆積して，扇状
地や三角州が形成される。
〈海岸地形〉リアス海岸，砂浜海岸など。深さ200mほどまでの浅い海底は大陸棚。

3

世界の気候

〈5つの気候帯〉熱帯⇒年
間を通じて高温，温帯⇒
四季の変化，冷帯（亜寒
帯）⇒冬の寒さが厳しい，
寒帯⇒年間を通じて寒い，
乾燥帯⇒降水量が少ない。

■ 熱帯　□ 乾燥帯　□ 温帯　▨ 冷帯（亜寒帯）　■ 寒帯

4

1 日本の気候

日本の気候

〈特色〉大部分が温帯。6月ごろに梅雨，夏～秋に台風。季節風（モンスーン）の
影響。
〈気候区分〉太平洋側の気候⇒夏多雨で冬は乾燥，日本海側の気候⇒冬に雪が多
い，北海道の気候⇒冬の寒さが厳しい，内陸の気候⇒夏と冬・昼と夜の気温差が
大きい，瀬戸内の気候⇒温暖で少雨，南西諸島の気候⇒年間を通じて温暖，多雨。

2 災害

〈災害〉地震や火山の噴火，台風による高潮，集中豪雨，冷害，干害など。

基礎力チェック

ここに載っている問題は基本的な内容です。必ず解けるようにしておきましょう。

1 世界の２つの造山帯のうち，日本列島やロッキー山脈などが含まれる造山帯を何というか。

[   ]

2 世界で最も長い川は何という川か。 [   ]

3 日本を東西に分ける大地溝帯を，カタカナで何というか。

[   ]

4 右の地図中の**A**の３つの山脈は，合わせて何とよばれているか。 [   ]

5 右の地図中の**B**の平野と，その平野を流れる日本で最も長い川を何というか。

[   ]
[   ]

6 右の地図中の**C**に発達している，出入りの多い複雑な海岸地形を何というか。

[   ]

7 赤道付近に分布し，年間を通じて高温である気候帯を何というか。

[   ]

8 日本も含まれる，温暖で四季の変化がある気候帯を何というか。

[   ]

9 アフリカ大陸北部などに分布している，雨が少ない気候帯を何というか。

[   ]

10 日本の気候区分のうち，冬に雪による降水量が多い気候を何というか。

[   ]

11 日本の気候区分のうち，季節風が山地にさえぎられるため，年間を通じて温暖で降水量が少ない気候を何というか。 [   ]

12 夏に低温となり，作物がじゅうぶん育たない災害を何というか。

[   ]

実践問題

実際の問題形式で知識を定着させましょう。

1 次の文章は, みゆきさんが冒険家の植村直己さんについて調べ, まとめたレポートの一部です。これに関するあとの問いに答えなさい。

> 植村直己さんは, 世界一高い山エベレストに日本人として初めて登頂し, のちに世界の5つの州の最高峰の登頂者になりました。1941年に兵庫県に生まれた植村さんは, アメリカを経由してフランスに渡り, この国を拠点にアルプスの山々などに登頂しました。その後 A 川のいかだ下りなどを行い, また, 犬ぞりを使って, 一人で北極点到達やグリーンランド縦断の冒険を成功させました。…

でる!
(1) 知識·理解 みゆきさんは, 文章中の下線部について, 右の地図中にそれぞれ▲で山の位置とその名前を示した。この5つの山のうち, エベレスト山とモンブラン山は, 何という造山帯に属しているか, 書け。〈山梨県·改〉

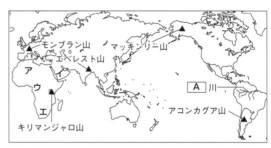

[   ]

(2) 資料 地図中の**ア〜エ**のうち, サハラ砂漠の位置を示しているものを1つ選べ。

[   ]

でる!
(3) 知識·理解 文章中の A 川について, 次の問いに答えよ。
① A 川は, 地図中の A 川と同じ川である。**A**にあてはまる語句を書け。

[   ]

② A 川と同じ大陸にあるものを, 次の**ア〜エ**から1つ選べ。

ア 黄河　　　　　**イ** ヒマラヤ山脈
ウ ナイル川　　　**エ** アンデス山脈　　　　　　[   ]

③次のカードは, みゆきさんが A 川について, 山梨県から静岡県へ流れる富士川と比較してまとめたものである。カード中の a にはあてはまる語句を, b には上の地図を参考にあてはまる海洋の名前を, それぞれ書け。〈山梨県·改〉

> A 川は, 長さが富士川の約50倍で, a 面積は1700倍以上の広さがある。また, A 川の河口は, b に面している。

	長さ (km)	a 面積 (km²)
富士川	128	3,990
A 川	6,516	7,050,000

（「理科年表 2020 年版」より作成）

a [   ]　　b [   ]

資料 右の略地図を見て，次の問いに答えなさい。

(1) 略地図中の**a～d**の平野のうち，日本で最も流域面積が広い川が流れている平野を1つ選び，記号と平野名を書け。

記号 [　　　　]

平野名 [　　　　　　　]

(2) 略地図に **Ⅰ** で示した信濃川について，次の問いに答えよ。〈三重県〉

① 次の文中の（ ① ），（ ② ）のそれぞれにあてはまる県名の組み合わせとして最も適当なものを，あとの**ア～エ**から1つ選べ。

信濃川は，（ ① ）県から河口のある（ ② ）県に流れている。

ア ① 岐阜　② 富山　　**イ** ① 岐阜　② 新潟

ウ ① 長野　② 富山　　**エ** ① 長野　② 新潟　　[　　　　]

② 次の資料は，信濃川を含む日本の5つの川と外国の6つの川について，河口からの距離と標高の関係を示したものである。日本の川にはどのような特徴があるか，資料を参考にして書け。

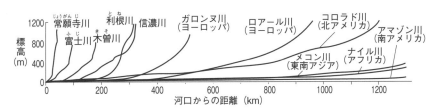

注：河口からの距離は1300km，標高は1200mまでの範囲で作成した。

[

]

(3) 右の写真は，三陸海岸南部と同じ特徴をもつ海岸線を写したものである。また，略地図中の**ア～エ**は，いずれもわが国の特徴的な海岸線が見られる場所のおおよその位置を示したものである。この写真はどの場所を写したものか。**ア～エ**から1つ選べ。〈岩手県〉

[　　　]

次の地図を見て，あとの問いに答えなさい。

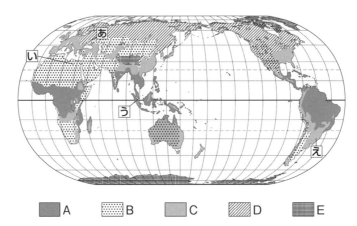

■A   ░B   ▤C   ▨D   ▦E

(1) 知識・理解 日本の気候帯について，次の問いに答えよ。

①日本の大部分はどの気候帯に属しているか，あてはまるものを，地図中の**A〜E**から1つ選べ。また，その気候帯名も書け。

記号 [   ] 気候帯名 [   ]

②①の気候帯のうち，次の説明にあてはまる気候を何というか，書け。

ヨーロッパ南部などに分布する，夏に雨が少なく乾燥する気候。

[   ]

(2) 資料 次のa〜dのグラフは，地図中のあ〜えの4つの都市の気温と降水量を表している。あとうの都市のグラフを，a〜dから1つずつ選べ。〈石川県・改〉

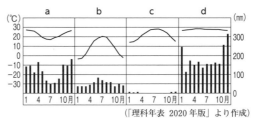

（「理科年表 2020年版」より作成）

あ [   ] う [   ]

(3) 知識・理解 地図中の**B**，**D**の気候帯の地域で見られる風景について述べている文を，次のア〜エから1つずつ選べ。

ア ツンドラとよばれる，こけ類の生えた湿地が広がっている。

イ 沿岸部にマングローブの森林やさんごしょうが広がっている。

ウ タイガとよばれる，細長い針のような葉の樹木が広がっている。

エ 砂や岩石の砂漠や，たけの短い草が生えた草原が広がっている。

B [   ] D [   ]

4 次の問いに答えなさい。

でる!

(1) 冬の季節風の風向きを示しているものを，地図中の**X，Y**から1つ選べ。 [   ]

でる!

(2) 地図中の**ア～エ**のうち，親潮とよばれている寒流を1つ選び，記号と海流名を書け。 記号 [   ]

海流名 [   ]

(3) **資料** 次の**A～C**のグラフは，地図中の富山市，高山市，名古屋市の年間の気温と降水量を表したものである。**A～C**にあてはまる市をそれぞれ書け。〈富山県・改〉

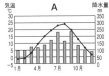　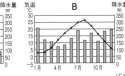　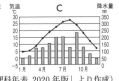

（「理科年表 2020 年版」より作成）

A [   ]
B [   ]
C [   ]

でる!

(4) 地図中の**Z**の地域では，冷害がおこりやすい。その原因となっている風の名前を，吹く季節，風向きを含めて書け。

[   ]

差がつく

(5) **思考** 右の資料は，地図中の**a**市と福岡市の月別の平均降水量を表している。資料より，10月をのぞいて，**a**市のほうが福岡市よりも降水量が少ないことがわかる。**a**市のほうが降水量が少ない理由を，「季節風」という語句を使って簡潔に書け。〈山形県・改〉

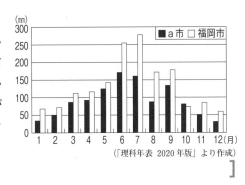

（「理科年表 2020 年版」より作成）

[   ]

(6) 日本に接近する台風について述べた文として適当でないものを，次の**ア～エ**から1つ選べ。〈島根県〉

ア 太平洋沿岸より日本海沿岸のほうが被害を受けることが多い。

イ 夏から秋にかけて接近することが多い。

ウ 西太平洋の熱帯海域で発生することが多い。

エ 強風や大雨により被害がもたらされることが多い。 [   ]

人口・資源・産業からみた日本

要点まとめ

1

1 世界の人口

2 日本の人口

世界と日本の人口

〈世界の人口の特色〉2020年の時点で78億人近く。アジアやアフリカでは人口増加が著しい⇒人口爆発。

〈日本の人口の特色〉東京，大阪，名古屋の三大都市圏を中心に人口集中。

〈日本の人口の問題点〉都市部では過密問題，山間部などでは過疎問題⇒少子高齢化。

日本の人口ピラミッドの移り変わり

| 富士山型 | つりがね型 | つぼ型 |

2

1 世界と日本の資源

**2 世界と日本の
　エネルギー**

資源・エネルギーからみた日本

〈世界〉石炭は中華人民共和国（中国），インドなど，鉄鉱石はオーストラリア，ブラジル，中国など。原油はアメリカ，ロシア，ペルシャ湾沿岸などで産出。

〈日本〉鉱産資源の種類は多いが埋蔵量は少ないため輸入にたよっている。

〈世界〉火力発電⇒地球温暖化への影響。新エネルギーの開発⇒太陽光，風力，地熱発電など。

〈日本〉火力発電が中心。

3

1 農林水産業

産業からみた日本

〈世界の農業〉米⇒アジアなど，小麦⇒アジア，アメリカ，ヨーロッパなど。

〈日本の農業〉東北・北陸地方で米，西日本でみかん，東日本でりんごの栽培。高知平野や宮崎平野で野菜の促成栽培，北海道や九州では畜産。都市周辺では近郊農業。就業者の高齢化や食料自給率の低下が問題。

〈日本の林業・水産業〉輸入の増加，就業者の高齢化。沿岸漁業，沖合漁業，遠洋漁業（経済水域の影響で衰退）⇒近年は養殖業や栽培漁業に力を入れる。

おもな工業地帯

工業地帯
工業地域

北九州工業地域
北関東工業地域
瀬戸内工業地域
北陸工業地域
太平洋ベルト
阪神工業地帯
中京工業地帯
東海工業地域
京葉工業地域
京浜工業地帯

2 工業

〈世界の工業〉アメリカ，西ヨーロッパ，日本などで工業が発達⇒近年は中国やインドなども成長。

〈日本の工業〉太平洋ベルトに集中。三大工業地帯⇒中京工業地帯，阪神工業地帯，京浜工業地帯，工業地域⇒北九州工業地域，瀬戸内工業地域など。内陸に自動車組み立て工場やＩＣ工場が進出。工場の海外移転により産業の空洞化がおこる。

基礎力チェック

ここに載っている問題は基本的な内容です。必ず解けるようにしておきましょう。

1 アジアやアフリカの発展途上国で見られる，急激に人口が増加することを何というか。

[   ]

2 日本の三大都市圏とは，東京，大阪ともう1つはどこか。 [   ]

3 日本では，出生率が低下し，生まれる子どもの数が減少し，老年人口の割合が増加している。このような社会を何というか。

[   ]

4 山間部などで人口が減少し，社会生活を維持することが難しくなった状態を何というか。

[   ]

5 右の地図中のAの沿岸は，世界的な原油の生産・埋蔵地域である。Aの湾を何というか。

[   ]

6 石炭や原油などの化石燃料を燃焼させることによる発電を何発電というか。

[   ]

7 **6** の発電などにより，大量に二酸化炭素などの温室効果ガスが発生する。この温室効果ガスの増加が原因となって起こっている地球環境問題を何というか。

[   ]

8 大都市の周辺で，都市向けに新鮮な野菜や果物などを生産して出荷する農業を何というか。

[   ]

9 高知平野や宮崎平野で，冬も温暖な気候を利用して行われている野菜の早作りの栽培方法を何というか。

[   ]

10 稚魚や稚貝をある程度の大きさになるまで育ててから川や海に放流し，成長してからとる漁業を何というか。

[   ]

11 関東地方から九州北部までの，工業地帯や工業地域が集中している帯状の地域を何というか。

[   ]

12 工場が海外に移転し，日本国内の工場が閉鎖されるなど，国内の産業が衰退することを何というか。

[   ]

実践問題

1 次の**A**，**B**は，日本の1950年と2018年のいずれかの年の人口を表しています。また，右の**X**，**Y**は日本の1950年と2018年のいずれかの年の出生率・死亡率を示している。これらを見て，あとの問いに答えなさい。

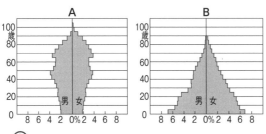

	出生率	死亡率
X	28.1	10.9
Y	7.4	11.0

数値は人口1000人あたり
(「数字でみる日本の100年 改訂第7版」より作成)

でる! (1) 知識・理解 **A**，**B**のようなグラフを何というか。またこのようなグラフから読みとれることを，次の**ア〜エ**から1つ選べ。

ア その年の日本人の平均寿命は何歳か。

イ その年の日本の人口密度は1km²あたり何人か。

ウ その年の前年に対する人口増加率が最も高いのは，どの年齢層か。

エ その年の男性の人口が最も多いのは，どの年齢層か。

[　　] [　　]

(2) 資料 2018年のグラフと出生率・死亡率の組み合わせとして適当なものを，次の**ア〜エ**から1つ選べ。〈福井県〉

ア A−X　　**イ** A−Y　　**ウ** B−X　　**エ** B−Y　　[　　]

でる! (3) 資料 **A**，**B**のグラフから，1950年に比べて2018年で人口の割合が①最も増えている年齢層，②最も減っている年齢層を，次の**ア〜ウ**から1つずつ選べ。またこのような現象を何というか，漢字5字で書け。

ア 0〜14歳　　**イ** 15〜64歳　　**ウ** 65歳以上

① [　　] ② [　　] [　　]

2 知識・理解 右のグラフは，1960年から2010年における，世界の人口の10年ごとの推移を，世界の6つの州別に表したものであり，グラフ中の**ア〜エ**は，それぞれアフリカ州，アジア州，ヨーロッパ州，オセアニア州のいずれかにあたります。アフリカ州にあたるものを，**ア〜エ**から1つ選べ。〈愛媛県・改〉

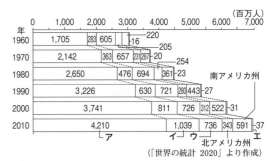

[　　]

3

次の**略地図**と**資料**を見て，あとの問いに答えなさい。〈福岡県・改〉

略地図

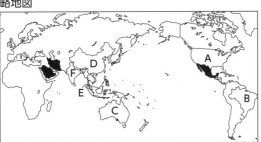

資料Ⅰ

項目 国	エネルギー 消費量 〈ペタジュール〉
ア	63778
イ	12269
ウ	2276
エ	75919

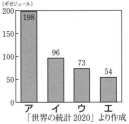

1人あたりエネルギー消費量

「世界の統計2020」より作成

(1) 〔資料〕上の**資料Ⅰ**は，**略地図**の**A，D，E**および日本のエネルギー消費量と1人あたりエネルギー消費量を示している。**D**を示すのはどれか，**ア〜エ**から1つ選べ。

[　　　　　]

(2) 〔資料〕右の**資料Ⅱ**は，石炭，原油，鉄鉱石の上位3位までの産出国を示している。石炭にあてはまるのはどれか，**あ〜う**から選び，記号で答えよ。また，**資料Ⅱ**の□□□にあてはまる国を，**略地図**の●で示した国から選び，国名を書け。　記号 [　　　] 国名 [　　　　　　]

資料Ⅱ

順位 資源	第1位	第2位	第3位
あ	C 〈36.5%〉	B 〈17.9%〉	D 〈14.9%〉
い	D 〈54.7〉	F 〈10.5〉	インドネシア 〈7.2〉
う	A 〈15.3〉	ロシア 〈14.0〉	□□□ 〈12.2〉

（「世界国勢図会2020/21」より作成）

4

〔思考〕現在，新しいエネルギーとして地熱発電，風力発電に注目が集まっている。その理由について，「火力発電」「原子力発電」という語句を使って簡潔に書け。

[　　　　　　　　　　　　　　　　　　　　]

5

〔思考〕鉄鋼業は，鉄鉱石と石炭などを主な原料として鉄鋼を生産する産業であり，わが国の2018年の鉄鋼生産高は世界第3位である。次の**資料Ⅰ**は，わが国の主な鉄鋼工場の位置を示したものであり，**資料Ⅱ**は，わが国の2019年の鉄鉱石，石炭の自給率を示したものである。これらの資料をもとに，わが国の主な鉄鋼工場の立地の特徴とその理由を，簡潔に書け。〈香川県〉

資料Ⅰ

(注) 炉内容積2000m³以上の高炉をもつ工場のみ示している。

資料Ⅱ

	自給率(%)
鉄鉱石	0.0
石炭	0.4

（「日本国勢図会2020/21」より作成）

[　　　　　　　　　　　　　　　　　　　　]

6 日本の農業について，次の問いに答えなさい。

(1) 資料 右の地図中の**A**〜**D**は，い
　ちご，みかん，ぶどう，米の生産量の
　1〜3位の道県を示したものである。
　それぞれあてはまるものを，次の**ア**〜
　エから1つずつ選べ。
　　ア いちご
　　イ みかん
　　ウ ぶどう
　　エ 米
　　A [　　　　]　　**B** [　　　　]
　　C [　　　　]　　**D** [　　　　]

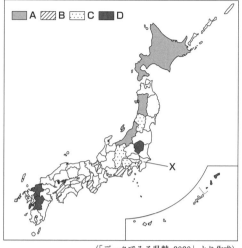

（「データでみる県勢 2020」より作成）

(2) 知識・理解 上の地図中の**X**で示した県について，次の問いに答えよ。
　　①**X**で示した県でさかんな農業について述べた文を，次の**ア**〜**エ**から1つ選べ。
　　　ア 野菜などを栽培し，新鮮なうちに近くの大都市に出荷している。
　　　イ 広大な農地でじゃがいもや大豆などを生産している。
　　　ウ 温暖な気候を利用して早作りした野菜を，遠方の大消費地に出荷している。
　　　エ 夏の涼しい気候を利用して，キャベツやレタスなどを栽培している。

　　　　　　　　　　　　　　　　　　　　　　　　　　　　　　　　[　　　　　　]

　　②①のような農業を何というか，書け。　　　[　　　　　　　　　　　　]

7 日本の水産業に関する次の問いに答えなさい。〈兵庫県〉

(1) 資料 右の図は日本の全漁
　獲量（川や湖でとれるものを除
　く）に占める漁業種類別の漁獲
　量の推移を示している。2015
　年の漁獲量が最も多い漁業を
　図中の**ア**〜**エ**から1つ選べ。

　　　　　[　　　　　]

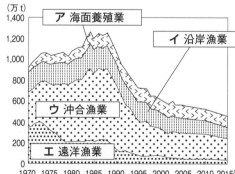

（「数字でみる日本の100年 改訂第7版」より作成）

(2) 思考 1973年をピークに
　漁獲量が減少した漁業を，図
　中の**ア**〜**エ**から1つ選べ。また，その漁業が減少した理由を簡潔に書け。

　　　[　　　]　[　　　　　　　　　　　　　　　　　　　　　　]

でる！ (3) 知識・理解 日本の漁獲量が減少していくなか，「育てる漁業」に力が入れられるようになっている。「育てる漁業」のなかの「栽培漁業」とはどのような漁業か，書け。

[   ]

8

でる！ 右の地図を見て，次の問いに答えなさい。

(1) 資料 資料Ⅰは，地図中のＡ〜Ｄの工業地帯（地域）の工業製品出荷額割合を示したものである。地図中のＣにあてはまるグラフをア〜エから１つ選べ。

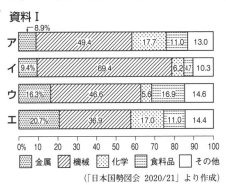

資料Ⅰ

ア ┌8.9% 49.4 17.7 11.0 13.0
イ 9.4% 69.4 6.2 4.7 10.3
ウ 16.3% 46.6 5.6 16.9 14.6
エ 20.7% 36.9 17.0 11.0 14.4

0% 10 20 30 40 50 60 70 80 90 100

▦金属 ▨機械 化学 食料品 □その他

（「日本国勢図会 2020/21」より作成）

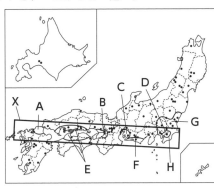

[   ]

(2) 知識・理解 次の都市は，地図中のＥ〜Ｈのどの工業地域に含まれるか。Ｅ〜Ｈから１つ選べ。またその工業地域を何というか，書け。

【 倉敷，岩国，呉 】

[   ] [   ]

(3) 知識・理解 地図中のＸの地域は，工業地帯や工業地域が集中している。この地域を何というか，書け。 [   ]

(4) 資料 右の資料Ⅱについて，次の問いに答えよ。

①資料Ⅱは，日本の1970年と2019年における自動車，鉄鋼，半導体等電子部品，精密機械の輸出額の，輸出総額に占める割合の変化を示している。地図中に●で示した工場で生産されているものにあてはまる品目を，資料Ⅱから１つ選んで書け。

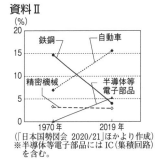

資料Ⅱ

（「日本国勢図会 2020/21」ほかより作成）
※半導体等電子部品にはIC（集積回路）を含む。

[   ]

差がつく ②資料Ⅱから，1970年と2019年の輸出額の上位を占める工業にはどのような違いがあるか，資料Ⅱ中の品目名と「金属工業」「機械工業」の語句を用いて書け。

[   ]

交通・通信・生活・文化からみた日本

要点まとめ

1　世界と日本の結びつき

1 交通，通信

〈**交通の発達**〉航空交通の発達により，世界の人・物の結びつきが強化。

〈**通信の発達**〉IT（情報技術）の発達⇒パソコンやインターネットの普及。

2 日本国内の交通

〈**自動車**〉旅客輸送・貨物輸送の中心⇒高速道路の発達などによる。宅配便の利用が増加。本州四国連絡橋の完成。

〈**鉄道**〉旅客輸送で利用の割合が高い。新幹線網の拡大。

〈**航空**〉東京と各地を結ぶ航空路線が発達。

3 日本の貿易

〈**特色**〉原料・燃料を輸入し，製品を輸出する加工貿易⇒戦前はせんい原料を輸入し，せんい製品を輸出。戦後は原油や鉄鉱石などの原料を輸入し，機械類や自動車を輸出。最近は，機械類の輸入も多くなっている。

日本の輸出と輸入

輸出：機械類36.8%　自動車15.6　自動車部品4.7　鉄鋼4.0　プラスチック3.2　精密機械2.9　その他32.8

輸入：機械類24.9%　石油12.1　原油10.1　石油製品2.0　液化ガス6.2　衣類4.1　医薬品3.9　石炭3.2　精密機械2.8　その他42.8

(2019年)『日本国勢図会 2020/21』より作成)

4 日本の貿易相手国

〈**貿易港**〉日本一の貿易額の成田国際空港，自動車の輸出が多い名古屋港など。

〈**問題点**〉アメリカやEU諸国との間で貿易摩擦。

〈**輸入相手国**〉中国⇒機械類，衣類など，アメリカ⇒機械類，航空機類など，オーストラリア⇒液化天然ガス，石炭，鉄鉱石など，サウジアラビア⇒原油など。

2　世界と日本の文化

1 衣食住

〈**食事**〉世界の三大穀物⇒米，小麦，とうもろこし。日本人の主食は米で，魚介類の消費も多い⇒食生活の欧米化，インスタント食品の普及，ファミリーレストランやファストフード店などの外食産業の発展。

〈**衣服**〉世界各地で気候や文化に合った服装。インドのサリー，アンデス地域のポンチョ，朝鮮（半島）のチマ・チョゴリなど。日本の伝統的な衣装は着物。

〈**住居**〉世界各地で自然環境に対応した伝統的な住居。イヌイットの氷の家，モンゴルのゲルなど。日本の伝統的な住居は木造。

世界の宗教

- キリスト教
- 仏教
- イスラム教
- ヒンドゥー教
- その他

2 言語，宗教

〈**言語**〉英語⇒国際的な言語として広く使用。中国語，スペイン語，アラビア語なども使用人口が多い。

〈**宗教**〉三大宗教⇒キリスト教，仏教，イスラム教。インドではヒンドゥー教。

基礎力チェック

ここに載っている問題は基本的な内容です。必ず解けるようにしておきましょう。

1 近年発達がめざましい情報技術のことを，アルファベット2文字で何というか。

[　　　　　　　　　　　]

2 現在の日本で，旅客輸送・貨物輸送ともに全輸送量に占める割合が最も大きいのは，何による輸送か。

[　　　　　　　　　　　]

3 原料や燃料などを輸入し工業製品を輸出する貿易を何というか。

[　　　　　　　　　　　]

4 日本の輸出額が輸入額を上回ることから，アメリカやEU諸国などとの間でおこった問題を何というか。

[　　　　　　　　　　　]

5 日本で最も貿易額が大きい，右の地図中の **X** の空港を何というか。

[　　　　　　　　　]

6 日本の石炭・鉄鉱石の最大の輸入相手国はどこか。

[　　　　　　　　　]

7 右のグラフは，日本のある資源の輸入相手国の割合である。この資源は何か。

[　　　　　　　　　]

	クウェート		ロシア5.4
サウジアラビア 35.8%	アラブ首長国連邦 29.7	カタール 8.8	8.5	その他 11.8

(2019年)(「日本国勢図会 2020/21」より作成)

8 世界の三大穀物とは，米，小麦ともう1つは何か。

[　　　　　　　　　　　]

9 イギリスやアメリカ，オーストラリアなどで話され，国際的な会議などで広く使われている言語は何か。

[　　　　　　　　　　　]

10 世界の三大宗教のうち最も宗教人口が多く，ヨーロッパなどで広く信仰されている宗教は何か。

[　　　　　　　　　　　]

11 世界の三大宗教のうち，西アジアや北アフリカなどで広く信仰されている宗教は何か。

[　　　　　　　　　　　]

12 インドの国民の多くが信仰している宗教は何か。

[　　　　　　　　　　　]

実践問題

1

日本の貿易について，次の問いに答えなさい。

(1) **資料Ⅰ**は，イギリス，サウジアラビア，オーストラリア，ブラジルの4か国に関するものである。あとの問いに答えよ。〈富山県・改〉

資料Ⅰ　日本と4か国との貿易額・主要輸出入品　（2019年）

	総額（億円）	上段　主要輸出品の輸出総額に占める割合（%） 下段　主要輸入品の輸入総額に占める割合（%）								
A国への輸出	15,798	（Ⅰ）	44.6	石油製品	21.0	機械類	13.3	タイヤ・チューブ	3.6	自動車部品	2.1
A国からの輸入	49,576	液化天然ガス	35.4	石炭	30.0	鉄鉱石	12.4	肉類	4.5	銅鉱	3.5
B国への輸出	5,567	（Ⅰ）	60.2	機械類	13.6	鉄鋼	5.5	自動車部品	4.3	タイヤ・チューブ	3.8
B国からの輸入	30,158	（Ⅱ）	94.2	石油製品	2.1	有機化合物	1.1	アルミニウム	0.9	プラスチック	0.5
C国への輸出	15,132	機械類	31.6	（Ⅰ）	21.0	金（非貨幣用）	12.5	自動車部品	3.6	鉄道用車両	2.5
C国からの輸入	8,876	機械類	30.9	医薬品	18.1	（Ⅰ）	16.7	ウイスキー	3.9	科学光学機器	3.7
D国への輸出	4,102	機械類	37.3	自動車部品	19.9	有機化合物	7.3	（Ⅰ）	7.0	鉄鋼	4.1
D国からの輸入	8,723	鉄鉱石	38.4	とうもろこし	12.4	肉類	11.4	コーヒー	5.7	有機化合物	4.7

（「日本国勢図会 2020/21」より作成）

でる！

① 資料 資料Ⅰ中の（　Ⅰ　）と（　Ⅱ　）に適する品目を次の**ア〜オ**から1つずつ選べ。

ア 原油　　**イ** 小麦　　**ウ** 自動車　　**エ** 船舶　　**オ** 衣類

Ⅰ [　　　　] Ⅱ [　　　　]

でる！

② 資料 資料Ⅰ中のBとCの国名をそれぞれ書け。

B [　　　　　　　　] C [　　　　　　　　]

差がつく

③ 思考 資料Ⅰの品目に着目して，「日本とA国との貿易」と「日本とC国との貿易」を比較して，そのちがいを説明せよ。

[　　　　　　　　　　　　　　　　　　　　　　　　　]

(2) 資料 次の**資料Ⅱ**は，①アメリカ合衆国の中華人民共和国との貿易，②日本の中華人民共和国との貿易，③アメリカ合衆国の日本との貿易のいずれかを表したものである。①②にあてはまるものを，**A〜C**から1つずつ選べ。〈大阪教育大附高・改〉

資料Ⅱ

A

年	輸出	輸入
1980	3755	983
2000	15964	52162
2018	120341	480689

B

年	輸出	輸入
1980	20790	31910
2000	64538	144009
2018	74967	140664

C

年	輸出	輸入
1980	5109	4032
2000	30356	41654
2018	144053	147565

（百万ドル）（「JETRO」より作成）

① [　　　　] ② [　　　　]

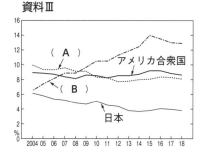

(3) 資料 資料Ⅲは，世界の輸出貿易総額に占める主要国の割合を示したものである。資料Ⅲ中の空欄A・Bにあてはまる国名の組み合わせとして正しいものを，次のア～シから1つ選べ。

〈久留米大附設高・改〉

資料Ⅲ

（「日本国勢図会 2020/21」ほかより作成）

	ア	イ	ウ	エ	オ	カ
A	ドイツ	ドイツ	ドイツ	カナダ	カナダ	カナダ
B	カナダ	中国	ブラジル	ドイツ	中国	ブラジル

	キ	ク	ケ	コ	サ	シ
A	中国	中国	中国	ブラジル	ブラジル	ブラジル
B	ドイツ	カナダ	ブラジル	ドイツ	カナダ	中国

[　　　　　]

でる! (4) 思考 資料ⅣのA，Bは，成田国際空港と横浜港の輸出総額と輸出品目の割合を示している。このうち，成田国際空港はA，Bのどちらか，その記号を書け。また，選んだ理由も書け。〈青森県・改〉

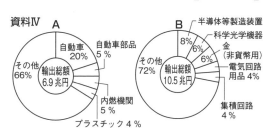

資料Ⅳ

（2019年）（「日本国勢図会 2020/21」より作成）

[　　　　　]

[　　　　　　　　　　　　　　　　　　　]

2 知識・理解 次の地図について，あとの問いに答えなさい。

(1) 資料Ⅰは，地図中の A ～ E のいずれかの国で見られる伝統的な住居である。この住居が見られる国を，地図中の A ～ E から1つ選べ。

〈静岡県・改〉

資料Ⅰ

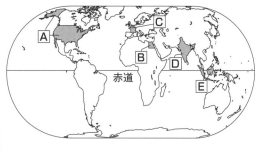

[　　　　　]

でる! (2) 次の文章の説明にあてはまる国を，地図中の A ～ E から1つ選べ。また文章中の下線部の宗教を何というか，書け。

この国はかつてイギリスに支配されたことがあり，今でも英語が公用語の1つになっている。さまざまな宗教を信仰する国民からなっているが，最も大きな割合を占めている宗教は，牛を神聖な生き物としている。

[　　　　　][　　　　　]

3

交通の発達は，人や貨物の動きを活発にする。次の
問いに答えなさい。〈奈良県・改〉

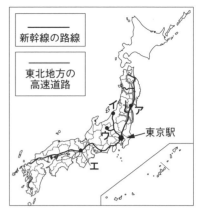

凡例
新幹線の路線

東北地方の
高速道路

東京駅

(1) 【知識・理解】2010年12月に，新幹線の路線が青
森県の八戸から新青森まで延長された。この路
線を地図中の**ア〜エ**から1つ選べ。またこの路
線を何新幹線というか，書け。

[　　　　] [　　　　　　　　　]

(2) 【資料】右の図は，東北地方の主な半導体工場の分布を示し
ている。半導体工場は，上の地図と合わせてみると高速道路沿
いに分布していることが分かるが，その理由を「輸送」の語句
を用いて簡潔に書け。〈茨城県・改〉

[　　　　　　　　　　　　　　　　　　　　　　　]

（「データでみる県勢 2020」
より作成）

4

次の地図について，あとの問いに答えなさい。

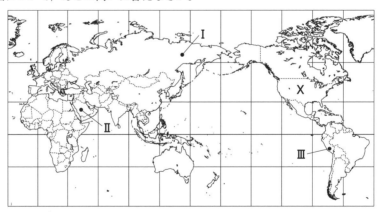

(1) 地図の**X**国には，メキシコや西インド諸島などから移住し，スペイン語を日常的に話
す人々がいる。この人々を何というか。〈長崎県〉　[　　　　　　　　　　　　]

(2) 【資料】地図中の**Ⅰ〜Ⅲ**の地域について，特色ある衣服とそれに合う説明文はどれ
か。衣服は**ア〜ウ**から，説明文は**A〜C**からそれぞれ1つずつ選べ。〈富山県〉

A 日中の強い日ざしや砂ぼこりから身を守る
ため，長袖で丈の長い服を着る。

B アルパカの毛で衣服やつばのついた帽子を
作り，高地の強い紫外線や寒さを防いでいる。

C 冬になると厚いコートや毛皮で作った防寒
着，帽子を身に付ける。

ア　イ　ウ

Ⅰ [　　・　　] Ⅱ [　　・　　] Ⅲ [　　・　　]

8 都道府県のようす①
北東部・中央部

中学総合的研究 社会
P.154~155,177~215

要点まとめ

1

1 北海道

日本の北東部

〈自然〉冬は低温で流氷が見られる。日本の都道府県で最大の面積。

〈歴史〉先住民族はアイヌ。屯田兵による開拓。

〈産業〉広大な農地で稲作，畑作，酪農がさかん。他に，漁業や地元の資源と結びついた食品工業がさかん。

2 東北地方

〈自然〉南北に連なる奥羽山脈。太平洋側はやませによる冷害。三陸海岸南部はリアス海岸。白神山地は世界自然遺産に登録。

〈産業〉稲作がさかん。青森県でりんご，山形県でさくらんぼ。三陸海岸の沖合いは好漁場。

〈伝統工業〉南部鉄器（盛岡），将棋駒（天童）。

〈中枢都市〉宮城県仙台市は東北地方の中心都市。

3 関東地方

〈自然〉関東平野は日本一の広さ。利根川は流域面積が日本一。

〈首都〉首都東京は日本の政治・経済・文化の中心。

〈農業〉千葉県や茨城県では近郊農業。

〈工業〉京浜工業地帯，京葉工業地域。成田国際空港は日本一の貿易額。

2

1 中部地方

日本の中央部

〈自然〉中央高地には日本アルプス。濃尾平野には輪中が発達。信濃川は日本最長の川。北陸地方は冬に雪が多い。中央高地は内陸の気候。

〈農業〉北陸地方⇒越後平野などで稲作，中央高地⇒果樹と高原野菜の栽培，東海地方⇒静岡県で茶の栽培。

〈工業〉中京工業地帯では自動車工業，東海工業地域では楽器・オートバイ・パルプ工業が発達。

2 近畿地方

〈自然〉琵琶湖は日本最大の湖。紀伊山地は吉野すぎの産地。

〈位置〉兵庫県明石市を日本の標準時子午線である東経135度の経線が通る。

〈工業〉阪神工業地帯が発達。中小工場が多い。大気汚染や地盤沈下などの問題点。

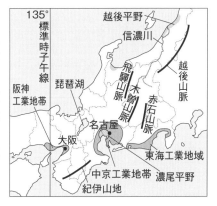

解答・解説➡別冊 P.13

基礎力チェック

ここに載っている問題は基本的な内容です。必ず解けるようにしておきましょう。

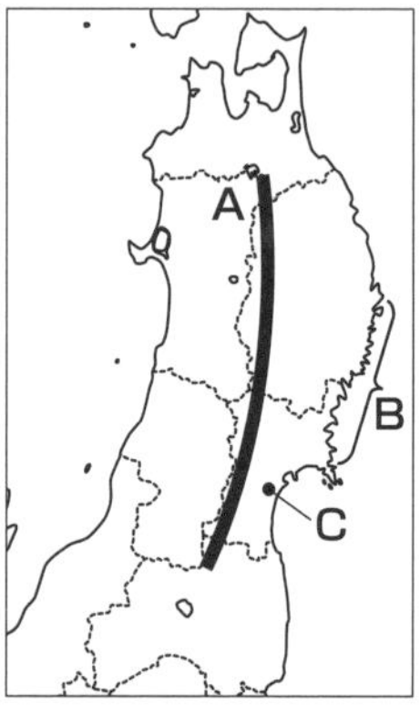

1 北海道に古くから住んでいる先住民を何というか。

[　　　　　　　　]

2 東北地方を東西に分ける右の図のAの山脈を何というか。

[　　　　　　　　]

3 右の図のBの海岸は，出入りのはげしい海岸線である。このような海岸を何というか。

[　　　　　　　　]

4 右の図のCの都市は，東北地方の中心都市である。この都市を何というか。

[　　　　　　　　]

5 関東地方を流れる，流域面積が日本一の川を何というか。[　　　　　　　　]

6 外国との空の玄関である，千葉県にある国際空港を何というか。

[　　　　　　　　]

7 木曽(きそ)川・長良(ながら)川・揖斐(いび)川の下流に見られる，周囲を高い堤防で囲んだ土地を何というか。

[　　　　　　　　]

8 全国有数の穀倉(こくそう)地帯である，新潟県の信濃川下流域に広がる平野を何というか。

[　　　　　　　　]

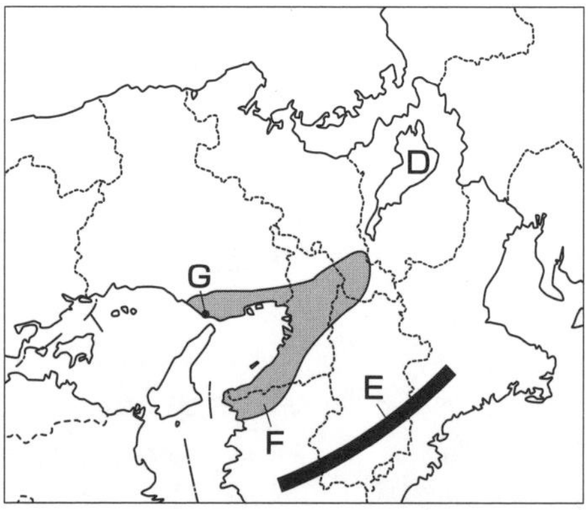

9 日本最大の面積の湖である右の図のDの湖を何というか。[　　　　　　　　]

10 右の図のEの山地は吉野すぎの産地である。この山地を何というか。

[　　　　　　　　]

11 右の図のFは，神戸・大阪を中心に広がる工業地帯である。この工業地帯を何というか。

[　　　　　　　　]

12 日本の標準時子午線が通る，右の図のGの都市を何というか。

[　　　　　　　　]

実践問題

1

夏休みに，Mさんは北海道地方を旅行した。Mさんが旅行について書いたメモに関して，あとの問いに答えなさい。

> 最初に訪れた知床では，世界遺産であるその自然のすばらしさを実感した。根室へ向かう途中の海岸からは_a北方領土の島が見えた。根釧台地や十勝平野では，_b日本でも有数の大規模な酪農や畑作のようすを見ることができた。また，北海道の先住民である ┌c┐ の人々について学ぶため，静内にあるシャクシャインの像や白老にある ┌c┐ 民族博物館を訪れた。その後は，┌d┐ 湖を見たあと函館に向かい，函館空港から飛行機で東京に戻った。

でる!

(1) 【知識・理解】下線部 **a** に関して，Mさんが見た**略地図のX**の島の名称と，**Y**の地点の緯度の組み合わせとして最も適するものを，次の**ア〜エ**から１つ選べ。〈神奈川県〉

略地図

　ア　Xの島の名称：国後島　　Yの地点の緯度：北緯45度
　イ　Xの島の名称：国後島　　Yの地点の緯度：北緯50度
　ウ　Xの島の名称：択捉島　　Yの地点の緯度：北緯45度
　エ　Xの島の名称：択捉島　　Yの地点の緯度：北緯50度

[　　　　]

(2) 【資料】下線部 **b** に関して，Mさんは日本の農業に興味をもち，これについて調べ，次のグラフを作成した。乳用牛の飼育頭数の都道府県別割合を表したものを次の**ア〜エ**から１つ選べ。〈神奈川県・改〉

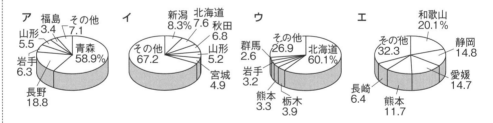

（「日本国勢図会 2020/21」より作成）

[　　　　]

でる!

(3) 【知識・理解】文中の２つの ┌c┐ に共通してあてはまる語をカタカナで書け。〈神奈川県〉

[　　　　]

(4) 【知識・理解】文中の ┌d┐ 湖は，2008年7月に主要国首脳会議（サミット）が開かれた場所にある湖である。この湖名を次の**ア〜エ**から１つ選べ。

　ア 摩周湖　　**イ** 洞爺湖　　**ウ** 十和田湖　　**エ** サロマ湖

[　　　　]

(5) 次の文章はある河川について述べたものである。この河川の名前を答えよ。

この川の名前の語源は，先住民の言葉で「非常に曲がりくねった川」の意味である。大雪山系に源を発し，途中で空知川や夕張川などと一緒になり，日本海に注ぐ，長さ268kmで日本で3番目に長い川である。〈筑波大学附属駒場高・改〉

[　　　　　　　　　]

2 右の地図を見て，次の問いに答えなさい。

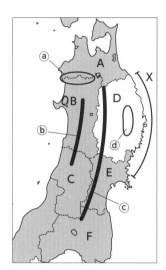

(1) 知識・理解 次の説明にあてはまる山地・山脈を，地図中の@〜@からそれぞれ選び，記号と山地・山脈名を書け。

① ブナの原生林が広がり，1993年に世界自然遺産に登録された。

② 岩手県と秋田県の県境にほぼ沿っている。

① [　　　] [　　　　　　]
② [　　　] [　　　　　　]

でる！(2) 思考 地図中のXの地域の沖合いは，プランクトンが豊富でよい漁場となっている。それはなぜか，海流に着目して書け。

[　　　　　　　　　　　　　　　　　　　　　]

(3) 資料 地図中の █████ は，ある農産物の生産量が上位10位までに入る県を示している。この農産物にあてはまるものを，次のア〜エから1つ選べ。
ア 大豆　イ 米　ウ 小麦　エ とうもろこし　　　[　　　]

(4) 資料 次のグラフは，りんごとさくらんぼの生産量の上位の県を表しており，①・②には地図中のA〜Fのいずれかの県があてはまる。グラフ中の①・②にあてはまる県を，地図中のA〜Fから1つずつ選べ。

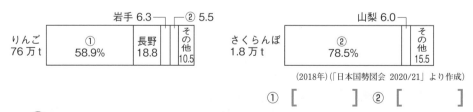

(2018年)(「日本国勢図会 2020/21」より作成)

① [　　　] ② [　　　]

(5) 思考 次の説明がすべてあてはまる県を地図中のA〜Fから1つ選べ。また，その県の県庁所在地名を書け。

・県名と県庁所在地名が異なる。

・全国の都道府県では，北海道の次に面積が広い。

・伝統工業では南部鉄器が有名である。

記号 [　　　] 県庁所在地名 [　　　　　　]

3 鉄道に興味のある拓さんは，東海道新幹線や北陸新幹線が通る地方について調べました。略地図は，中部地方と近畿地方についてまとめたものの一部である。次の問いに答えなさい。

〈山形県・改〉

(1) **知識・理解** 日本を七つの地方に分けたとき，略地図中の①～⑥の県のうち，近畿地方に含まれ，中部地方に接している県を2つ選び，番号で答えなさい。また，県名も書け。

番号・県名 [　　　　・　　　　]

番号・県名 [　　　　・　　　　]

注：━━ は東海道新幹線や北陸新幹線が通る路線を示している。

でる!

(2) 地図中の黒部ダムの東には，**X**で示される，南北にのびる山脈がある。**X**で示される山脈の名前を，次の**ア～オ**から1つ選べ。

ア 木曽山脈　　**イ** 日高山脈

ウ 赤石山脈　　**エ** 鈴鹿山脈　　**オ** 飛驒山脈

[　　　　　　　]

(3) 右の写真は，静岡県で栽培される，生産量が全国一位の，ある農産物の畑のようすである。次の問いに答えなさい。

① **資料** この農産物が栽培されている土地は，地形図でどのような記号で示されるか，その記号として適切なものを，次の**ア～エ**から1つ選べ。

[　　　　　　　]

② **思考** この農産物は，どのような気候と土地の特徴を生かして栽培されているか，気候と土地の特徴に着目して書け。

[　　　　　　　　　　　　　　　　　　　　　　　　　　　　　　　　]

差がつく

(4) **思考** 東海道新幹線や北陸新幹線が通る地方について，**表**は，他の地方と比較して調べ，まとめたものの一部である。**表**中の①～⑤は，東北，関東，中部，近畿，中国・四国のいずれかである。中部地方と近畿地方にあたるものを，①～⑤から1つずつ選べ。

中部地方 [　　　　]

近畿地方 [　　　　]

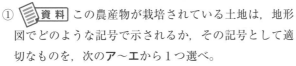

表（2017年，面積は2018年）

	面積 (km²)	農業 産出額 （億円）	製造品 出荷額等 （億円）	鉄道による 旅客輸送 （百万人）
①	32,433	18,138	826,077	16,177
②	50,726	9,120	351,983	423
③	33,125	6,152	621,572	5,126
④	66,807	14,253	926,519	1,684
⑤	66,948	14,000	184,430	310

（「データで見る県勢 2020」より作成）

4 右の地図を見て，次の問いに答えなさい。

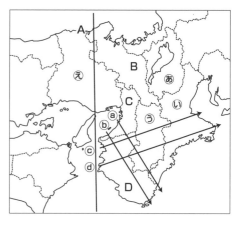

(1) 知識・理解 地図中の線**A**は東経135度の経線を示している。東経135度の経線が通る国の組み合わせとして適当なものを，次の**ア**〜**エ**から1つ選べ。〈愛媛県〉

ア ロシア・オーストラリア

イ ロシア・インド

ウ 韓国・オーストラリア

エ 韓国・インド

[　　　　　]

(2) 資料 下の図は地図中の**ⓐ**〜**ⓓ**のいずれかの線のところで切断した地形の断面を，模式的に示したものである。どの線の断面か，**ⓐ**〜**ⓓ**から1つ選べ。〈和歌山県〉

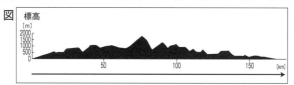

図 標高
[m]

[　　　　　]

(3) 知識・理解 次の文は，地図中の**B**〜**D**のいずれかの府県について述べたものである。**B**の府県について述べた文を，次の**ア**〜**エ**から1つ選べ。

ア 江戸時代は商業の中心地として栄え，「天下の台所」とよばれていた。

イ 明治時代になるまで長く都がおかれ，西陣織や友禅染などの伝統工業がさかんである。

ウ 果物栽培がさかんで，全国有数の生産量のみかんのほか，かきの生産量も多い。

エ 全国で2番目に面積が小さいが，人口密度は高い。

[　　　　　]

(4) 思考 次の表は，地図中の**あ**〜**え**の4県の人口などを表したものであり，表中の**a**〜**d**は，それぞれ**あ**〜**え**のいずれかにあたる。**a**にあたる県を**あ**〜**え**から1つ選び，その記号と県名を書け。〈愛媛県・改〉

	人口（千人）（2018年）	湖沼，河川の面積（km²）（1987年度）	農業産出額（億円）（2017年）	海面漁業生産量（百t）（2017年）	工業製品出荷額（億円）（2017年）
a	1791	181	1122	1547	105552
b	1412	766	647	－	78229
c	1339	75	430	－	21181
d	5484	191	1634	410	157988

（「データでみる県勢 2020」より作成）

記号 [　　　　] 県名 [　　　　　　　　]

(5) 知識・理解 地図中の**あ**〜**え**の4県のうち，県名と県庁所在地名が異なる県はいくつあるか，数字で答えよ。

[　　　　　]

9 都道府県のようす② 南西部

中学総合的研究 社会
P.156~176

要点まとめ

1

1 山陰

中国・四国地方

〈自然〉中国山地が東西に連なる。冬は雪による降水量が多い。石見銀山遺跡は世界遺産に登録。

〈産業〉鳥取県でなしの栽培がさかん。境港は全国有数の漁港。中国山地は肉用牛の飼育がさかん。

2 瀬戸内

〈自然〉季節風が中国山地・四国山地にさえぎられ，年間を通じて温暖で少雨⇒讃岐平野のため池。

〈農業〉愛媛県でみかんの栽培がさかん。

〈工業〉瀬戸内工業地域は化学工業の割合が高い⇒倉敷市の水島など。

〈交通〉本州四国連絡橋⇒児島・坂出，神戸・鳴門，尾道・今治の３ルート。

3 南四国

〈自然〉沖合を暖流の日本海流（黒潮）が流れる⇒冬でも温暖な気候。台風が多い。

〈農業〉高知平野ではビニルハウスでの野菜の促成栽培⇒きゅうり，ピーマンなど。

2

1 九州地方

九州地方

〈自然〉雲仙岳，桜島，阿蘇山など火山が多い⇒阿蘇山は世界最大級のカルデラ。南部にはシラス台地。長崎県にはリアス海岸が発達。

〈農業〉筑紫平野で稲作，南部では畑作や畜産⇒宮崎平野で野菜の促成栽培，シラス台地でさつまいもや茶の栽培，宮崎県・鹿児島県で肉用牛や豚の飼育。

〈工業〉八幡製鉄所から発達した北九州工業地域は地位が低下。近年は，九州各地の空港や高速道路沿いにIC工場が進出。

2 沖縄県

〈自然〉温暖な気候⇒さんご礁が発達。台風の通り道となることが多い。

〈歴史〉15世紀に琉球王国成立。エイサーや三線など独特の文化が発達。第二次世界大戦後アメリカの統治下に。1972年にアメリカから日本に復帰。

〈農業〉さとうきび，パイナップル，花（ラン，キクなど）の栽培。

基礎力チェック

ここに載っている問題は基本的な内容です。必ず解けるようにしておきましょう。

1 島根県にある，世界遺産に登録された銀山遺跡を何というか。

[　　　　　　　　　　　　　]

2 夏は太平洋側から，冬は大陸側から吹く，季節によって風向きが変わる風を何というか。

[　　　　　　　　　　　　　]

3 かつて原子爆弾が投下された，中国地方にある都市はどこか。[　　　　　　　　　　　]

4 本州と四国を結ぶ，橋による３つのルートを合わせて何というか。

[　　　　　　　　　　　　　]

5 右の地図中の**A**は，中国・四国・九州地方にかこまれた海である。この海を何というか。

[　　　　　　　　　　]

6 右の地図中の**B**は，四国地方の沖合いを流れる暖流である。この暖流を何というか。　　[　　　　　　　　　　]

7 右の地図中の**C・D**の平野では，温暖な気候を利用して野菜の出荷時期を早める栽培が行われている。２つの平野の名前を答えよ。

C [　　　　　　　　　　]
D [　　　　　　　　　　]

8 世界最大級のカルデラで知られる，九州地方の火山を何というか。

[　　　　　　　　　　　　　]

9 宮崎県の南部から鹿児島県にかけて広がる，火山灰が積もってできた台地を何というか。

[　　　　　　　　　　　　　]

10 八幡製鉄所を中心に発達した，鉄鋼業がさかんな工業地域を何というか。

[　　　　　　　　　　　　　]

11 1970年代から九州各地に電子部品の工場が多数進出し，九州地方は「シリコンアイランド」とよばれた。この電子部品を何というか。アルファベット２文字で答えよ。

[　　　　　　　　　　　　　]

12 1972年にアメリカから日本に返還され，現在もアメリカ軍の基地が多く存在している県はどこか。

[　　　　　　　　　　　　　]

実践問題

1

右の地図を見て，次の問いに答えなさい。

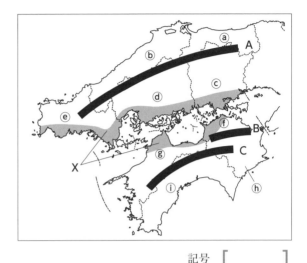

(1) **知識・理解** 次の説明にあてはまる山地・山脈を地図中のA～Cから1つ選び，記号と山地・山脈名を書け。

> なだらかな山地で，この山地の北部では冬に降水量が多い。肉牛の飼育がさかんな地域である。

記号 [　　　　]

名称 [　　　　]

(2) **知識・理解** 地図中の@～①の県のなかで，広島県と徳島県の組み合わせとして正しいものを，次のア～エから1つ選べ。

　ア　広島県－©　　徳島県－ⓗ　　イ　広島県－©　　徳島県－①

　ウ　広島県－ⓓ　　徳島県－ⓗ　　エ　広島県－ⓓ　　徳島県－①　　[　　　　]

(3) 地図中のXの工業地域について，次の問いに答えよ。

　① **知識・理解** Xの工業地域を何というか，書け。[　　　　]

でる！

　② **資料** 右のグラフは，Xの工業地域と全国の工業製品出荷額の割合を示したものである。グラフからXの工業地域の特色を書け。

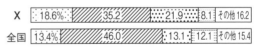

X ｜18.6%｜35.2｜21.9｜8.1｜その他16.2

全国 ｜13.4%｜46.0｜13.1｜12.1｜その他15.4

▨ 金属　▨ 機械　▨ 化学　▨ 食料品

(2017年)(「日本国勢図会 2020/21」より作成)

[　　　　　　　　　　　　　　　]

でる！

(4) **資料** 右のグラフ中のA，Bにあてはまる県を，地図中の@～①から1つずつ選べ。

A [　　　　]

B [　　　　]

みかん

和歌山 20.1%
その他 32.3
77.4万t
静岡 14.8
A
熊本 11.7
長崎 6.4
14.7

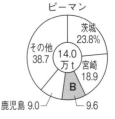

ピーマン

茨城 23.8%
その他 38.7
14.0万t
宮崎 18.9
B
鹿児島 9.0
9.6

(2018年)(「日本国勢図会 2020/21」より作成)

2

次の地図を見て，あとの問いに答えなさい。

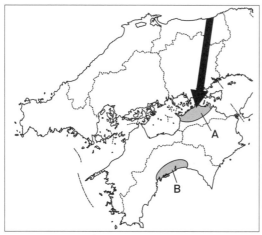

（国土地理院発行2万5千分の1地形図「丸亀」を60％に縮小して掲載）

(1) 右上の地形図は，地図中の**A**の平野の一部を示している。**A**の平野について，次の問いに答えよ。

　① 知識・理解 **A**の平野名を，次の**ア～エ**から1つ選べ。

　　ア　筑紫平野　　　**イ**　讃岐平野　　　**ウ**　濃尾平野　　　**エ**　庄内平野

　　　　　　　　　　　　　　　　　　　　　　　　　　　　　　　[　　　　　]

　② 思考 地形図中の**X**が多くつくられている理由について述べた文として正しいものを，次の**ア～エ**から1つ選べ。

　　ア　**A**の平野は，台地が多く水を得にくいため。

　　イ　**A**の平野は，夏に気温が低く冷害を受けやすいため。

　　ウ　**A**の平野は，台風による大雨の被害を受けやすいため。

　　エ　**A**の平野は，年間の降水量が少なく水を得にくいため。　　[　　　　　]

でる！

(2) 知識・理解 地図中の**B**の平野で行われている，温暖な気候を利用して，野菜の出荷時期を早める栽培を何というか，書け。　　[　　　　　]

(3) 資料 地図中の矢印（↓）に沿って移動したときのようすについて述べた，次の文中の空欄**A**・**B**にあてはまる語句の組み合わせとして正しいものを，あとの**ア～エ**から1つ選べ。〈新潟県・改〉

　　　県庁所在地であるこの市の北部には，（　**A**　）が広がっている。この市を出発し，山地を越えると瀬戸内海の臨海部には，工場や市街地が広がっていた。昭和63（1988）年に開通した（　**B**　）を過ぎると平野が見えた。

　　ア　A－砂浜海岸　　　B－しまなみ海道　　　**イ**　A－砂浜海岸　　　B－瀬戸大橋
　　ウ　A－リアス海岸　　B－しまなみ海道　　　**エ**　A－リアス海岸　　B－瀬戸大橋

　　　　　　　　　　　　　　　　　　　　　　　　　　　　　　　[　　　　　]

右の地図中の**A〜D**は県を示している。これを見て，次の問いに答えなさい。

(1) 知識・理解 **A**県について，次の問いに答えよ。

①地図中に示した博多港は，韓国のプサン港と定期便で結ばれ，多くの人が利用する港である。博多港がある都市名を書け。〈福島県〉

[   ]

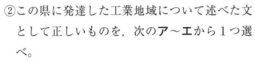
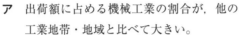

②この県に発達した工業地域について述べた文として正しいものを，次の**ア〜エ**から1つ選べ。

ア 出荷額に占める機械工業の割合が，他の工業地帯・地域と比べて大きい。

イ 三大工業地帯の中で，現在出荷額が最も多い。

ウ 出版・印刷などの産業がとくに発達している。

エ 八幡製鉄所が設立され，以後，鉄鋼業中心に発達した。

[   ]

(2) 知識・理解 **B**県について，次の問いに答えよ。

①この県の海岸では，海岸線が複雑に入り組み，いくつもの湾やけわしい崖が見られる。このような海岸を何というか，書け。〈福島県〉

[   ]

②この県には離島が多い。それらの離島では，人口が減少しているところが見られる。全国の山間部や離島などで見られる，人口の減少と経済活動の衰退によって，地域社会を維持することが難しくなっている地域を何というか，書け。〈福島県〉

[   ]

(3) 思考 次の表は地図中の**A〜D**県の米とピーマンの収穫量，牛肉の生産量，漁獲量を表している。**C**県にあてはまるものを，**表**中の**ア〜エ**から1つ選べ。〈福島県・改〉

表 A〜D県の米とピーマンの収穫量，牛肉の生産量，漁獲量

	米（t）	ピーマン（t）	牛肉（t）	漁獲量※（t）
ア	92400	12600	48204	75227
イ	57400	─	8319	317069
ウ	79400	26500	24065	96540
エ	182900	─	22147	25600

※海面漁業における漁獲量 （「データでみる県勢 2020」より作成）

[   ]

(4) 知識・理解 地図中の**X**の島の近海を日本海流（黒潮）から分かれ日本海へ入る海流が流れている。この海流の名前にも用いられている**X**の島の名前を書け。〈大阪府・改〉

[   ]

(5) 知識・理解 次の文は，地図中のある県について述べたものである。あてはまる県名を書け。

　　南北600kmに及ぶ範囲の中に，世界自然遺産に登録されている島や，日本に初めて鉄砲がもたらされ，現在は宇宙ロケット打ち上げ施設を有する島など，特色のある島々が分布する。〈鳥取県・改〉

[　　　　　　　　　　　　]

差がつく

(6) 知識・理解 九州地方について述べた次の文章中の下線部について，誤っているものの数を書け。下線部がすべて正しい場合には0と書け。〈東京学芸大学附高・改〉

　　この地域には9つの県があるが，沖縄県を除いたすべての県で県名と県庁所在地の地名が同じである。沖縄県の与那国島（よなぐにじま）は日本最西端に位置し，沖縄島よりも台湾に近い。この地域には多くの火山が分布しており，阿蘇山（あそ）は世界最大級のカルデラをもつ。また阿蘇山の中にはこの地域で最も高い山がある。この地域の北西側の海域を，東シナ海から日本海にむけて寒流が流れている。

[　　　　　]

でる！

(7) 思考 地図中の■は，おもなIC工場を，✈はおもな空港を，太い線はおもな高速道路をそれぞれ示している。IC工場が地図に示すような場所に見られるのはなぜか。その理由を簡潔に書け。〈広島県〉

[　　　　　　　　　　　　　　　　　　　　　　]

4 資料 次の資料は，左下の地図中のX県について調べたものである。X県について述べた下の文章中の空欄Aにはあてはまる内容を8字以内で書きなさい。また，空欄Bにはあてはまる県の名前を書きなさい。〈山梨県・改〉

資料Ⅱ X県の県庁所在地の気温と降水量

資料Ⅰ

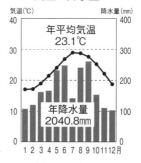

年平均気温 23.1℃
年降水量 2040.8mm

資料Ⅰの家屋は，台風に備え，家のまわりを石垣で囲んだり，かわらをしっくいで固めたりしている。
　また，資料Ⅱ，Ⅲからもわかるように　Ａ　を利用し，X県では，さとうきびや花の栽培がさかんである。
　これらのことから，X県は Ｂ 県であることがわかる。

資料Ⅲ
日本の気候区分を代表する都市の年平均気温（℃）

札幌	東京	松本	上越（高田）	高松
8.9	15.4	11.8	13.6	16.3

（資料Ⅱ，Ⅲは，いずれも「理科年表 2020年版」より作成）

A [　　　　　　　　　　] B [　　　　　　　　]

10 身近な地域の調査

中学総合的研究 社会
P.106~107,216~219

要点まとめ

1

1 地形図の種類

2 地形図のきまり

地形図のきまり

〈**地形図の発行**〉国土交通省の国土地理院が発行している。

〈**地形図の種類**〉おもに2万5千分の1の地形図，5万分の1の地形図が使用される。

〈**縮尺**〉実際の距離を縮めた割合。地図上の長さから実際の距離を求めるには
⇒ 実際の距離＝地図上の長さ×縮尺の分母

〈**方位**〉8方位，16方位など。特に指定がなければ，地図の上が北を示す。

〈**等高線**〉海面からの高さが等しい地点を結んだ線。土地の標高，起伏のようすなどを表す。等高線の間隔がせまいほうが傾斜が急であり，間隔が広いほうが傾斜がゆるやかである。

等高線

等高線の種類	2万5千分の1	5万分の1
主曲線 ——	10mごと	20mごと
計曲線 ——	50mごと	100mごと

〈**地図記号**〉建物や土地利用のようすなどを表す。

‖‖ 田（水田）	∴ 茶畑	◎ 市役所 東京都の区役所	卍 寺院	☼ 工場	📖 図書館
⌄⌄ 畑	ᵔᵔ 広葉樹林	⊗ 警察署	卄 神社	⚡ 発電所	🏠 老人ホーム
○○ 果樹園	∧∧ 針葉樹林	⊞ 病院	⊖ 郵便局	✶ 小・中学校	🏛 博物館 美術館

3 地形図で見る地形

〈**扇状地**〉河川が山地から平地に流れ出たところにできる扇形のゆるやかな傾斜の土地。果樹園や畑などに利用される。

〈**三角州**〉河川が海や湖にそそぐところにできる低く平らな土地。デルタともいう。集落や水田，畑などに利用される。

扇状地

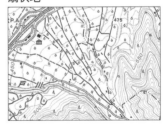

2

身近な地域の調査

〈**地域調査の手順**〉テーマ決定→調査内容・方法の決定→調査→調査結果のまとめ。

〈**地域調査の方法**〉文献調査・野外調査・聞きとり調査などの方法で調査する。

〈**調査のまとめ**〉地図の作成→イラストマップ，分布図，統計地図など。

グラフの作成→割合を表す帯グラフや円グラフ，数値の変化を表す折れ線グラフ，数値や量の大小を表す棒グラフなど。

基礎力チェック

ここに載っている問題は基本的な内容です。必ず解けるようにしておきましょう。

1 実際の距離を地図上に表すために縮めた割合のことを何というか。

[   ]

2 右の図の（   ）にあてはまる方位は何か。

[   ]

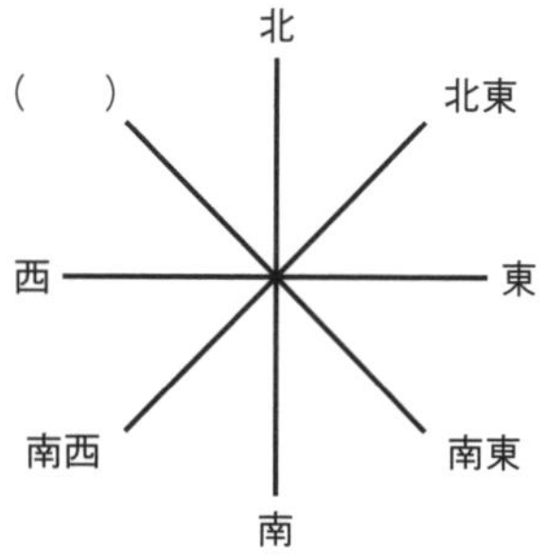

3 海面からの高さが等しい地点を結んだ線を何というか。

[   ]

（   ）
北
北東
西 — 東
南西
南東
南

4 **3** の間隔がせまいほど傾斜は（   ）である。（   ）にあてはまる語句を書け。

[   ]

5 **3** のうち主曲線は，2万5千分の1の地形図で，何mおきに引かれているか。

[   ]

6 次の地図記号は何を表しているか。

A   B   C   D

A [   ]   B [   ]
C [   ]   D [   ]

7 河川が山地から平地に流れ出たところにできる扇形の地形を何というか。

[   ]

8 デルタともよばれる，河川が海や湖にそそぐところにできる低く平らな土地を何というか。

[   ]

9 地域の農業について調べる場合，その地域の農業について，直接その地域の人々から話を聞いて調べる方法がある。このような方法を何というか。

[   ]

10 数値の変化を表すのに適しているグラフは何か。

[   ]

実践問題

1 次の地図は，佐世保市の黒島の2万5千分の1の地形図である。これを見てあとの問いに答えなさい。

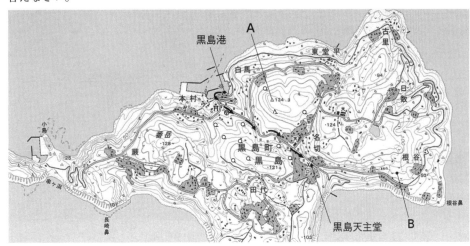

(国土地理院平成18年発行の2万5千分の1地形図「肥前黒島」による)
(編集部注：実際の試験で使われた地形図を86%に縮小して掲載)

(1) **資料** 黒島港から図中の──➡に沿った道を通って黒島天主堂へ行くときについて，次の問いに答えよ。

　① 道沿いの農地は a |ア　田　イ　畑| が多く，道から右手に見える樹木の大半は b |ア　広葉樹　イ　針葉樹| であった。a，b の |　| の中から適当なものを1つずつ選べ。〈熊本県〉

　　　　　　　　　　　　　　　　a [　　　　] b [　　　　]

　② 道沿いに見られる建物を，次のア～エから1つ選べ。
　　ア　寺院　イ　郵便局　ウ　病院　エ　図書館　　　　　　[　　　　]

(2) **知識・理解** 次の方位を8方位で答えよ。
　① 黒島港から見た番岳の方位。
　② 番岳から見た神社の方位。

　　　　　① [　　　　　　　] ② [　　　　　　　]

(3) **思考** 図中のAとBの地点の高度差はおよそ何mか。最も近いものを次のア～エから1つ選べ。

　ア　35m　イ　45m　ウ　55m　エ　65m　　　　　　[　　　　]

(4) **知識・理解** この島の産業について詳しく知るために，図書館でこの島について調べた。このような調査の方法を何というか，書け。

　　　　　　　　　　　　　　　　　　　[　　　　　　　　　　]

2 右の地形図を見て，次の問いに答えなさい。

(1) 思考 地図中の正法寺川の流れる向きとして正しいものを，次のア〜エから1つ選べ。

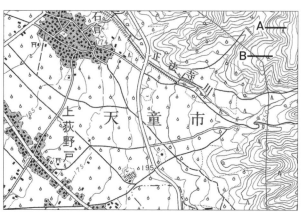

(国土地理院発行2万5千分の1地形図「山寺」による)

ア 南東から北西に向かって流れている。

イ 北西から南東に向かって流れている。

ウ 南西から北東に向かって流れている。

エ 北東から南西に向かって流れている。

[　　　　　]

(2) 思考 地図中のAとBのうち，どちらの方が傾斜が急になっているか，記号を書け。また，なぜそのように言えるか，理由を書け。

記号 [　　　　　]

理由 [　　　　　　　　　　　　　　　　　　　　　]

(3) 知識・理解 地図中の上荻野戸ではどのような農業がさかんだと考えられるか。次のア〜エから1つ選べ。

ア 稲作がさかんである。　　イ 野菜の栽培がさかんである。

ウ お茶の生産がさかんである。　　エ 果物栽培がさかんである。

[　　　　　]

3 右の地形図について，次の問いに答えなさい。

(1) 知識・理解 地形図中の は何を示す地図記号か，書け。

[　　　　　　　　　]

(2) 資料 地形図について正しく述べている文を，次のア〜エから1つ選べ。

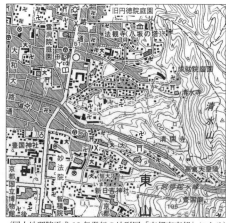

(国土地理院平成18年発行の地形図「京都東南部」による)

ア 旧円徳院庭園の南には，図書館がある。

イ 図書館より南の地域には，郵便局はない。

ウ 地図中の地域には，交番も消防署もない。

エ 地図中の地域には，神社の数よりも寺院の数の方が多い。[　　　　　]

4 次の地形図を見て，あとの問いに答えなさい。〈長崎県・改〉

(国土地理院発行2万5千分の1地形図「海津」を一部改変)
(編集部注：実際の試験で使われた地形図を72%に縮小して掲載)

(1) ［資料］地形図中で同じ長さのP－Q，R－S，T－U，V－Wのうち，それぞれの両端の高低差が最も大きいものを次の**ア～エ**から1つ選べ。

　　ア P－Q　**イ** R－S　**ウ** T－U　**エ** V－W　　　　　［　　　　　］

(2) ［資料］地形図から読みとれることとして正しいものを次の**ア～エ**から1つ選べ。

　　ア 地形図のAの範囲を流れる河川は，②から①に向かって流れている。

　　イ 地形図のBの範囲には，果樹園が広がっている。

　　ウ 地形図のC地点から見ると，おうみなかしょう駅は北西の方角にある。

　　エ 地形図のDの範囲には，工場と病院がある。　　　　　　　　［　　　　　］

(3) ［知識・理解］地形図中のX，Yは送電線上においた2点であり，その間隔は5cmである。XとYの間の実際の距離は何mか，書け。　　　［　　　　　　　　m］

(4) ［知識・理解］地形図中には，百瀬川が山地から平野に流れ出ているところに，この川によってできた地形が見られる。このような地形を何というか，書け。

　　　　　　　　　　　　　　　　　　　　　　　　　［　　　　　　　　　　　］

(5) ［知識・理解］地形図中のマキノ町新保地区について，20年前からの人口の推移を調べてグラフに表すとき，最も適するグラフを，次の**ア～ウ**から1つ選べ。

　　ア 円グラフ　**イ** 帯グラフ　**ウ** 折れ線グラフ　　　　　　［　　　　　］

5 地形図を見て，次の問いに答えなさい。〈兵庫県・改〉

(1) [資料] 図中の
で囲んだ部分
X，Yでの土地利用
について述べた次
の文の空欄A・Bに
入る適切な語句を書
け。

　Xでは A が多
く見られ，Yでは桑
畑や B が広がっ
ている。

A [　　　　　　]
B [　　　　　　]

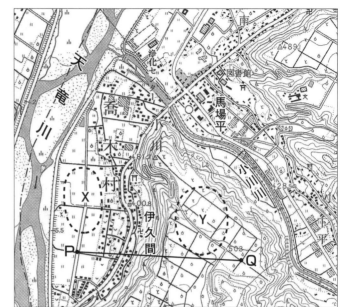

(国土地理院発行2万5千分の1地形図「飯田」(2000年)，「下市田」(1999年)を一部改変)

(2) [資料] 図から読
みとれることについ
て述べた文として適切なものを，次のア〜エから1つ選べ。

ア 「馬場平」には学校と市役所がある。

イ 「伊久間」には神社はあるが寺院はない。

ウ 「小川川」はほぼ北西方向に流れている。

エ 「天竜川」に沿って鉄道が通っている。　　　　　　[　　　　　]

(3) [知識・理解] 市街地に老人ホームを建設することになった。老人ホームを示す地図記
号を，次のア〜エから1つ選べ。

ア　　　　　イ　　　　　ウ　　　　　エ

  　　　　[　　　　　]

(4) [思考] 図中のP−Qの断面図として適切なものを，次のア〜エから1つ選べ。

ア　　　　　　イ　　　　　　ウ　　　　　　エ

 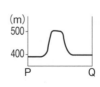 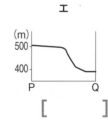

[　　　　　]

(5) [知識・理解] 図中で1辺4cmの正方形で囲んだ土地の実際の面積は何km²か，書け。

[　　　　　　　　km²]

歴史編

第 **1** 章	文明のおこりと日本	66
第 **2** 章	古代の日本	72
第 **3** 章	中世の日本	78
第 **4** 章	天下統一と幕藩体制の成立	84
第 **5** 章	幕藩体制の展開と動揺	90
第 **6** 章	欧米諸国のアジア進出と日本の開国	96
第 **7** 章	明治政府の成立と国際社会の中の日本	102
第 **8** 章	第一次世界大戦と日本	110
第 **9** 章	第二次世界大戦と日本	116
第 **10** 章	現代の日本と世界	122

文明のおこりと日本

要点まとめ

1

1 旧石器時代と新石器時代

2 四大文明

3 古代中国

文明のおこり

〈人類の出現〉約700万年前，アフリカに出現。猿人→原人→新人。

〈旧石器時代〉狩り・採集の生活。打製石器の使用。岩宿遺跡（群馬県）。

〈新石器時代〉農耕・牧畜が始まる。磨製石器の使用。

〈エジプト文明〉象形文字，ピラミッド，太陽暦。

〈メソポタミア文明〉くさび形文字，ハンムラビ法典，太陰暦，60進法。

〈インダス文明〉モヘンジョ・ダロの都市遺跡。

〈中国文明〉殷の甲骨文字。

四大文明

チグリス川　インダス川　中国文明
メソポタミア文明
エジプト文明　インダス文明　黄河
ナイル川

〈秦〉始皇帝が中国を統一，万里の長城を修復。

〈漢〉シルクロード（絹の道）で食べ物や文化が伝えられる。

2

1 縄文時代

2 弥生時代

3 小国家の成立と邪馬台国

4 古墳時代

日本の成り立ち

〈道具〉縄文土器（縄目の文様，厚くてもろい），磨製石器。

〈生活〉たて穴住居。狩り・漁・採集を行う。土偶，貝塚。

〈遺跡〉三内丸山遺跡（青森県）。

〈道具〉弥生土器（薄くてかたい），青銅器（銅剣，銅鐸，銅鏡など），鉄器。

〈生活〉稲作の広がり→むらをつくる。高床倉庫に収穫した稲の穂を貯蔵。

〈遺跡〉吉野ヶ里遺跡（佐賀県），登呂遺跡（静岡県）。

〈国々の誕生〉57年，倭の奴国の王に後漢の皇帝が金印を与えた→福岡県志賀島で発見。

〈邪馬台国〉女王卑弥呼がおさめた国。239年，中国の魏に使いを送り，「親魏倭王」の称号と金印を授かる（『魏志』倭人伝）。

〈大和政権〉大和地方（奈良県）の大王を中心に豪族が結びついてつくる。

〈古墳〉前方後円墳や円墳，方墳など。周囲にははにわが並べられる。大仙古墳（大阪府堺市）など。

〈渡来人〉朝鮮半島から日本に渡ってきた人々。漢字や儒教，仏教，須恵器，養蚕，土木技術など大陸の進んだ文化を伝える。

大仙古墳

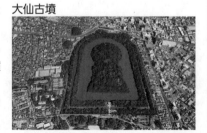

基礎力チェック

ここに載っている問題は基本的な内容です。必ず解けるようにしておきましょう。

1 打製石器を使用し，狩りや採集を行っていた時代を何というか。

[   ]

2 インダス川流域で発展した古代文明を何というか。　[   ]

3 エジプト文明で使われていた文字を何というか。　[   ]

4 紀元前221年に始皇帝が建てた中国最初の統一国家を何というか。

[   ]

5 漢とローマ帝国を結んだ交通路を何というか。　[   ]

6 縄文時代の人々が住んでいた住居を何というか。　[   ]

7 縄文時代に，食べ物の残りかすなどを捨てたあとを何というか。

[   ]

8 稲作が広がった時代に使われた，薄くかたい土器を何というか。

[   ]

9 弥生時代を代表する，佐賀県で発見された遺跡を何というか。

[   ]

10 3世紀前半，邪馬台国をおさめていた女王を何というか。　[   ]

11 大和政権の王を何というか。

[   ]

12 右の地図中の**A**にある日本最大の古墳を何というか。

[   ]

13 古墳の頂上やまわりに置かれた，素焼きの土製品を何というか。

[   ]

14 古代に朝鮮半島から日本に移り住み，土木や建築などの技術，漢字や儒教などを伝えた人々を何というか。

[   ]

実践問題

実際の問題形式で知識を定着させましょう。

1

四大文明について，右の地図を見て，次の問いに答えなさい。

(1) 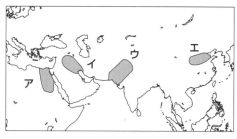資料 チグリス（ティグリス）川，
ユーフラテス川の流域で文明が発達し
た。その場所として適切なものを，地図
中の**ア〜エ**から１つ選べ。また，ここ
で栄えた古代文明を何というか，書け。

〈千葉県〉

記号 [   ]   文明 [   ]

(2) 資料 地図中の**エ**の地域に栄えた国では，占いによっ
て政治が行われ，その占いの内容や結果は現在の漢字のも
とになった右の資料のような文字で書かれた。この文字の
ことを何というか，書け。

[   ]

(3) 知識・理解 地図中の**エ**の地域で，紀元前221年にこの地域を統一した国の名称と，統
一した人物名を答えよ。

国名 [   ]   人物名 [   ]

(4) 思考 地図中の文明は，いずれも大河流域に発達しているが，その理由を簡潔に
述べよ。

[   ]

2

人類の始まりについて，次の問いに答えなさい。

(1) 資料 直立二足歩行を行う，
人類の祖先の化石が発見された
地域を，地図中の**ア〜エ**から１
つ選べ。 [   ]

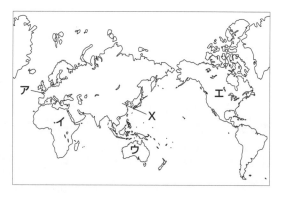

(2) 知識・理解 地図中の**X**で約50万
年前の人類の化石が発見された。
この人類は火を使っていたこと
がわかっている。この人類を何
というか，書け。

[   ]

3 縄文（じょうもん）時代について，次の問いに答えなさい。

(1) [資料] 右の資料は，縄文時代の遺跡から出土した土製の人形である。この人形を何というか。また，この人形はどのような目的で使用されたと考えられているか。簡潔に書け。

[   ]

[   ]

でる！

(2) [知識・理解] 縄文時代のようすについて述べた文として適切なものを，次のア～エから1つ選べ。〈栃木県〉

ア　狩りや採集などで得た食料の保存や煮たきのため，土器が使われるようになった。
イ　地域ごとにあらわれた有力な豪族たちは，やがて大王に従うようになった。
ウ　稲作が広まり，土地や水をめぐる争いがおき，濠（ほり）や柵（さく）に囲まれた村がつくられた。
エ　気候は寒冷で，人々はナウマンゾウなどの獲物を求めて移動生活をしていた。

[   ]

でる！

(3) [知識・理解] 縄文時代の遺跡を，次のア～エから1つ選べ。

ア　岩宿（いわじゅく）遺跡　　　イ　三内丸山（さんないまるやま）遺跡
ウ　吉野ヶ里（よしのがり）遺跡　　エ　登呂（とろ）遺跡

[   ]

でる！

(4) [資料] (3)の遺跡の位置を，右の地図中のア～エから1つ選べ。

[   ]

(5) [知識・理解] 関東地方で発見された遺跡によって，縄文時代以前から日本列島には人が住んでいたことが確認された。この時代を何というか，書け。

[   ]

4 次の文を読んで，あとの問いに答えなさい。

> 紀元前4世紀ごろには，大陸から，稲作が伝えられた。人々は水田の近くにむらをつくって，（　A　）住居に住んでいた。また，収穫した稲の穂を貯蔵するための（　B　）もつくられた。

(1) [知識・理解] 空欄A・Bにあてはまる語句を答えよ。

A [   ] B [   ]

(2) [資料] 下線部について，右の石器は，農作業に用いられた石器である。この石器を何というか，書け。また，この石器の使用目的を簡潔に書け。

[   ]

[   ]

(3)  資料 稲作とともに大陸から伝わった，青銅器や鉄器の中で，右の写真の金属器を何というか。次のア～エから1つ選べ。

ア 銅剣　　イ 銅矛（どうほこ）

ウ 銅鐸（どうたく）　エ 銅鏡

[　　　　]

(4) ? 思考 この時代の大規模な遺跡が佐賀県から発見された。この遺跡は，二重の濠（ほり）に囲まれ，高い柵（さく）がめぐらされていた。この理由を簡潔に述べよ。

[　　　　　　　　　　　　　　　　　　　　　　　　　　　]

5

!知識・理解 次の文を読んで，あとの問いに答えなさい。

A　1世紀ごろ，わが国の奴国（なこく）の王が中国の王から金印を授けられた。

B　3世紀ごろ，邪馬台国（やまたいこく）の女王が中国の王から金印を授けられた。

(1) Aの文中の「中国」にあてはまるものを，次のア～エから1つ選べ。〈岩手県・改〉

ア 後漢（ごかん）　イ 秦（しん）　ウ 隋（ずい）　エ 唐（とう）　　　[　　　　]

(2) Aの金印は江戸時代に発見された。発見された都道府県を，次のア～エから1つ選べ。

〈佐賀県〉

ア 京都府　　イ 奈良県　　ウ 福岡県　　エ 大阪府　　　[　　　　]

(3) Bの文中の女王を何というか，書け。　　　　[　　　　]

(4) (3)の女王について述べた文として誤っているものを，次のア～エから1つ選べ。

ア 大和（やまと）の地方で，大王（おおきみ）とよばれていた。

イ 神に仕え，まじないによって政治を行っていた。

ウ 中国の皇帝から「親魏倭王（しんぎわおう）」という称号を与えられた。

エ 30あまりの小さな国々を従えていた。　　　　[　　　　]

(5) 資料 Bは，3世紀ごろの日本のようすを記した中国の歴史書に記されている。この歴史書を何というか，書け。また，この歴史書はどこの国のものか。右の地図のア～エから1つ選べ。

[　　　　]　[　　　　]

6 次の文を読んで，あとの問いに答えなさい。

古墳は3世紀～4世紀ごろからつくられはじめ，5世紀ごろには①大きな古墳も出現した。そのころ，奈良盆地を中心とする地域に（　A　）政権が生まれ，その長は各地の豪族をしたがえ，（　B　）とよばれるようになった。また，大陸との交流がさかんになり，②朝鮮半島から日本列島に移り住む人々が増え，③大陸の進んだ技術や文化を伝えた。

(1) 知識・理解 空欄A・Bにあてはまる語句を答えよ。

A [　　　　　　　　　　]　B [　　　　　　　　　　]

でる! (2) 資料 下線部①について，上の写真は，大仙（大山）古墳とよばれる古墳である。このような形の古墳を何というか，書け。〈徳島県〉 [　　　　　　　　　　]

(3) 資料 大仙（大山）古墳がある地点はどこか。右の地図中の地点ア～エから1つ選べ。 [　　　　]

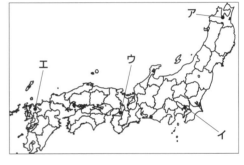

でる! (4) 知識・理解 下線部②について，このような人々を何というか，書け。

[　　　　　　　　　　]

(5) 知識・理解 下線部③について，このころ大陸から日本に伝えられたものとして最も適切なものを，次のア～エから1つ選べ。〈新潟県・改〉

ア 稲作　　**イ** ガラス　　**ウ** 漢字　　**エ** 朱子学

[　　　　]

7 資料 4世紀末ごろの朝鮮半島について，次のA～Dの各文にあてはまる国を，右の地図中ア～エから1つずつ選びなさい。また，下の語群から国名・地名を選んで答えなさい。

A のちに，日本に仏像や経典を贈り，仏教を伝えた。

B 小国が分立し，日本とのつながりが最も強かった。

C 楽浪郡を滅ぼし，このころの朝鮮半島では最も強力であった。

D 7世紀の後半に，ほかの国を滅ぼし朝鮮半島を統一した。

語群〔高句麗，百済，加羅（任那），新羅〕

A 記号 [　　] 国名・地名 [　　　　　　]
B 記号 [　　] 国名・地名 [　　　　　　]
C 記号 [　　] 国名・地名 [　　　　　　]
D 記号 [　　] 国名・地名 [　　　　　　]

古代の日本

要点まとめ

1

1 聖徳太子の政治

国家の成立

〈**聖徳太子**〉推古天皇の摂政となる。冠位十二階の制度，十七条の憲法，遣隋使の派遣。
〈**飛鳥文化**〉日本最初の仏教文化。法隆寺や，そのなかにある釈迦三尊像。

十七条の憲法

> 一に曰く，和をもって貴しとなし，さからうことなきを宗とせよ。
> 二に曰く，あつく三宝を敬え。三宝とは仏・法・僧なり。

2 律令国家の成立

〈**大化の改新**〉645年，中大兄皇子（後の天智天皇）・中臣鎌足らが蘇我氏を倒す→公地公民など天皇中心の政治をめざす。
〈**壬申の乱**〉天智天皇の死後におこる→勝利した大海人皇子が天武天皇となる。
〈**律令制度**〉701年，唐の律令制度にならい大宝律令を制定。
班田収授法（6歳以上の男女に口分田を与え，死後に返させる制度），租・調・庸の税制，雑徭や防人などの兵役・労役。五畿七道の整備。富本銭，和同開珎の発行。

農民の負担

租	収穫量の約3%の稲
調	地方の特産物など
庸	労役のかわりに布など

3 平城京

〈**平城京**〉710年，奈良に都を移す。唐の都・長安を手本とする。
〈**聖武天皇の政治**〉国ごとに国分寺・国分尼寺，都に東大寺を建立。東大寺に大仏を造立。
〈**墾田永年私財法**〉口分田の不足→新しく開墾した土地の永久私有を認める→荘園の発生。
〈**天平文化**〉聖武天皇が仏教を保護。貴族中心の仏教文化。遣唐使により中国・大陸の文化が伝えられる。正倉院宝物，唐招提寺（鑑真），『古事記』『日本書紀』『万葉集』『風土記』など。

2

1 平安京と桓武天皇の政治

平安京と摂関政治

〈**平安京**〉794年，都を京都に移す→奈良の仏教勢力と政治を切り離す。
〈**桓武天皇の政治**〉東北地方の蝦夷に坂上田村麻呂を征夷大将軍として派遣。
〈**新しい仏教**〉最澄が延暦寺で天台宗，空海が金剛峯寺で真言宗を広める。

2 摂関政治と国風文化

〈**摂関政治**〉藤原氏一族が，天皇が幼いときは摂政，天皇が成人してからは関白となって，政治の実権をにぎる→藤原道長・頼通のときに全盛期。
〈**国風文化**〉日本の風土や生活にあった文化が発達。貴族文化。かな文字の普及。寝殿造（貴族の住宅）。『源氏物語』（紫式部），『枕草子』（清少納言），『古今和歌集』。大和絵。
〈**浄土信仰**〉「南無阿弥陀仏」と念仏を唱え，阿弥陀仏にすがれば，極楽浄土に生まれ変われるという教え。京都・宇治の平等院鳳凰堂，奥州藤原氏の岩手・平泉の中尊寺金色堂。

基礎力チェック

ここに載っている問題は基本的な内容です。必ず解けるようにしておきましょう。

1 聖徳太子が役人の心得を示すために定めたものを何というか。

[　　　　　　　　　　　　　　　]

2 仏教を中心とする飛鳥文化を代表する，現存する世界最古の木造建築物を何というか。

[　　　　　　　　　　　　　　　]

3 中大兄皇子や中臣鎌足らが645年に蘇我氏を倒して始めた政治改革を何というか。

[　　　　　　　　　　　　　　　]

4 701年に中国（唐）にならって制定された律令を何というか。 [　　　　　　　　　　　　　]

5 律令制度のもとで定められた，6歳以上の男女に一定の面積の田を支給し，死後国に返させる制度を何というか。

[　　　　　　　　　　　　　　　]

6 奈良時代に課せられた税の1つで，絹や糸，地方の特産物を納めた税を何というか。

[　　　　　　　　　　　　　　　]

7 仏教の力で国を守ろうとして，国ごとに国分寺・国分尼寺を，都に東大寺を建てた天皇はだれか。

[　　　　　　　　　　　　　　　]

8 743年に出された，新しく開墾した土地の永久私有を認める法律を何というか。

[　　　　　　　　　　　　　　　]

9 奈良時代の末に，天皇や貴族だけでなく，防人や農民の歌もあわせてまとめられた和歌集を何というか。

[　　　　　　　　　　　　　　　]

10 比叡山に延暦寺を建てて天台宗を広めた人物はだれか。 [　　　　　　　　　　　　　]

11 何度も遭難し，盲目になりながらも日本への渡航を果たした唐の高僧はだれか。

[　　　　　　　　　　　　　　　]

12 藤原氏は，天皇が幼いときには摂政，成長すると関白という職について政治の実権をにぎった。このような政治を何というか。

[　　　　　　　　　　　　　　　]

13 貴族の世界を描いた『源氏物語』の作者はだれか。

[　　　　　　　　　　　　　　　]

実践問題

1

右の年表を見て，次の問いに答えなさい。

(1) **知識・理解** 年表中の**A**について，次の問いに答えよ。

①聖徳太子は何天皇の摂政であったか。天皇の名前を書け。

年	できごと
593	聖徳太子が摂政となる。…**A**
645	大化の改新が始まる。……**B**

[　　　　　　　　　　　　　　]

でる!

②聖徳太子は冠位十二階の制度を定めた。この制度の目的を簡潔に書け。

[　　　　　　　　　　　　　　　　　　　　　　　　　　]

③ **資料** 右の資料は，聖徳太子が定めた十七条の憲法である。この憲法が定められた時期の文化の特色を，資料の内容を参考に次にしたがって書け。〈秋田県〉

> 一に曰く，和をもって貴しとなし，さからうことなきを宗とせよ。
> 二に曰く，あつく三宝を敬え。三宝とは仏・法・僧なり。

> わが国最初の（　　　　　　　　　　）がおこったこと。

[　　　　　　　　　　　　　　　　　　　　　　　　]

でる!

④ 聖徳太子は，小野妹子をつかいとして中国に送った。このときの中国の王朝を，次の**ア～エ**から1つ選べ。

ア 秦　イ 漢　ウ 隋　エ 唐　　　　　　[　　]

(2) 年表中の**B**について，次の問いに答えよ。

① **知識・理解** 大化の改新について述べた次の文の空欄**a～c**にあてはまる語句を書け。

645年，中大兄皇子は，中臣鎌足とともに，（　**a**　）氏を倒し，政治改革を始めた。その後，この改革は，（　**b**　）の乱に勝利した（　**c**　）天皇に受け継がれた。

a [　　　　] b [　　　　] c [　　　　]

差がつく

② **思考** 大化の改新では，土地や人民の支配の仕方を改革することをめざした。土地や人民の支配の仕方をどのように改革しようとしたのか。それ以前の支配の仕方とあわせて，簡潔に書け。〈静岡県〉

[　　　　　　　　　　　　　　　　　　]

③ **資料** 大化の改新を中心となっておしすすめた中大兄皇子は，朝鮮半島のある国を救援するために大軍を派遣した。ある国とはどこか国名を書け。また，その国を，上の地図中の**ア～エ**から1つ選べ。 [　　　　　　　] 記号 [　　]

2 🔖知識・理解 次の文を読んで，あとの問いに答えなさい。

> ①大宝律令により新しい政治のしくみが定められた。地方は多くの国に区分され，国には中央の貴族が（　A　）として派遣され，その下で地方の豪族が（　B　）に任命されて政治を行った。土地制度に関しては，戸籍に登録された（　C　）歳以上のすべての男女に②口分田が与えられ，その人が死ぬと国に返すことになっていた。しかし，743年には③墾田永年私財法が出されたことから，有力な貴族や寺院などは農民を使って開墾を行い④私有地を広げていった。

(1) 空欄A～Cにあてはまる語句を答えよ。

A [　　　　　　　] B [　　　　　　　] C [　　　　　　　]

でる!
(2) 下線部①について，大宝律令により，税の1つとして収穫の約3%の稲をおさめる税が課せられた。この税を何というか。次のア～エから1つ選べ。〈広島県〉

ア 租　　イ 庸　　ウ 調　　エ 雑徭

[　　　　　　　]

(3) 📄資料 下線部②について，右の資料はこのころの戸籍の一部である。この戸籍で口分田が支給されるのは（　　）人である。（　　）にあてはまる数字を書け。

下総国葛飾郡大嶋郷戸籍　養老五年
甲和里
戸　孔王部真熊　年四十九歳
妻　孔王部大根売　年五十一歳
男　孔王部古麻呂　年十四歳
女　孔王部佐久良売　年二十八歳
女　孔王部猪売　年二十歳
女　孔王部嶋津売　年三歳

[　　　　　　　]

でる!
(4) 下線部②のように，戸籍に登録された一定年齢以上の男女に口分田を与え，その人が死ねば返させるという制度を何というか，書け。

[　　　　　　　]

(5) 下線部③について，次の資料は，墾田永年私財法の一部である。この法律が定められた理由として最も適当なものを，あとのア～エから1つ選べ。

> …墾田は，今後は自由に私有の財産とし，みな永久にとりあげないこととする。…
> 『(続日本紀)』の記事の一部要約

ア 不正を働いて自分の利益を増やす役人などを，取り締まる必要があったから。
イ 地頭の圧政に対して，農民の不満が高まっていたから。
ウ 豪族が支配していた土地を，すべて国が直接支配する必要があったから。
エ 口分田の荒廃や人口増などにより，耕地が不足してきたから。

[　　　　　　　]

でる!
(6) 下線部④について，私有地はのちに何とよばれるようになったか，書け。

[　　　　　　　]

知識·理解 次の資料を見て，あとの問いに答えなさい。

A
水鳥の
立ちの急ぎに父母に
物言ず来にて
今ぞ悔しき

B
この世をば
わが世とぞ思ふ望月の
かけたることも
なしと思へば

C

(1) 資料Aについて，次の問いに答えよ。

でる！

①資料Aは，8世紀の後半につくられた，天皇，貴族，僧から農民までの和歌が4500首あまりおさめられた歌集の一首である。この歌集を何というか，書け。〈香川県〉

[   ]

②資料Aに記された歌は，出発の準備のために父母にことばもかけずに来てしまったことを後悔している兵士の気持ちをよんだものである。この兵士のように，律令制のもとでおもに九州北部の警備のために配置された兵士を何というか，書け。〈大阪府〉

[   ]

(2) 資料Bについて，次の問いに答えよ。

でる！

①資料Bは，ある人物が自身の栄華をほこってよんだ歌である。この歌をよんだ人物はだれか。その人物名を書け。〈香川県〉

[   ]

差がつく

② 思考 ①の人物はどのような方法で政治的な権力を獲得したか。簡潔に書け。

[   ]

(3) 資料Cについて，次の問いに答えよ。

でる！

①資料Cは，10円硬貨に描かれている図である。この建物を，次のア〜エから1つ選べ。

ア 延暦寺（えんりゃくじ）　　イ 平等院鳳凰堂（びょうどういんほうおうどう）
ウ 金剛峯寺（こんごうぶじ）　　エ 法隆寺金堂（ほうりゅうじこんどう）

[   ]

② ①の建物が建立されたころの文化について説明したものの組み合わせとして正しいものを，あとのア〜エから1つ選べ。〈神奈川県・改〉

A 『古事記（こじき）』や『日本書紀（にほんしょき）』などの歴史書がつくられた。
B 紫式部（むらさきしきぶ）によって，『源氏物語（げんじものがたり）』が書かれた。
C 東大寺南大門の金剛力士像（こんごうりきしぞう）がつくられた。
D 貴族の住居として，寝殿造（しんでんづくり）の邸宅（ていたく）が建てられた。

ア AとC　　イ AとD　　ウ BとC　　エ BとD

[   ]

4 次の文を読んで，あとの問いに答えなさい。

> A：a唐の都にならって，奈良に律令国家の新しい都がつくられた。b聖武天皇は，都に東大寺を建て，金銅の大仏をつくらせた。
>
> B：（　c　）天皇は，都を京都にうつした。このころ朝廷は関東地方までであった支配をさらに東北地方にまで広げようとした。

でる! ┈┈▶ (1) 資料 右に示す図は，A・Bどちらの都か。記号を書け。　［　　　］

（図：西大寺　大内裏　東大寺　外京　右京　左京　羅城門）

でる! ┈┈▶ (2) 知識・理解 Aについて，次の問いに答えよ。

①下線部aについて，唐の都の名前を書け。

［　　　　　　　　　　　　　］

でる! ┈┈▶ ② 思考 下線部bについて，聖武天皇がこれらをつくらせた目的を簡潔に書け。

［　　　］

③下線部bについて，このころ栄えた文化を次のア～エから1つ選べ。

ア　天平文化　　イ　国風文化　　ウ　飛鳥文化　　エ　南蛮文化

［　　　　　］

でる! ┈┈▶ ④このころ，朝廷は，地方の国ごとの産物や伝説についてまとめさせた。この書物を何というか，書け。　［　　　　　　　　　　　　　］

(3) 知識・理解 Bについて，次の問いに答えよ。

①（　c　）にあてはまる天皇の名前を書け。

［　　　　　　　　　　　　　　］

②次のできごとは平安時代のできごとである。できごとを年代の古い順にならべ，その記号を書け。〈千葉県〉

ア　藤原道長が摂政になり，摂関政治が全盛期を迎えたころには，藤原氏一族は朝廷の官職を独占していた。

イ　征夷大将軍に任命された坂上田村麻呂は，朝廷の支配にしたがわない人々に対して遠征を行い，阿弖流為らを降伏させた。

ウ　金や馬の産出などで平泉を中心に繁栄した奥州藤原氏は，極楽浄土に生まれかわることを願って中尊寺金色堂を建てた。

エ　平将門，藤原純友は，周辺の武士を率いて東西であいついで反乱をおこしたが，これらの反乱をおさえたのもまた武士であった。

［　　　　→　　　　→　　　　→　　　　］

中世の日本

要点まとめ

1

1 院政と平氏政権

2 鎌倉幕府の成立と執権政治

3 鎌倉時代の文化

4 鎌倉幕府の滅亡

武士の台頭と鎌倉幕府

〈**武士の台頭**〉平将門の乱・藤原純友の乱⇒前九年の役・後三年の役で勢力拡大。

〈**院政**〉白河上皇が始める。天皇の位を退位したあとも上皇として権力を持つ。

〈**平氏政権**〉保元の乱・平治の乱で平氏が活躍⇒ 1167 年，平清盛が太政大臣になる。大輪田泊 (神戸) を整備し，日宋貿易で利益を得る。

〈**成立**〉国ごとに守護，荘園や公領ごとに地頭を設置。1192 年，源 頼朝が征夷大将軍になる。

〈**御恩と奉公**〉将軍と御家人が土地を仲立ちとして主従関係を結ぶ。

〈**執権政治**〉頼朝の死後，北条氏 (頼朝の妻政子の実家) が執権の地位につく。

〈**承久の乱**〉1221 年，後鳥羽上皇が倒幕をはかったが失敗⇒六波羅探題の設置。

〈**御成敗式目**〉北条泰時が，裁判の基準や御家人の権利と義務を明文化した。

封建制度

```
                 領地を認め,手がらによって
                 新しい領地を与える
将軍  ────────────────────→  御家人
            御恩
        奉公
将軍  ←────────────────────  御家人
                 将軍のために
                 命をかけて戦う
```

〈**文学**〉『新古今和歌集』(藤原定家ら)，『平家物語』(琵琶法師による語り)，『徒然草』(吉田兼好)。

〈**美術**〉東大寺南大門の金剛力士像 (運慶・快慶ら)，似絵。

〈**仏教**〉浄土宗 (法然)，浄土真宗 (親鸞)，時宗 (一遍)，臨済宗 (栄西)，曹洞宗 (道元)，日蓮宗 (日蓮)。

〈**元寇**〉元軍 (元の皇帝はフビライ・ハン) が日本に攻めてくる⇒文永の役・弘安の役。

〈**鎌倉幕府の滅亡**〉元寇による財政難と御家人の不満⇒救済策として永仁の徳政令⇒社会の混乱を招き失敗⇒鎌倉幕府滅亡。

金剛力士像 (仁王阿形像)

©00929AA

2

1 室町幕府の成立

2 民衆の成長と戦国大名

3 室町時代の文化

社会の変動と室町幕府

〈**建武の新政**〉鎌倉幕府滅亡後，後醍醐天皇による天皇中心の政治⇒南北朝の内乱⇒足利尊氏が京都に幕府を開く。

〈**貿易**〉足利義満が明と勘合貿易を開始。勘合で正式な貿易船と倭寇を区別。

〈**民衆のくらし**〉二毛作や特産物，座などの発達で産業が発展。惣による村の自治。

〈**戦国大名**〉1467 年，応仁の乱→戦国大名の登場。下剋上の風潮。分国法。

〈**建築**〉鹿苑寺金閣 (足利義満)，慈照寺銀閣 (足利義政) →書院造が特徴的。

〈**芸術**〉生け花や茶の湯，水墨画 (雪舟)，能 (観阿弥・世阿弥)，狂言など。

〈**文学**〉お伽草子や連歌。

基礎力チェック

ここに載っている問題は基本的な内容です。必ず解けるようにしておきましょう。

1 天皇が位をゆずって上皇になったのちも，実権をにぎり続ける政治のしくみを何というか。

[   ]

2 平治の乱で源氏をやぶってから勢力を拡大し，1167 年には武士としてはじめて太政大臣になった人物はだれか。

[   ]

3 平氏をやぶって，1192 年に征夷大将軍に任命された人物はだれか。

[   ]

4 右の図の _____ にあてはまる，鎌倉幕府で将軍を補佐する地位のことを何というか。

[   ]

```
中央 ─┬─ 侍所
      ├─ 政所
      ├─ 問注所
      └─ 評定衆
将軍 ─□
地方 ─┬─ 六波羅探題
      ├─ 守護
      └─ 地頭
```

5 1221 年に後鳥羽上皇が鎌倉幕府を倒そうとおこした反乱を何というか。

[   ]

6 1232 年，北条泰時が，裁判の基準などを御家人に示した法律を何というか。

[   ]

7 文永の役・弘安の役と続いた，元軍による襲来を何というか。

[   ]

8 鎌倉幕府滅亡後の後醍醐天皇による政治を何というか。

[   ]

9 足利義満が始めた，倭寇と正式な貿易船を区別するために合い札を用いた貿易を何というか。

[   ]

10 村のおきてを決めたり，かんがい用水路の管理をしたりした，農民の自治組織を何というか。

[   ]

11 将軍のあとつぎ問題などがきっかけとなり，1467 年に始まった戦乱を何というか。

[   ]

12 実力のある者が，力をのばして上の身分の者にうちかつ風潮を何というか。

[   ]

13 室町時代に成立した，床の間などが設けられた住宅建築様式を何というか。

[   ]

実践問題

実際の問題形式で知識を定着させましょう。

1

📖 知識・理解 次の文を読んで，あとの問いに答えなさい。

A　10世紀中ごろ，関東では（　　　　）が，瀬戸内海では藤原純友が乱をおこした。朝廷は，地方の武士の力をかりて，この２つの乱をしずめた。

B　11世紀の後半，（　　　　）は，天皇を退位して上皇になってからも，上皇の御所である院でみずから政治を行い，院政を始めた。

C　12世紀の後半，平清盛は武士として初めて（　　　　）の地位につき，中国（宋）と貿易を行って大きな利益をあげた。

(1) Aの空欄にあてはまる語句を答えよ。　　　　　　　　[　　　　　　　　　　　]

(2) Bの空欄にあてはまる人物を，次のア～エから１つ選べ。
　　ア　桓武天皇　　イ　後三条天皇　　ウ　聖武天皇　　エ　白河天皇
　　　　　　　　　　　　　　　　　　　　　　　　　　　　　　　　[　　　　　　　　]

でる！ ┈┈ (3) Cについて，次の問いに答えよ。

　　①平氏が勢力を大きくのばすきっかけとなったできごとを，次のア～エから１つ選べ。
　　　ア　壬申の乱　　イ　保元の乱　　ウ　平治の乱　　エ　白村江の戦い
　　　　　　　　　　　　　　　　　　　　　　　　　　　　　　　　[　　　　　　　　]

　　②Cの空欄にあてはまる役職を，次のア～エから１つ選べ。〈新潟県〉
　　　ア　太政大臣　　イ　摂政　　ウ　大王　　エ　関白
　　　　　　　　　　　　　　　　　　　　　　　　　　　　　　　　[　　　　　　　　]

2

鎌倉幕府について，次の問いに答えなさい。

でる！ ┈┈ (1) 🔍 思考 右の図は，鎌倉時代の将軍と御家人との関係をまとめたものである。御家人たちは，将軍からの「御恩」に対して「奉公」にはげんだ。御家人たちは，「奉公」としてどのようなことを行ったか，具体的に１つ答えよ。〈山形県〉

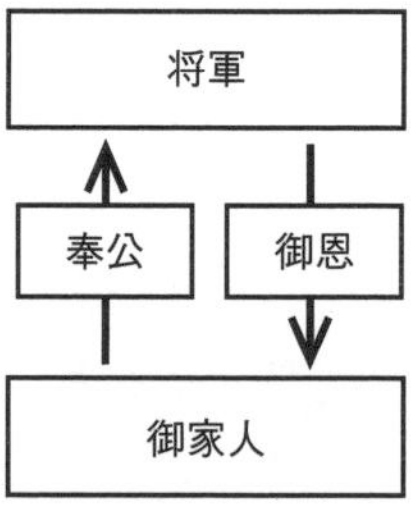

[　　　　　　　　　　　　　　　　　　　　　　　　　　　]

```
          将軍
        ↑    │
      奉公   御恩
        │    ↓
          御家人
```

(2) 📖 知識・理解 鎌倉幕府における守護の説明として正しいものを，次のア～エから１つ選べ。
　　ア　国ごとにおかれ，軍事・警察や御家人の統率にあたった。
　　イ　荘園や公領ごとにおかれ，その管理や年貢の取り立てにあたった。
　　ウ　京都の警備や朝廷の監視などにあたった。
　　エ　訴訟の処理や裁判の仕事にあたった。
　　　　　　　　　　　　　　　　　　　　　　　　　　　　　　　　[　　　　　　　　]

右の年表を見て，次の問いに答えなさい。

年	おもなできごと
1192	a 源頼朝が征夷大将軍となる。
1221	b 承久の乱がおこる。
1232	c 御成敗式目が制定される。

(1) 知識・理解 下線部 a について，次の文中の空欄にあてはまる語句を答えよ。

> 源氏の将軍が3代で途絶えたあと，北条氏による（　　　）政治が行われた。

[　　　　　　　]

(2) 下線部 b について，次の問いに答えよ。

① 資料 次の資料は下線部 b の乱のときになされた演説である。この演説をしたのはだれか，書け。

> みなの者，よく聞きなさい。これが最後の言葉です。頼朝公が朝廷の敵をたおし，幕府を開いてこのかた，官職といい，土地といい，その恩は山よりも高く，海よりも深いものでした。
> （吾妻鏡）

[　　　　　　　]

② 資料 春子さんは，鎌倉幕府の組織を調べるなかで，承久の乱の後，幕府は京都に六波羅探題をおいて，西日本へ支配を広げていったことがわかった。幕府はどのように支配を広げていったのか。略地図を見て六波羅探題の役割にふれながら，簡潔に述べよ。〈滋賀県〉

[　　　　　　　]

略地図

(3) 下線部 c について，次の資料は御成敗式目について書かれた手紙の一部の要約である。あとの問いに答えよ。〈熊本県〉

> ところでこの御成敗式目は何を根拠として制定したものかと，京都の公家たちが非難するかもしれない。そのとおりこれといった中国の書籍によったわけではなく，ただ武家社会の道理を書き記したものである。こうした規定を前もって制定しておかないと，幕府の裁判において事実の真理によらず，原告と被告の力のちがいによって判決がなされたり，以前の判決の例を無視して裁判がおこされたりすることがある。

① 知識・理解 御成敗式目を定めたのはだれか，書け。

[　　　　　　　]

② 思考 御成敗式目は，どのようなことを定めた法律か。資料を参考にして簡潔に述べよ。

[　　　　　　　]

知識・理解 鎌倉時代について，次の問いに答えなさい。

(1) 右の資料は鎌倉時代に元が日本をおそったできごとを描いたものである。これを見て，次の問いに答えよ。

でる！ ①このできごとは何とよばれるか，書け。
[　　　　　　　]

② 資料 資料を見て，このときの元軍と日本軍の戦い方の説明として正しいものを，次のア〜エから1つ選べ。

ア　元軍は馬に乗って戦った。
イ　元軍は刀を用いて攻撃した。
ウ　日本の武士は一騎打ち戦法をとった。
エ　日本の武士は「てつはう」という武器を使った。　　　　[　　　]

でる！ ③日本をおそったころ，元を支配していたのはだれか。次のア〜エから1つ選べ。

ア　チンギス＝ハン　　イ　フビライ＝ハン　　ウ　ナポレオン　　エ　始皇帝
[　　　]

④次の文は，①のあとのわが国のようすについて述べたものである。空欄A・Bにあてはまる語句として正しいものをそれぞれ選べ。〈新潟県〉

御家人たちの生活は苦しくなり，領地を手放す者も多くなった。幕府は，A（分国法／徳政令）を出して御家人を救おうとしたが，失敗に終わった。また，武士の中には，荘園におし入ったり，年貢をうばったりするB（倭寇／悪党）とよばれる集団があらわれたが，幕府はその集団の取りしまりを十分に行うことができず，しだいに幕府の力はおとろえていった。

A [　　　　　　　] B [　　　　　　　]

(2) 鎌倉時代の仏教について，阿弥陀如来を信じて念仏をとなえれば救われると説き，浄土宗を開いた僧として正しいものを，次のア〜エから1つ選べ。

ア　空海　　イ　法然　　ウ　道元　　エ　親鸞
[　　　]

でる！ (3) 右の資料は，東大寺南大門の両わきに安置されている巨大な仏像である。これについて，次の問いに答えよ。

① 資料 この像を何というか，書け。
[　　　　　　]

② 思考 この彫刻にみられるような鎌倉文化の特徴を，「武士」の語句を用いて簡潔に書け。〈奈良県〉

[　　　　　　　　　　　　　　　]

©00929AA

知識・理解 右の年表を見て，次の問いに答えなさい。

年	おもなできごと
1333 (1334)	（　A　）による_a建武の新政が始まる。
1338	（　B　）が征夷大将軍になる。
1404	_b室町幕府3代将軍_c足利義満が明と貿易開始。
1467	_d応仁の乱がおこる。

(1) 年表中の空欄**A・B**にあてはまる人物名を答えよ。

A [　　　　　　　　　　　　　　　]

B [　　　　　　　　　　　　　　　]

差がつく

(2) **思考** 下線部 **a** について，建武の新政は武士の不満などにより2年ほどでくずれた。武士が不満をもったのはなぜか，その理由を1つ述べよ。〈石川県〉

[　　　　　　　　　　　　　　　　　　　　　　　　　　　　　　　　]

(3) 下線部 **b** の幕府で，右の図の□□にあてはまる，将軍の補佐役として置かれた役職を何というか，書け。

[　　　　　　　　　　　　　　　]

将軍 ─┬─┬─ 政所
　　　　│　├─ 侍所
　　　　│　└─ 問注所
　　　　└─── 鎌倉府
　　　　　　　 守護─地頭

でる！

(4) 下線部 **c** について，次の問いに答えよ。〈兵庫県〉

①割札（合い札，割符）の証明書を用いたことから，この明との貿易を何というか，書け。

[　　　　　　　　　　　　　　　]

② **思考** 明との貿易において，割札の証明書が用いられた目的を簡潔に述べよ。

[　　　　　　　　　　　　　　　　　　　　　　　　　　　　　　　　]

③足利義満は，南北朝を統一し，京都の室町で政治を行った。彼がつくった，公家文化と武家文化を融合した建物を，次の**ア〜エ**から1つ選べ。

ア 平等院鳳凰堂　　**イ** 中尊寺金色堂　　**ウ** 金閣　　**エ** 銀閣　[　　　　]

(5) 下線部 **d** について，この頃，近畿・北陸や東海地方でおこった一揆を調べる中で，右のような旗を見つけた。15世紀後半から16世紀にかけておこり，この旗と関係がある一揆について述べた文はどれか，次の**ア〜エ**から最も適当なものを1つ選べ。〈三重県〉

注：「進めば往生極楽，
退けば無間地獄」と
書かれている。

ア 百姓たちが，不正を働く役人の解任や年貢の引き下げのほか，商品作物の自由な売買などを求めておこした一揆。

イ 武士と農民たちが浄土真宗の信仰で固く結びついて，荘園領主や守護大名に対抗しておこした一揆。

ウ 兵になる義務を新たに負った農民が，徴兵に反対しておこした一揆。

エ 民衆が，借金の帳消しや売りわたした耕地の返還，生活用品の値下げなどの「世直し」を求めておこした一揆。

[　　　　]

4 天下統一と幕藩体制の成立

中学総合的研究 社会
P.304~323,326

要点まとめ

1 ヨーロッパ人の来航と天下統一

1 ヨーロッパの発展

〈**十字軍**〉イスラムの国にエルサレムが占領され，ローマ教皇は十字軍を組織するようよびかけた。

〈**ルネサンス**〉ヨーロッパで始まった文化運動。ギリシャ・ローマ文明の復興をめざす。

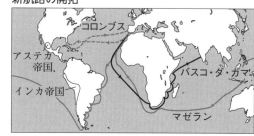

新航路の開拓

〈**新航路の開拓**〉香辛料などのアジアの産物を求め，交易を直接行うことが目的。コロンブスが西インド諸島へ到達。バスコ・ダ・ガマがインド航路発見。マゼラン一行が世界一周を達成。

〈**宗教改革**〉ルターらがカトリック教会を批判し改革→カトリック教会は立て直しのためイエズス会を結成→アジアなどに宣教師を送り，海外布教に努める。

2 ヨーロッパ人の来航

〈**鉄砲の伝来**〉種子島に漂着したポルトガル人が伝える。

〈**キリスト教の伝来**〉イエズス会の宣教師フランシスコ・ザビエルが鹿児島に上陸。

〈**南蛮貿易**〉ポルトガル人・スペイン人との貿易。中国産の生糸を輸入，銀を輸出。

3 天下統一

〈**織田信長の統一事業**〉桶狭間の戦い（今川義元をやぶる）→室町幕府を滅ぼす→長篠の戦い（鉄砲隊で武田氏をやぶる）。楽市・楽座を安土城下で実施。

〈**豊臣秀吉の統一事業**〉信長の死後，大坂城を本拠地に全国を統一。太閤検地と刀狩で兵農分離を進める。2度にわたり朝鮮侵略を企てるが失敗。

〈**桃山文化**〉大名や豪商の気風を反映した豪華で雄大な文化。茶道（千利休），かぶき踊り（出雲の阿国），姫路城，障壁画（狩野永徳）。

2 幕藩体制の成立

1 江戸幕府の成立

〈**成立**〉徳川家康が関ヶ原の戦いで石田三成をやぶる。征夷大将軍となり幕府を開く。

〈**大名の統制**〉親藩・譜代大名と外様大名に分けて支配。武家諸法度を定め，築城・結婚を制限，参勤交代の制度。

2 対外関係

〈**朱印船貿易**〉朱印状を与えて貿易を許可→東南アジア各地に日本町が生まれる。

〈**キリスト教の禁止**〉禁教令→島原・天草一揆（禁教と重税に反抗）→絵踏・寺請制度。

〈**「鎖国」の完成**〉ポルトガル船の来航禁止→オランダ商館を出島に移す→以降，長崎で中国とオランダのみと貿易。

3 産業の発展

〈**農業技術**〉備中ぐわ，千歯こき，唐箕などの農具。干鰯などの肥料を使用。

〈**交通**〉陸上…江戸の日本橋を起点に五街道を整備。海上…東廻り航路・西廻り航路が整備され，江戸・大坂間の航路を菱垣廻船・樽廻船が往復。

〈**都市の発達**〉江戸・大坂・京都は三都とよばれた。大坂には蔵屋敷が多い。

基礎力チェック

ここに載っている問題は基本的な内容です。必ず解けるようにしておきましょう。

1 イスラム教の国からエルサレムを奪回するために派遣された組織を何というか。

[ ]

2 ルターらが行った，カトリック教会中心の教えや支配に抗議する活動を何というか。

[ ]

3 日本に鉄砲を伝えたのはどこの国の人か。

[ ]

4 日本にキリスト教を伝えた宣教師はだれか。

[ ]

5 16世紀からさかんになった，ポルトガル・スペインとの間で行われた貿易を何というか。

[ ]

6 織田信長が鉄砲を用いて武田氏をやぶった戦いを何というか。

[ ]

7 織田信長が商工業の発展をはかるために行った，税などを免除する政策を何というか。

[ ]

8 豊臣秀吉が行った，百姓から武器を取りあげた政策を何というか。

[ ]

9 安土桃山時代，質素なわび茶の作法を大成させたのはだれか。

[ ]

10 江戸時代，幕府が大名を統制するために定めた法律を何というか。

[ ]

11 江戸時代，大名は原則として1年おきに江戸と領地に住み，江戸と領地との間を往復することが幕府によって決められていたが，この制度を何というか。

[ ]

12 右の資料は，「鎖国」中も貿易が認められた人工島である。この島を何というか。

[ ]

13 年貢米や特産物を保管・販売するために，諸藩が大坂などに設けた倉庫を何というか。

[ ]

実践問題

1 次の文を読んで，あとの問いに答えなさい。

　15世紀末になると，ₐヨーロッパ人がさかんにアジアへ進出するようになった。

　一方，日本では16世紀中ごろ，ポルトガル人を乗せた船が（　　　）に流れ着き，鉄砲が伝えられた。また，ᵦ宣教師フランシスコ・ザビエルが鹿児島に上陸し，日本で布教活動を行った。やがてポルトガル人やスペイン人が日本に来航するようになり，꜀南蛮貿易がさかんに行われた。

(1) 下線部 **a** について，次の問いに答えよ。

でる！ ▸ ① 📄 **資料** 右の図の新航路 **A** を発見した人物を，次の**ア〜エ**から1つ選べ。〈沖縄県・改〉

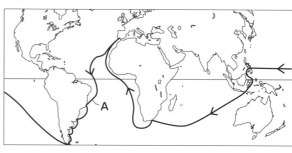

　　ア バスコ・ダ・ガマ
　　イ マゼラン一行
　　ウ マルコ・ポーロ
　　エ コロンブス

[　　　　　]

差がつく ▸ ② 📖 知識・理解 ヨーロッパ人が新航路を開拓し，アジアに進出した目的を簡潔に述べよ。

[　　　　　　　　　　　　　　　　　　　　]

でる！ ▸ (2) 📄 **資料** 文中の空欄にあてはまる島の位置を，右の地図中の**ア〜エ**から1つ選べ。

[　　　　　]

(3) 📖 知識・理解 下線部 **b** について，これと関連が深い世界の動きについて説明した文として適切なものを，次の**ア〜エ**から1つ選べ。〈埼玉県〉

　　ア 宗教改革に対して，カトリック教会の立て直しをめざす動きがあらわれた。
　　イ 清では太平天国による反乱が広がり，この混乱に乗じてイギリスなどが北京を占領した。
　　ウ 大河のほとりで農耕や牧畜が発達し，やがて神殿や宮殿をもつ都市が生まれた。
　　エ 宋を滅ぼし中国全土を支配した元には，ヨーロッパからも宣教師や商人などが訪れた。

[　　　　　]

(4) 📖 知識・理解 下線部 **c** について，この貿易で日本から輸出されたおもなものとして適切なものを，次の**ア〜エ**から1つ選べ。〈京都府〉

　　ア 鉄砲　　**イ** 火薬　　**ウ** 時計　　**エ** 銀

[　　　　　]

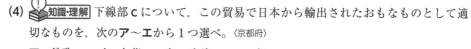

知識・理解 織田信長（おだのぶなが）に関する右の年表を見て，次の問いに答えなさい。

(1) 年表中**A**について，織田信長はこの戦いでだれを

やぶったか。次の**ア〜エ**から1つ選べ。

ア 北条氏（ほうじょう）　　**イ** 今川氏（いまがわ）

ウ 上杉氏（うえすぎ）　　　**エ** 毛利氏（もうり）

[　　　　]

年	できごと
1560	桶狭間（おけはざま）の戦いがおこる。 …A
1573	室町（むろまち）幕府が滅ぶ。 ………B
1575	長篠（ながしの）の戦いがおこる。 ……C
1576	安土城（あづち）を築く。 …………D
1582	（　　　　）の変がおこる。 …E

(2) 年表中**B**について，織田信長がある人物を追放し

たことにより，室町幕府は滅んだが，その人物を次の**ア〜エ**から1つ選べ。

ア 足利尊氏（あしかがたかうじ）　　**イ** 足利義昭（よしあき）　　**ウ** 足利義満（よしみつ）　　**エ** 足利義政（よしまさ）

[　　　　]

でる！

(3) 資料 年表中**C**について，右の資料は，この戦い

のようすを描いたものである。この戦いにおいて勝利

したのは，資料中の**ア・イ**のどちら側の軍か選べ。また，

勝利した軍の戦い方の特徴を資料から読みとり，簡潔

に述べよ。〈富山県〉

ア　　　　**イ**

[　　　　]

[　　　　　　　　　　　　　　　]

(4) 年表中**D**について，次の問いに答えよ。

① 資料 安土城があった場所を，地図中の**ア〜エ**

から1つ選べ。　　　　　　[　　　　]

でる！

②この城下町では市場の税を免除（めんじょ）し，座（ざ）の特権を廃止

して商工業の発展をはかった。この政策を何という

か，書け。

[　　　　]

(5) 年表中**E**について，空欄には，織田信長が家臣の明智光秀（あけちみつひで）に攻められ自害した場所が

入る。その寺の名前を書け。　　　　　　　　　[　　　　]

(6) 織田信長が行った政策を，次の**ア〜エ**から1つ選べ。

ア キリスト教の禁止　　**イ** 関所（せきしょ）の設置

ウ 延暦寺（えんりゃくじ）の焼き討ち　　**エ** 朝鮮出兵

[　　　　]

知識・理解 右の資料を見て，次の問いに答えなさい。

(1) 資料は，豊臣秀吉が武士以外の者から武器を取り上げる目的で出した法令である。この目的を簡潔に述べよ。

> 一 諸国の百姓が，刀，わきざし，弓，やり，鉄砲，その他の武具を所持することを，固く禁止する。
> （『小早川家文書』より一部要約）

[   ]

(2) 次の**ア～オ**の世界のできごとのうち，資料の法令が出された後の時代におこったものを3つ選び，時代の古い順に並べよ。〈滋賀県〉
   ア 清でアヘン戦争がおこる。
   イ チンギス・ハンがモンゴル民族を統一する。
   ウ 尚氏が琉球王国を建てる。
   エ 平和を守る組織として国際連盟が設立される。
   オ フランス革命がおこる。

[→   →   ]

(3) この資料の法令が出されたころ，太閤検地が行われた。これにより，公家や寺社はどのような影響を受けたか。「検地帳」という語句を用いて，50字以内で述べよ。〈三重県〉

[   ]

(4) (1)と(3)の政策により，秀吉は武士と百姓の区別を明らかにした。このことを何というか。漢字4字で答えよ。〈滋賀県・改〉

[   ]

(5) 豊臣秀吉は，明を征服しようとして，2度にわたって，ある国を侵略した。ある国とはどこか。国名を書け。

[   ]

(6) 織田信長や豊臣秀吉が活躍していたころ栄えた文化の特色を，次の**ア～エ**から1つ選べ。
   ア 日本の風土にあった貴族の文化　　**イ** 禅宗の影響を受けた簡素な文化
   ウ 武士中心の素朴で力強い文化　　　**エ** 新興の大名や豪商による雄大な文化

[   ]

(7) 織田信長や豊臣秀吉に起用され，ふすま絵や屏風絵などの制作に技量を発揮した画家を，次の**ア～エ**から1つ選べ。〈大阪府〉
   ア 歌川広重　　**イ** 葛飾北斎　　**ウ** 狩野永徳　　**エ** 喜多川歌麿

[   ]

4 知識・理解 江戸幕府について，次の問いに答えなさい。

でる！

(1) 資料 幕府はどのように大名を
配置したか。右の資料を参考にして，
空欄**A**・**B**にあてはまる語句をそれ
ぞれ答えよ。〈佐賀県〉

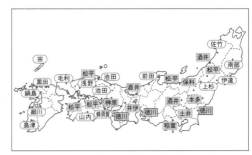

・（　**A**　）は，江戸など重要な地域
に近い場所に配置された。

・（　**B**　）は，江戸から遠く離れた
場所に配置された。

A [　　　　　　　　　　] B [　　　　　　　　　　]

差がつく

(2) 右の資料は，大名を統制するために幕府
が出した法令である。資料の下線部の制
度がつくられた目的を簡潔に述べよ。

| — 大名は，毎年4月中に江戸へ参勤すること。 |
| — 新しい城をつくってはいけない。 |
| — 大名は，かってに結婚してはいけない。 |

[　　　　　　　　　　　　　　　　　　　　　　　　　　]

(3) 次の文章の空欄**A**・**B**にあてはまる語句を，それぞれ選べ。〈新潟県・改〉

江戸時代初期，大名や商人は，**A**（朱印状／勘合）とよばれる文書によって，わが国
の商船であることが証明された船を用いて貿易を行った。貿易がさかんになるにつれ
て，多くの日本人が海外にわたり，**B**（東南アジア／ヨーロッパ）の各地には日本町が
できた。

A [　　　　　　　　　　] B [　　　　　　　　　　]

でる！

(4) 江戸幕府3代将軍徳川家光は，貿易統制を強化し鎖国を完成させた。これについて次
の問いに答えよ。

①鎖国中，日本で唯一ヨーロッパの国との貿易が認められた長崎の人工島を何という
か，書け。　[　　　　　　　　　　]

②鎖国中，幕府が対馬藩を通じて国交を結んでいた国を，次の**ア～エ**から1つ選べ。

〈島根県・改〉

ア 朝鮮　　**イ** 琉球王国　　**ウ** 中国　　**エ** イギリス　　[　　　　]

(5) 江戸時代の農村にみられるようすについての説明として誤っているものを，次の**ア～
エ**から1つ選べ。〈神奈川県〉

ア 千歯こきや備中ぐわなどの農具が使用された。

イ 農民による荘園領主への抵抗や土一揆がおこった。

ウ 綿などの商品作物がつくられた。

エ 幕府や藩によって新田開発が進められた。　　[　　　　]

幕藩体制の展開と動揺

要点まとめ

1

1 幕藩政治の展開

幕藩体制の展開

〈徳川綱吉の政治〉儒学（朱子学）の奨励。生類憐みの令。財政難→貨幣の質を落とす→物価上昇。

〈新井白石の政治〉貨幣の質を元に戻す。長崎貿易を制限し金銀の海外流出防止。

〈享保の改革〉8代将軍徳川吉宗が行う。年貢率の引きあげや新田開発で財政再建，公事方御定書の制定や目安箱の設置→財政は一時立ち直る。

2 元禄文化

〈特色〉上方を中心に栄えた，活気ある町人文化。

〈文学〉井原西鶴（浮世草子），松尾芭蕉（俳諧），近松門左衛門（浄瑠璃脚本）。

〈絵画〉菱川師宣（浮世絵），尾形光琳（装飾画）。

2

1 社会の変化

幕藩体制の動揺

〈商品経済の発達〉貨幣経済の広がり。問屋制家内工業→工場制手工業。

〈農村の変化〉地主と小作人の格差。年貢の負担増から百姓一揆，都市では打ちこわし。

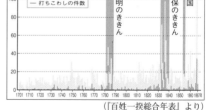

百姓一揆と打ちこわしの発生件数

（『百姓一揆総合年表』より）

2 幕藩政治の動揺

〈田沼意次の政治〉株仲間（商工業者の同業者団体）の奨励。長崎貿易の拡大→わいろの横行で政治が混乱。天明のききんにより，社会不安が増大。

〈寛政の改革〉老中松平定信が行う。百姓の出かせぎ禁止，囲米で農村を復興，旗本・御家人の借金を帳消しにする→厳しすぎると人々の反感をかう。

〈外国船の接近〉ロシアのラクスマンが漂流民と来航し通商を要求→北方防備を強化。イギリス船接近→異国船打払令→渡辺崋山・高野長英が批判。

〈大塩の乱〉天保のききんで，百姓一揆・打ちこわしが激増。もと大坂町奉行所の役人・大塩平八郎が反乱。

〈天保の改革〉老中水野忠邦が行う。江戸に出ている百姓を村にもどし，荒れた農村を復興。江戸・大坂周辺を幕府の領地に→大名・旗本の反対で失敗。株仲間の解散→物価引き下げが目的→失敗に終わる。

3 新しい学問

〈国学〉本居宣長が『古事記伝』を著して大成。

〈蘭学〉杉田玄白らが『解体新書』を出版。伊能忠敬が日本全図を作成。

〈教育の普及〉各地に寺子屋（読み，書き，そろばん），各藩に藩校。

4 化政文化

〈特色〉江戸を中心に栄えた，成熟した町人文化。

〈文学〉狂歌・川柳。十返舎一九・滝沢馬琴（小説），小林一茶（俳諧）。

〈絵画〉喜多川歌麿・歌川（安藤）広重・葛飾北斎（浮世絵）。

基礎力チェック

ここに載っている問題は基本的な内容です。必ず解けるようにしておきましょう。

1 生類憐みの令を出した将軍はだれか。 [　　　　　　　　]

2 8代将軍徳川吉宗によって行われた改革を何というか。 [　　　　　　　　]

3 徳川吉宗が裁判を公正に行うために定めた，裁判の基準を何というか。

[　　　　　　　　]

4 17世紀末から18世紀の初めに，井原西鶴らが活躍した，上方の町人が中心となって栄えた文化を何というか。 [　　　　　　　　]

5 『曽根崎心中』など，人形浄瑠璃の脚本を書いたのはだれか。[　　　　　　　　]

6 江戸時代，百姓が団結して武装し，領主に年貢の軽減などを要求したことを何というか。

[　　　　　　　　]

7 老中松平定信によって行われた改革を何というか。 [　　　　　　　　]

8 幕府が外国船を追いはらうことなどを目的として1825年に出した法令を何というか。

[　　　　　　　　]

9 貧しい人々を救うため，大坂で乱をおこした元幕府の役人はだれか。

[　　　　　　　　]

10 老中水野忠邦によって行われた改革を何というか。 [　　　　　　　　]

11 日本の古典を研究し，国学を大成したのはだれか。 [　　　　　　　　]

12 右の資料は，杉田玄白らがオランダ語の解剖書を訳して出版した本のとびら絵である。この本を何というか。

[　　　　　　　　]

13 19世紀の前半に，葛飾北斎らが活躍した，江戸の町人が中心となって栄えた文化を何というか。 [　　　　　　　　]

14 町人や百姓の子どもが読み・書き・そろばんなどを学んだところを何というか。 [　　　　　　　　]

実践問題

実際の問題形式で知識を定着させましょう。

1

[知識・理解] 右の年表を見て，次の問いに答えなさい。

年	できごと
1680	（　A　）が江戸幕府5代将軍となる。
1709	6・7代将軍に仕えた（　B　）の政治が始まる。
1716	徳川吉宗による改革が始まる。

でる!

(1) 年表中の空欄A・Bにあてはまる人物を答えよ。

A [　　　　　　　　　]

B [　　　　　　　　　]

(2) Aの将軍について述べた次の文章中の空欄にあてはまる文として適当なものを，あとのア～エから1つ選べ。〈愛知県・改〉

> （　A　）は，質を落とした金貨・銀貨を大量に発行することで幕府の財政難を切りぬけようとした。また（　　　　　　）。

ア　新田の開発をすすめ，年貢の率を引き上げるとともに，裁判の基準となる公事方御定書を制定した。

イ　百姓を故郷に帰すなど農村の立て直しを目指して改革をすすめ，旗本や御家人の生活を救うため，借金を帳消しにした。

ウ　商工業者が株仲間を結ぶことをすすめ，長崎での貿易を拡大したが，一方でわいろがさかんになって政治が乱れた。

エ　儒学をさかんにして政治の引きしめを行う一方で，生類憐みの令という極端な動物愛護令を出した。

[　　　　　]

(3) 年表中の下線部について，次の問いに答えよ。

でる!

①徳川吉宗がこの改革を行った理由を，次のア～エから1つ選べ。

ア　仏教の力で国を治めるため。　　イ　借金苦の御家人を助けるため。

ウ　朝廷中心の政治にするため。　　エ　幕府の財政難を立て直すため。

[　　　　　]

差がつく

② [思考] 徳川吉宗は具体的にどのような政治改革を行ったか。右の資料を参考にして述べよ。〈群馬県〉

耕地面積の推移

耕地面積 （万町歩）	0　　　100　　　200　　　300
17世紀前半	
18世紀前半	

[　　　　　　　　　　　　　　　]

③徳川吉宗が人々の意見を聞くために設けた投書箱を何というか，書け。

[　　　　　]

知識・理解 寛政の改革を風刺した次の資料を見て，あとの問いに答えなさい。

> a白河の清きに魚のすみかねて　もとのb濁りのc田沼こひしき

でる!

(1) 資料中の下線部**a**は，この改革の中心人物が白河藩主であったこととかけている。この改革の中心人物はだれか，書け。　　　　　　　　　[　　　　　　　　　　]

差がつく

(2) この改革で農村を復興させるため，ききんに備えてどのような政策を実施したか述べよ。

[　　　　　　　　　　　　　　　　　　　　　　　　　　　　　　]

(3) **資料** 下線部**b**は，何がさかんに行われていたことをさしているか。この改革の前に老中であった下線部**c**の人物が行ったことと関連づけて述べよ。

[　　　　　　　　　　　　　　　　　　　　　　　　　　　　　　]

でる!

(4) 下線部**c**の人物が政治を行っていた時期について，次の問いに答えよ。

①この時期，商工業者に対して積極的に結成が奨励された組織を何というか，書け。〈鳥取県〉

[　　　　　　　　　　]

② **資料** 右のグラフについて説明した次の文の空欄**A**・**B**にあてはまる語句を答えよ。

　都市の民衆が大商人などをおそう暴動を（　**A**　）という。グラフを見ると，これが最も多くおこったのは，（　**B**　）のききんのころである。

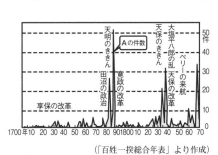

（「百姓一揆総合年表」より作成）

A [　　　　　　　　　] B [　　　　　　　　　]

差がつく

(5) 右のグラフから考えられる，農村を復興させることで財政を立て直すことができる理由を，1780年代におこった，財政が悪化する原因となった現象に関連づけて，簡単に述べよ。

〈静岡県〉

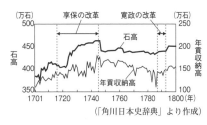

（「角川日本史辞典」より作成）

[　　　　　　　　　　　　　　　　　　　　　　　　　　　　　　]

(6) この改革とほぼ同じころのできごととして最も適当なものを，次の**ア〜エ**から１つ選べ。〈島根県〉

ア ロシアではレーニンの指導のもと，社会主義を唱える世界最初の政府ができた。

イ フランスでは政治に対する不満が広がって革命がおこり，人権宣言が発表された。

ウ スペインの援助を受けたコロンブスが，大西洋を横断して西インド諸島に到着した。

エ ドイツではルターたちが，信仰のあり方をただす宗教改革をすすめた。

[　　　　　　　　　　]

3 伊勢国の船乗りだった大黒屋光太夫は，台風にあい，ある国に漂着した。これについて次の問いに答えなさい。

(1) 知識·理解 大黒屋光太夫らが漂着した国の使節は，根室に来航し通商を求めた。その使節を日本に派遣した国はどこか，その国名を答えよ。〈山形県·改〉

[　　　　　　　　　　　　　]

(2) 資料 大黒屋光太夫らが帰国したころ，日本の沿岸には外国船がたびたび現れるようになった。右の資料は，こうした動きを警戒した幕府が出した法令の一部である。この法令を何というか，書け。〈山形県〉

> すべての海辺の村々では，西洋諸国の船が近づいてくるのを発見したならば，……迷うことなく，撃退することを心がけ，機会を逃さないように対応することが大切である。

[　　　　　　　　　　　　　]

(3) 知識·理解 幕府の対外政策を批判してとらえられた学者を，次の**ア〜エ**から1つ選べ。
ア 間宮林蔵　　**イ** 新井白石　　**ウ** 高野長英　　**エ** 近藤重蔵　　[　　　　　]

4 知識·理解 次の文を読んで，あとの問いに答えなさい。

1830年代には大きなききんが全国をおそい，餓死者が出るほどでした。1837年，_aもと町奉行所の役人であった（　A　）は，幕府のききん対策に不満をもち，立ち上がりました。この乱は1日でしずめられましたが，幕府は衝撃を受けました。このような情勢のなかで，1841年，_b幕府は（　B　）とよばれる政治の立て直しに着手しました。

(1) 文中の空欄**A・B**にあてはまる語句を答えよ。〈埼玉県〉

A [　　　　　　　　] B [　　　　　　　　]

(2) 資料 下線部**a**について，この乱がおこった場所を地図中の**ア〜エ**から1つ選べ。〈鹿児島県〉　[　　　　]

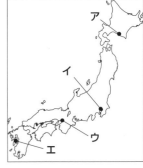

(3) 下線部**b**について，この政治改革を行った人物の名前を書け。

[　　　　　　　　　　　]

(4) 下線部**b**について，この政治の立て直しの内容にあてはまらないものを，次の**ア〜エ**から1つ選べ。
ア 出版や風俗を厳しく規制した。
イ 株仲間を認め，その結成を奨励した。
ウ 農民が江戸に出かせぎに行くのを禁止し，江戸に出ている農民を村に帰らせた。
エ 江戸・大阪周辺を幕府の領地にしようとした。

[　　　　　　]

5 〔知識・理解〕 江戸時代の文化や学問などについて，次の問いに答えなさい。

(1) 右の**作品A**について，次の問いに答えよ。

作品A

でる！ → ① 〔資料〕**作品A**の作者を，次の**ア～エ**から１つ選べ。

　　ア　狩野永徳　　イ　尾形光琳
　　ウ　菱川師宣　　エ　喜多川歌麿　　　　　〔　　　　〕

②**作品A**が生み出された時期の文化を何文化というか，書け。

〔　　　　　　　　〕

でる！ → ③**作品A**が生み出された時期の文化を説明した文として正しいもの
　を，次の**ア～エ**から１つ選べ。

　　ア　江戸を中心に発達した，成熟した町人文化である。

　　イ　新興の大名や大商人の気風を反映し，豪華で華やかな文化である。

　　ウ　大坂・京都の上方を中心に発達した，生き生きとした活気のある文化である。

　　エ　公家の文化と武家の文化がとけ合った，簡素で深みのある文化である。

〔　　　　〕

④大坂の町人である井原西鶴が，当時の世相や人々のくらしを描いた。このような小
　説のことを何というか，書け。

〔　　　　　　　　　〕

(2) **作品B**は，ある宿場近くの風景を描いたものであ
　る。これについて，次の問いに答えよ。

作品B

① 〔資料〕

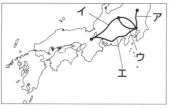

　この宿場町
を通る街道
であり，十
返舎一九の
代表作の舞
台ともなった街道を，上の地図中の**ア～エ**から１つ選べ。　　　〔　　　　〕

②**作品B**が生み出された時期には，浮世絵の技術が進み，多色刷りの美しい版画がさ
　かんにつくられた。このような多色刷りの版画は何とよばれるか。次の**ア～エ**から
　１つ選べ。

　　ア　錦絵　　イ　水墨画　　ウ　絵巻物　　エ　大和絵　　　〔　　　　〕

差がつく (3) 本居宣長が大成した国学は，どのような思想と結びついて，その後の幕末の尊王攘夷
　運動に影響を与えたか。「天皇」という語句を用いて，簡潔に書け。〈香川県・改〉

〔　　　　　　　　　　　　　　　　　　　　　　　　　　　　〕

6 中学総合的研究 社会
P.348～364

欧米諸国のアジア進出と日本の開国

要点まとめ

1 欧米諸国のアジア進出

1 市民革命と産業革命

〈**市民革命**〉ヨーロッパの市民階級が自由・平等をめざし，絶対王政を倒した改革。

〈**イギリスの改革**〉17世紀，清教徒革命→名誉革命→権利の章典→議会政治。

〈**アメリカの独立**〉18世紀，イギリスの植民地政策に抵抗→独立戦争→独立宣言→アメリカ合衆国成立。初代大統領はワシントン。

〈**フランス革命**〉18世紀，フランス革命→人権宣言→共和政→ナポレオンの登場。

〈**産業革命**〉18世紀，イギリスで綿工業からおこる。生産のしくみが工場制手工業から工場制機械工業へ。蒸気機関を用いた大量生産が実現し，資本主義社会が成立。

2 欧米諸国の発展

〈**イギリス**〉産業革命の進展で，「世界の工場」とよばれる。

〈**ドイツ**〉ビスマルクのもとで国家を統一→ドイツ帝国が成立。

〈**アメリカ**〉南北戦争→リンカン（リンカーン）が北部を指導→奴隷解放宣言。

3 欧米諸国のアジア進出

〈**中国**〉アヘン戦争で清がイギリスにやぶれる→南京条約で香港をゆずる→太平天国の乱（洪秀全が指導，平等な社会の建設をめざす）。

〈**インド**〉イギリスの綿製品が流入し経済混乱→インドの大反乱→イギリスが鎮圧して，ムガル帝国を滅ぼし，イギリス領とした。

2 開国と江戸幕府の滅亡

1 日本の開国

〈**開国**〉アメリカ使節ペリーが浦賀に来航し，開国を要求→1854年日米和親条約を結ぶ→下田・函館を開港。

〈**不平等条約の締結**〉1858年，総領事ハリスと大老井伊直弼の間で，日米修好通商条約を結ぶ→5港開港。領事裁判権（治外法権）を認め，関税自主権がない不平等条約。

条約で開かれた港

日米修好通商条約で開港の5港

日米和親条約で開港の2港

※日米修好通商条約の締結で閉鎖

2 開国の影響

〈**桜田門外の変**〉井伊直弼が反対派の大名や公家を処罰（安政の大獄）→これに反発した尊攘派志士たちに，江戸城桜田門外で井伊直弼が暗殺される。

〈**社会不安の増加**〉貿易の開始で物価が上がり，経済が混乱。

〈**尊王攘夷運動**〉生麦事件→薩英戦争。長州藩が外国船を砲撃→四国艦隊が下関砲撃→攘夷が不可能であることを知る。

3 江戸幕府の滅亡

〈**倒幕運動**〉坂本龍馬らの仲介で薩長同盟→幕府の長州征討失敗。

〈**幕府の滅亡**〉大政奉還（15代将軍徳川慶喜が政権を返上）→王政復古の大号令→旧幕府軍と新政府軍との戦い（戊辰戦争）。

基礎力チェック

ここに載っている問題は基本的な内容です。必ず解けるようにしておきましょう。

1 イギリスでおこった名誉革命の翌年に出された法令を何というか。

[　　　　　　　　　　　]

2 アメリカ独立戦争の総司令官で，アメリカ合衆国の初代大統領となったのはだれか。

[　　　　　　　　　　　]

3 人権宣言が出されたのは，何という革命のときか。　[　　　　　　　　　　　]

4 アメリカ南北戦争中，リンカン（リンカーン）大統領が出した宣言を何というか。

[　　　　　　　　　　　]

5 アヘン戦争の講和条約を何というか。　[　　　　　　　　　　　]

6 アヘン戦争後，中国南部で洪秀全を指導者としておこった反乱を何というか。

[　　　　　　　　　　　]

7 アメリカ合衆国の使節として，軍艦4隻をひきいて来日し，開国を求めたのはだれか。

[　　　　　　　　　　　]

8 1858年に大老井伊直弼が，反対派をおさえ，朝廷の許可を得ずにアメリカと結んだ条約を何というか。

[　　　　　　　　　　　]

9 大老井伊直弼が尊攘派の水戸藩の浪士らに殺害された事件を何というか。

[　　　　　　　　　　　]

10 天皇を尊び，外国勢力を追いはらうことをめざした運動を何というか。

[　　　　　　　　　　　]

11 西南日本の2つの藩が，坂本龍馬らの仲立ちにより結んだ同盟を何というか。

[　　　　　　　　　　　]

12 徳川慶喜が政権を朝廷に返上したできごとを何というか。

[　　　　　　　　　]

13 右の地図中のAでの戦いから始まり，Bでの戦いまで続いた，旧幕府軍と新政府軍の戦いを何というか。

[　　　　　　　　　]

実践問題

実際の問題形式で知識を定着させましょう。

1

知識・理解 右の年表を見て，次の問いに答えなさい。

(1) 年表中の空欄**A・B**にあてはまる語句を
答えよ。

A [   ]

B [   ]

年	世界のおもなできごと
1688	（ A ）革命がおこる。
1769	（ B ）が蒸気機関を改良する。 …a
1775	アメリカで独立戦争がおこる。………b
1789	フランス革命が始まる。……………c

(2) 年表中**a**について，次の問いに答えよ。

①18世紀のイギリスでは，これらの発明による工業化により社会や生活に大きな変化
がおこっていた。この大きな変化を何というか，漢字4字で書け。〈熊本県・改〉

[   ]

②イギリスは①の進展により，何とよばれたか，書け。

[   ]

③①の後にできあがった，資本家が労働者をやとい，利益を上げることを目的として
生産する経済のしくみを何というか，書け。 [   ]

(3) 年表中**b**について，この戦争の総司令官として活躍し，のちにアメリカ合衆国の初代
大統領となった人物を，次の**ア〜エ**から1つ選べ。

ア ウィルソン　　**イ** リンカン（リンカーン）

ウ ワシントン　　**エ** F.ルーズベルト

[   ]

(4) 年表中**c**について，次の問いに答えよ。

①次の資料は，フランス革命が始まった直後に出された宣言の一部である。この宣言
を何というか，書け。また，資料の空欄にあてはまる語句を書け。

第1条　人は生まれながら，自由で（　　）な権利を持つ。社会的な区別は，た
だ公共の利益に関係のある場合にしか設けられてはならない。

宣言 [   ]　　語句 [   ]

②革命後のフランスで政権をにぎり，皇帝となったのはだれか，書け。

[   ]

③ 思考 フランス革命後，周辺の国々によるフランスへの干渉が始まった。その
理由をヨーロッパの国々の関係をふまえて簡潔に述べよ。

[   ]

知識・理解 右の図は 19 世紀前半の貿易について表したものである。これを見て，次の問いに答えなさい。

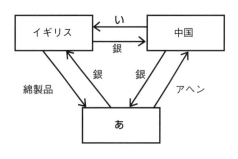

(1) 右の図のような三か国による貿易を何というか，書け。

　　　[　　　　　　　　　　　　　]

でる! (2) 図中にある中国の，当時の王朝名を書け。

　　　　　　　　　　　　　　[　　　　　　　　　　　　　　　　]

でる! (3) 図中の**あ**にあてはまる国名と**い**にあてはまるおもな貿易品目との正しい組み合わせを，次の**ア〜エ**から 1 つ選べ。

　　ア 国名−インド　　　貿易品目−茶
　　イ 国名−インド　　　貿易品目−毛織物
　　ウ 国名−タイ　　　　貿易品目−茶
　　エ 国名−タイ　　　　貿易品目−毛織物　　　　　　　[　　　　　]

でる! (4) この貿易が原因で，イギリスと中国との間でおこった戦争を何というか，書け。

　　　　　　　　　　　　[　　　　　　　　　　　　　　]

(5) **資料** (4) の戦争の結果，結ばれた条約により，中国はある場所をイギリスにゆずることになった。その場所を，地図中の**ア〜エ**から 1 つ選べ。

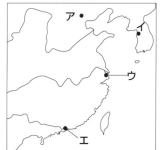

　　　　　　　　　　[　　　　]

(6) (4) の戦争後の中国について述べた次の文を読んで，あとの問いに答えよ。

　　中国では，<u>政府に対する農民の不満が高まり</u>，（　**あ**　）を指導者とする反乱がおこった。反乱軍は，貧富の差のない社会の実現をめざして（　**い**　）という国を建てた。政府は 14 年がかりでこの反乱を鎮圧した。

①文中の空欄**あ・い**にあてはまる語句をそれぞれ書け。

　　あ [　　　　　　　　　　　] **い** [　　　　　　　　　　　]

差がつく ②文中の下線部について，農民の不満をかったのは，政府のどのような政策か，簡潔に述べよ。

　　[　　　　　　　　　　　　　　　　　　　　　　　　　　　　　]

3 次の文を読んで，あとの問いに答えなさい。

> 1853年，4隻の軍艦を率いて浦賀（うらが）に入港したアメリカ東インド艦隊司令長官のペリーは，開国を求める大統領の国書を幕府に差し出した。
>
> 翌年，幕府は再び来航したペリーと a 日米和親条約を結んだ。さらに，1858年には，b 日米修好通商条約（しゅうこうつうしょう）を結んだ。

(1) 文中の下線部 a について，次の問いに答えよ。〈静岡県〉

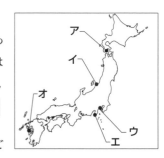

　① 📋[資　料] この条約には，日本がアメリカに対して2つの港を開くことが記されていた。右の地図中の**ア〜オ**は港を示している。この条約で開かれることになった港を，**ア〜オ**から2つ選べ。　[　　　][　　　]

　② [知識・理解] ペリー来航と同じ時期におこったできごとではないものを，次の**ア〜エ**から1つ選べ。

　　ア イギリスの東インド会社に雇われていたインド兵の反乱をきっかけに，インドの大反乱がおこった。

　　イ ムガル帝国がイギリスによって滅ぼされた。

　　ウ フランスで，パリを中心とする都市の民衆や農民らによる革命がおこった。

　　エ イギリスのロンドンで，世界最初の万国博覧会が開かれた。　[　　　]

(2) [知識・理解] 文中の下線部 b について，次の問いに答えよ。

　①この条約によって開港された港は，函館（はこだて），神奈川（横浜），長崎，兵庫（神戸）とあと1つはどこか。次の**ア〜エ**から1つ選べ。〈青森県〉

　　ア 下田（しもだ）　**イ** 名古屋　**ウ** 新潟　**エ** 鹿児島　[　　　]

　②この条約を，朝廷の許可なく結んだ大老はだれか，書け。

　　　　　　　　　　　　　　　　　　　　　　[　　　　　　　]

　③この条約を結んだあと，幕府が開国に反対した大名や公家を処罰したため，急速に広まった運動を何というか，書け。〈青森県〉　[　　　　　　]

　④この条約は，わが国にとって不平等な内容を含んでいた。不平等な内容を2つ簡潔に述べよ。

　　[　　　　　　　　　　　　　　　　　　　　　　　　　]
　　[　　　　　　　　　　　　　　　　　　　　　　　　　]

　⑤この条約の影響として誤っているものを，次の**ア〜エ**から1つ選べ。

　　ア 金銀の交換比率のちがいから，金貨が大量に海外に流出した。

　　イ 農家の多くは，輸出向けに養蚕を始めるようになった。

　　ウ 国内の絹織物業者の中には，原料の不足で倒産する業者もあった。

　　エ 安い輸入品が大量に国内に出回り，物価が下がった。　[　　　]

4 次の問いに答えなさい。

(1) 1858年の日米修好通商条約に続いて，日本は，オランダ，ロシア，イギリス，フランスともほぼ同じような内容の条約を結び，自由な貿易が行われるようになった。このことについて，次の問いに答えよ。

でる！ …▶ ① 📄**資料** 右のグラフは，幕末の1865年における日本の主要輸出入品の割合を表したものである。空欄**A・B**にあてはまる品目名を，次の**ア～オ**からそれぞれ選べ。

ア　絹織物　　イ　毛織物
ウ　生糸　　　エ　陶磁器　　オ　米

A [　　　　] B [　　　　]

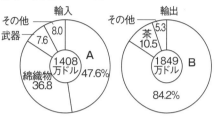

幕末の貿易（1865年）

（「日本経済史3 開港と維新」より）

差がつく …▶ ② ❓**思考** 右のグラフは，1865年の横浜港における国別の貿易額（輸出額と輸入額の総額）の割合を表したものである。これを見ると，日本の最大貿易相手国は，開国を要求したアメリカではなく，イギリスであったことがわかる。その理由を，当時のアメリカの国内状況を考えて簡潔に述べよ。

[　　　　　　　　　　　　　　　　　　　　　　　]

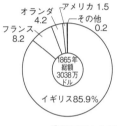

（「横浜市史」より）

(2) 📄**資料** 右の資料は，江戸時代末期，欧米4か国の連合艦隊に占領された砲台のようすを示している。資料に示した砲台はどこにあったか。その場所を示す略地図中の記号と当時，砲台を占領された藩の名称の組み合わせとして適切なものを，次の**ア～エ**から1つ選べ。〈三重県〉

ア　略地図中の記号―**X**　　藩の名称－薩摩藩
イ　略地図中の記号―**X**　　藩の名称－長州藩
ウ　略地図中の記号―**Y**　　藩の名称－薩摩藩
エ　略地図中の記号―**Y**　　藩の名称－長州藩 [　　　　]

でる！ …▶ (3) ⚠**知識・理解** 徳川慶喜が行った大政奉還とは何か。「朝廷」と「政権」の2つの語句を使って，簡潔に述べよ。〈高知県〉

[　　　　　　　　　　　　　　　　　　　　　　　]

(4) ⚠**知識・理解** 次の**A～D**の文を古い順に並べよ。
A 旧幕府軍は新政府軍と戦ったが，函館の五稜郭で降伏した。
B 土佐藩出身の坂本龍馬の仲立ちにより，薩摩藩と長州藩が同盟を結んだ。
C 薩摩藩がイギリス人を殺傷するという事件がおこった。
D 朝廷が，王政復古の大号令を発し，天皇が直接政治を行うことを宣言した。

[　　　　→　　　　→　　　　→　　　　]

明治政府の成立と国際社会の中の日本

要点まとめ

1

1 明治維新

明治政府の成立

〈明治政府の成立〉1868年，明治天皇が五箇条の御誓文を出す。

〈中央集権の確立〉版籍奉還（1869年）→廃藩置県（1871年）。

〈富国強兵・殖産興業〉地租改正（1873年，土地の所有者に地券を発行。地価の3%を現金で納税）。徴兵令（1873年，20歳以上の男子に兵役の義務）。学制（1872年，6歳以上の男女すべてが小学校教育を受けることを定める）。官営工場（富岡製糸場など）。貨幣制度，郵便制度，電信・鉄道の整備。

〈明治初期の外交〉岩倉使節団の派遣。日清修好条規，日朝修好条規や樺太・千島交換条約を結ぶ。沖縄県の設置（琉球処分）。

〈文明開化〉衣食住の洋風化。福沢諭吉『学問のすゝめ』。太陽暦の採用。

〈士族の反乱〉1877年，西郷隆盛を中心に鹿児島の士族が西南戦争をおこす。

2 自由民権運動と帝国議会

〈自由民権運動〉板垣退助らが民撰議院設立の建白書を政府に提出→国会期成同盟結成→国会開設の勅諭（1890年に国会を開くと政府が宣言）。

〈政党結成〉自由党（党首・板垣退助）・立憲改進党（党首・大隈重信）。

〈大日本帝国憲法〉伊藤博文がドイツ（プロイセン）憲法などを研究。天皇主権。

〈帝国議会〉衆議院・貴族院。直接国税15円以上を納める満25歳以上の男子に選挙権。

2

1 日清・日露戦争と条約改正

国際社会の中の日本

〈日清戦争〉朝鮮でおこった甲午農民戦争をきっかけに両軍が出兵し開戦→日本が勝利→下関条約→三国干渉（ロシアなどの要求で遼東半島を清に返還）。

〈日露戦争〉清でおこった義和団事件がきっかけ→事件の鎮圧後もロシアが満州に軍隊をとどめる→日本は日英同盟を結んでロシアに対抗→開戦→日本が日本海海戦で勝つなど優勢→ポーツマス条約→日比谷焼き打ち事件。

〈韓国と中国〉韓国併合（1910年，韓国を植民地に）。辛亥革命（1911年，孫文中心）→清が滅び，中華民国が成立。

〈条約改正〉1894年，領事裁判権の撤廃（陸奥宗光がイギリスとの間で成功）。1911年，関税自主権の回復（小村寿太郎がアメリカとの間で達成）。

2 日本の産業革命と近代文化

〈産業革命〉日清戦争前後，軽工業（製糸・紡績業）が発達。1901年，八幡製鉄所操業開始。日露戦争後，重工業が発達。財閥の形成。

〈近代文化〉文学…与謝野晶子（『みだれ髪』），夏目漱石（『坊っちゃん』）。科学…北里柴三郎，野口英世。

条約改正までの道のり

1858年
日米修好通商条約など

領事裁判権を認める	関税自主権がない
↓ 1894年	
撤廃に成功	

1894〜95年　日清戦争
1904〜05年　日露戦争
1910年　　　韓国併合

約50年

↓
1911年 回復に成功

基礎力チェック

ここに載っている問題は基本的な内容です。必ず解けるようにしておきましょう。

1 1868年，天皇が神に誓うという形で，新しい政治の方針が出されたが，これを何というか。

[　　　　　　　　　]

2 藩を廃止し，全国に新しく府や県を置いて府知事などを派遣するという改革を何というか。

[　　　　　　　　　]

3 明治政府は，地価を定め，その３％を現金によって納めさせる税制に改めた。これを何というか。

[　　　　　　　　　]

4 1871年，不平等条約改正の交渉を行うため，欧米に使節団が派遣された。この使節団の大使はだれか。

[　　　　　　　　　]

5 明治の初め，欧米の思想や西洋風の生活様式をさかんに取り入れたことを何というか。

[　　　　　　　　　]

6 西郷隆盛を中心として鹿児島でおこった士族の反乱を何というか。

[　　　　　　　　　]

7 自由党を結成してその党首となったのはだれか。

[　　　　　　　　　]

8 大日本帝国憲法を作成するとともに内閣制度を整え，初代内閣総理大臣となったのはだれか。

[　　　　　　　　　]

9 日清戦争の講和条約を何というか。

[　　　　　　　　　]

10 日清戦争後，ロシア，フランス，ドイツが遼東半島を清に返すよう日本に要求してきたことを何というか。

[　　　　　　　　　]

11 日露戦争後の講和条約を何というか。

[　　　　　　　　　]

12 日本の重工業の発達に大きな役割を果たした官営の製鉄所を何というか。

[　　　　　　　　　]

13 1910年，日本が朝鮮半島を植民地にしたことを何というか。

[　　　　　　　　　]

実践問題

実際の問題形式で知識を定着させましょう。

1

📖知識・理解 右の年表を見て，次の問いに答えなさい。

(1) 年表中 a について，次の問いに答えよ。

①右の資料は新政府の基本方針の一部を示したものである。空欄にあてはまる語句を，次のア～エから1つ選べ。

ア 智識　イ 文化
ウ 国会　エ 会議　　　[　　　]

年	おもなできごと
1868	新政府が基本方針を示す。…… a
1871	身分解放令が出される。……… b
1873	地租改正が始まる。………… c

一　広ク（　　　）ヲ興シ万機公論ニ決スヘシ
一　上下心ヲ一ニシテ盛ニ経綸ヲ行フヘシ

②新政府がこの基本方針を定めた年代と，ほぼ同じ時期の世界のできごとについて述べた文として正しいものを，次のア～エから1つ選べ。〈愛知県〉

ア 中国では，列強の侵略に反発する排外運動がさかんとなり，義和団事件がおこった。

イ アメリカでは，貿易政策や奴隷制をめぐって北部と南部が対立し南北戦争がおこった。

ウ イタリアでは，ファシスト党を率いたムッソリーニが政権につき，独裁政治を始めた。

エ フランスでは，ナポレオンが政権につき，ヨーロッパの大部分を武力で支配した。

[　　　]

(2) 年表中 b について，この布告とともに，政府は身分による結婚・職業・居住地の制限を廃止し，すべての国民は名字（姓）を名乗ることができるようになったが，このような政策を何というか。漢字4字で書け。

[　　　]

(3) 年表中 c について，次の問いに答えよ。

①次の文の空欄A～Cにあてはまる語句の組み合わせとして正しいものを，あとのア～エから1つ選べ。〈茨城県・改〉

政府は国家の財政を安定させるために，土地の価格である（　A　）を定め，土地の所有者にその（　B　）を地租として（　C　）で納めさせることとした。

ア A－石高　　B－3％　　C－現金
イ A－石高　　B－5％　　C－米
ウ A－地価　　B－3％　　C－現金
エ A－地価　　B－5％　　C－米　　　[　　　]

②これと同じ年に出された法令により，満20歳以上の男子が兵役の義務を負うことになったが，その法令を何というか，書け。

[　　　]

2 次の文を読んで，あとの問いに答えなさい。

　明治時代の初めには使節団が派遣された。右の写真は，1872年に最初の訪問国であるアメリカで，（　**A**　）を大使（代表）とする使節団を写したものである。この使節団は，横浜港を出航してから2年近くにわたって，a欧米諸国の政治のしくみを調査したり，産業や社会の様子を視察したりして帰国した。写真の中央の人物は大使の（　**A**　）で，写真の右から2人目の人物は，のちに日本の初代内閣総理大臣となった（　**B**　）である。この使節団に参加した人々は，b日本の近代化に大いに貢献したといわれている。

でる！ (1) 知識・理解 文中の空欄**A・B**にあてはまる人物を，次の**ア〜オ**からそれぞれ1つずつ選べ。〈北海道〉

　　ア 大隈重信　　**イ** 西郷隆盛　　**ウ** 伊藤博文　　**エ** 板垣退助　　**オ** 岩倉具視

A [　　　　] B [　　　　]

でる！ (2) 知識・理解 下線部**a**について，この使節団が派遣されたおもな目的は2つあった。目的の1つは下線部にあるように，欧米の政治や産業を視察することにあった。もう1つの目的は何か。簡潔に述べよ。

[　　　　　　　　　　　　　　　　　　　　　　　　　　　　　　]

でる！ (3) 下線部**b**について，次の問いに答えよ。

　① 知識・理解 官営工場や鉄道の建設，郵便制度や電信網の整備といった近代産業を育てることを目的とした政策を何というか，書け。

[　　　　　　　　　　　　]

　② 資料 官営の製糸工場としての富岡製糸場が設立されたが，その場所を，右の地図中の**ア〜エ**から1つ選べ。〈大分県〉

[　　　　　　　　　　]

　③ 知識・理解 次の文の空欄にあてはまる語句を書け。〈青森県〉

　政府は，（　　　　）を公布し，6歳以上の男女すべてが小学校教育を受けることとした。

[　　　　　　　　　　　]

(4) 資料 日朝修好条規は，使節団が帰国した後の1875年に朝鮮でおきた江華島事件をきっかけとして翌年に結ばれた。江華島にあたるものを，右の地図中の**ア〜エ**から1つ選べ。〈熊本県・改〉

[　　　　　]

知識・理解 次の文を読んで，あとの問いに答えなさい。

a 大規模な反乱である西南戦争がおこった。

b 第1回の衆議院議員総選挙が実施され，第1回帝国議会が開かれた。

c 板垣退助が民撰議院設立の建白書を政府に提出し，国会の早期開設を要求した。

d 伊藤博文などが，これまでの太政官制にかわり内閣制度を整えた。

e 大日本帝国憲法が発布された。

(1) a について，次の問いに答えよ。

① 資料 西南戦争の中心となった場所を，右の地図中のア〜エから1つ選べ。　[　　　]

② 次の文中の空欄A・Bにあてはまる語句をそれぞれ書け。

西南戦争は，特権をうばわれ不満をもった（　A　）たちが，（　B　）をおし立てておこしたものである。しかし，徴兵制により組織された政府の軍隊にしずめられた。

A [　　　　　　　　　　]　B [　　　　　　　　　　]

(2) b について，次の問いに答えよ。

① 次の文は，第1回衆議院議員総選挙が実施されたときの選挙権に関する文である。文中の空欄A・Bにあてはまる数字の組み合わせとして正しいものを，あとのア〜エから1つ選べ。

納税額による制限があり，選挙権が認められたのは，直接国税（　A　）円以上を納める満（　B　）歳以上の男子のみであった。

ア A−10　B−20　　　イ A−15　B−20
ウ A−10　B−25　　　エ A−15　B−25　　　[　　　]

② 第1回衆議院議員総選挙における有権者総数は，当時の日本の人口の約何％であったか。次のア〜エから1つ選べ。〈徳島県・改〉

ア 1.1%　　イ 5.5%　　ウ 20.0%　　エ 48.7%　　[　　　]

(3) c について，次の文は板垣退助について述べた文である。文中の空欄A・Bにあてはまる言葉の組み合わせとして正しいものを，あとのア〜エから1つ選べ。〈北海道〉

板垣退助は，民撰議院設立の建白書を政府に提出したのち，高知で（　A　）を結成し，自由民権運動を進めた。その後，1881年に（　B　）を結成し，国会の開設に備えた。

ア A−立憲政友会　　B−自由党
イ A−立志社　　　　B−自由党
ウ A−立憲政友会　　B−立憲改進党
エ A−立志社　　　　B−立憲改進党　　　[　　　]

(4) 資料 dについて，伊藤博文は憲法草案の作成のためヨーロッパに派遣され，ドイツ（プロイセン）の憲法を中心に調査した。それはドイツ（プロイセン）憲法にどのような特徴があったからか。次の資料を参考にして述べよ。〈三重県〉

> 大日本帝国憲法（一部）
> 第1条　大日本帝国ハ万世一系ノ天皇之ヲ統治ス

[　　　　　　　　　　　　　　　　　　　　　　　　　　　　　　　　　　　　　　　]

(5) eについて，大日本帝国憲法についての説明のうち，誤っているものを，次の**ア**〜**エ**から1つ選べ。〈奈良県〉

ア　憲法は，天皇が国民にあたえるという形で発布された。
イ　憲法では，帝国議会は国権の最高機関と位置づけられた。
ウ　憲法では，天皇が国の元首として統治すると定められた。
エ　憲法では，人権は天皇が恩恵によってあたえた権利とされた。

[　　　　　　　]

(6) a〜eを古いものから順に並べかえよ。

[　　　　→　　　　→　　　　→　　　　→　　　　]

4　明治時代の生活や文化について，次の問いに答えなさい。

(1) 知識・理解 明治時代になると，欧米の文化や生活様式が取り入れられ，伝統的な日本の生活が次第に変化していったが，このころのできごととして正しいものを，次の**ア**〜**エ**から1つ選べ。

ア　人力車が走るようになった。　**イ**　太陰暦が採用された。
ウ　ラジオ放送が始まった。　**エ**　飛脚制度が整備された。

[　　　　　　　]

(2) 次の資料を読んで，あとの問いに答えよ。

> 天は人の上に人を造らず，人の下に人を造らずと云へり
> されば天より人を生ずるには万人は万人皆同じ位にして，生まれながら貴賤上下の差別なく・・・

① 知識・理解 資料はある人物が書いた書物の一部である。書名を書け。

[　　　　　　　　　　　　　　　　　　　　　　　]

② 資料 資料が説いている内容として正しいものを，次の**ア**〜**エ**から1つ選べ。
ア　正義　**イ**　平和　**ウ**　労働　**エ**　平等

[　　　　　　　]

知識・理解 次の資料を見て，あとの問いに答えなさい。

資料 I

日清戦争
・ [a] 条約を結ぶ。
・清は朝鮮が独立国であることを認める。
・遼東半島，台湾・澎湖諸島を日本にゆずる。

資料 II

日露戦争
・ [b] 条約を結ぶ。
・樺太の南半分を日本にゆずる。
・日本に対して，旅順などの租借権や南満州の鉄道の一部をゆずる。

(1) 資料中の a・b にあてはまる語句をそれぞれ書け。

a [   ]   b [   ]

(2) 資料 I について，次の問いに答えよ。

①日清戦争の引き金となったできごとを，次のア～エから1つ選べ。〈徳島県・改〉

ア　太平天国の乱　　イ　アヘン戦争
ウ　甲午農民戦争　　エ　満州事変

[   ]

② 資料 下線部の遼東半島の位置を，右の地図中のア～ウから1つ選べ。[   ]

③この条約が結ばれたあと，ロシアはドイツとフランスを誘って，日本に対し遼東半島を清に返すように要求した。このできごとを何というか，書け。

[   ]

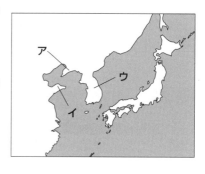

(3) 資料 II について，次の問いに答えよ。

① 思考 この戦争は，義和団事件がきっかけとなりおこった。義和団事件がおこった理由を，右の資料を参考にして，簡潔に述べよ。〈群馬県〉

[   ]

義和団事件のころの中国
- イギリスの勢力
- ロシア
- フランス
- ドイツ
- 日本

北京
清

②この戦争の開戦前の1902年に，ロシアのアジア進出に対抗して日本が結んだ同盟を何というか，書け。

[   ]

③この戦争について，誤っているものを，次のア～エから1つ選べ。

ア　内村鑑三や幸徳秋水が開戦に反対した。
イ　戦場は中国や朝鮮半島であった。
ウ　日本海海戦で日本が敗れた。
エ　両国とも戦争の継続が難しくなった。

[   ]

6 明治時代の外交と産業について，次の問いに答えなさい。

(1) 知識・理解 次の文中の**A**にあてはまる人名を答えよ。また，**B**に共通してあてはまる国名を書け。〈北海道〉

　　日露戦争での日本の勝利により，アジア諸国の独立の動きが高まった。欧米諸国に半ば植民地とされてきた清の（　**A**　）は，清をたおして近代国家の建設をめざすため，1905年に東京で中国同盟会をつくり，三民主義を唱えた。一方，日露戦争後，日本は武力を背景として，（　**B**　）の外交と内政を支配下におき，1910年には（　**B**　）を併合し，総督府を設置して植民地支配を行った。

A [　　　　　　　　　　] B [　　　　　　　　　　]

(2) 差がつく 資料 右の年表は，この時期におきたおもなできごとを表している。日本が近代化をおしすすめて法の整備や国家のしくみを整えようとした目的について，年表を参考にしながら，「不平等」「対等な関係」の二つの語句を用いて，簡潔に書け。〈福島県〉

年	おもなできごと
1858	日米修好通商条約が結ばれる。
1871	岩倉使節団が派遣される。
1885	内閣制度ができる。
1889	大日本帝国憲法が発布される。
1890	第1回帝国議会が開かれる。
1894	領事裁判権が撤廃される。
1911	関税自主権が完全に回復される。

[　　　　　　　　　　　　　　　　　　　]

(3) 差がつく 思考 次の**X**〜**Z**の説明文およびグラフ中の**a**〜**c**は，綿糸，生糸，鉄類のいずれかについてのものである。①綿糸，②生糸の説明文およびグラフを，それぞれ**X**〜**Z**，**a**〜**c**から1つずつ選べ。〈熊本県〉

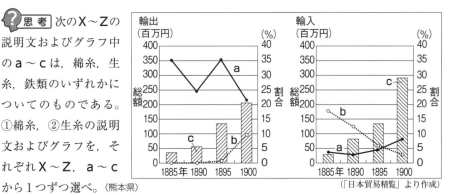

（「日本貿易精覧」より作成）

X：この品目は，1880年代まではおもに輸入にたよっていた。わが国の産業改革により生産量が増大し，日清戦争以降は急速に輸出量が増大した。

Y：この品目は，重工業の発達とともに，需要が増大した。国内での生産は，1900年代初めに福岡県の官営工場が操業を開始して以降，しだいに本格化した。

Z：この品目は，開国以来，重要な輸出品であった。工場の建設と機械化による生産の拡大により，1880年代，1890年代においてもわが国の輸出の中心であった。

① [　　　・　　　] ② [　　　・　　　]

第一次世界大戦と日本

要点まとめ

1

1 第一次世界大戦

第一次世界大戦とロシア革命

〈背景〉イギリス中心の三国協商とドイツ中心の三国同盟が対立。

〈きっかけ〉バルカン半島(「ヨーロッパの火薬庫」)をめぐり列強が対立→セルビアの青年がオーストリアの皇太子夫妻を暗殺(サラエボ事件)。

〈経過〉オーストリアがセルビアに宣戦し,第一次世界大戦に拡大。同盟国側が降伏。

三国同盟と三国協商

```
                                      日本
                                      1902
                                      日英同盟
ドイツ   サラエボ事件    イギリス
           ↓              1907
        第一次世界        英露協商    1904
オーストリア→ 大戦 ←ロシア           英仏協商
1882       (1914〜18)   1891〜94
三国同盟                 露仏同盟
イタリア                 フランス

三国同盟                 三国協商
                        (連合国側)
```

2 日本の参戦

〈参戦〉日英同盟を理由に連合国側で参戦。中国に二十一か条の要求→中国で排日運動がおこる。

〈大戦と好景気〉輸出が増加し,大戦景気→重化学工業が発達。

3 ロシア革命

〈革命〉戦争が長期化し,皇帝の専制政治に対する不満→皇帝を退位させ,臨時政府樹立→レーニンの指導で社会主義政府。

〈ソ連の成立〉1922年,ソビエト社会主義共和国連邦が成立。

2

1 ベルサイユ条約と国際協調

第一次世界大戦後の世界

〈ベルサイユ条約〉1919年,パリ講和会議で結ばれる→ドイツは全植民地を失う。

〈国際連盟〉1920年,アメリカ大統領ウィルソンの提案により設立。世界平和を守る最初の国際機構。アメリカが不参加,ドイツ,ソ連を当初除外といった問題点。

〈国際会議〉アメリカのよびかけでワシントン会議が開かれる。

2 アジアの民族運動

〈中国〉日本の二十一か条の要求をきっかけとして,反帝国主義の国民運動に発展→五・四運動。孫文が中国国民党を結成→蒋介石が国民政府を樹立。

〈朝鮮〉日本からの独立を求め,三・一独立運動。

〈インド〉反英運動が高まる→ガンジーが非暴力・不服従で運動を指導。

3

1 大正デモクラシー

大正デモクラシーと大正の文化

〈影響〉吉野作造の民本主義が普通選挙を主張し,大正デモクラシーの支えとなる。

〈政党政治の実現〉米騒動(シベリア出兵を見こした米の買いしめが原因)後,原敬が初の本格的な政党内閣を組織。

〈普通選挙法の成立〉1925年,加藤高明内閣のとき,普通選挙(25歳以上のすべての男子に選挙権)と治安維持法(社会運動の取りしまり)が成立。

〈社会運動の発展〉平塚らいてう(雷鳥)の女性解放運動。全国水平社の部落解放運動。

2 大正の文化

〈大衆文化〉新聞・雑誌の普及。ラジオ放送開始。

〈文学〉白樺派(武者小路実篤,志賀直哉),谷崎潤一郎,芥川龍之介。

基礎力チェック

ここに載っている問題は基本的な内容です。必ず解けるようにしておきましょう。

歴史編

8

第一次世界大戦と日本

1 第一次世界大戦のきっかけとなった，右の地図中の **X** の半島でおこった事件を何というか。　[　　　　　　　　　]

2 ロシア革命を指導した人物はだれか。

[　　　　　　　　　]

3 第一次世界大戦中に，日本が中国に対して出した要求を何というか。

[　　　　　　　　　]

4 第一次世界大戦の講和会議で，連合国とドイツとの間で結ばれた条約を何条約というか。

[　　　　　　　　　]

5 1920年に設立された，平和を守るための世界初の国際機構を何というか。

[　　　　　　　　　]

6 **5** を設立することを提唱したアメリカの大統領はだれか。

[　　　　　　　　　]

7 日本の植民地支配に対して，第一次世界大戦後に朝鮮でおこった民族運動を何というか。

[　　　　　　　　　]

8 非暴力・不服従を唱えたインドの独立運動の指導者はだれか。

[　　　　　　　　　]

9 民本主義を唱えたのはだれか。　[　　　　　　　　　]

10 1918年，米価の急上昇に反対して全国に広がった運動を何というか。

[　　　　　　　　　]

11 日本で初めての本格的な政党内閣を組織したのはだれか。　[　　　　　　　　　]

12 普通選挙法が成立したことにより選挙権を得たのは，何歳以上の男子か。

[　　　　　　　　歳以上]

13 1925年，普通選挙法と同時に制定された法律を何というか。　[　　　　　　　　　]

14 青鞜社を結成し，女性解放運動を行った女性はだれか。　[　　　　　　　　　]

実践問題

実際の問題形式で知識を定着させましょう。

1 第一次世界大戦について，次の問いに答えなさい。

イタリア
オーストリア
A
B
フランス
ロシア

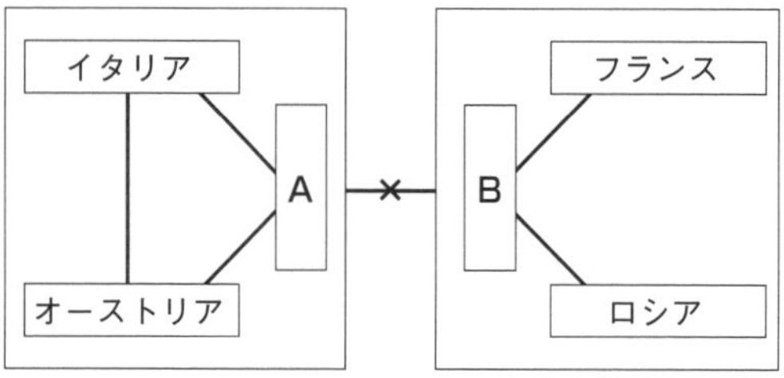

(1) 知識・理解 右の図は，第一次世界大戦の原因となった対立関係を表したものである。A，Bにあてはまる国名を書け。

A [　　　　]
B [　　　　]

でる！ (2) 資料 第一次世界大戦の原因の１つとなった民族紛争が続いたのはどこか。地図中の**ア**～**エ**から１つ選べ。〈山形県〉

大西洋
ア
イ
ウ
エ

[　　　　]

差がつく (3) 思考 第一次世界大戦のきっかけとなった事件について，次の語句を使って簡潔に述べよ。
［オーストリア，セルビア，サラエボ］

[　　　　]

(4) 知識・理解 第一次世界大戦の末期の1917年に連合国側に加わり，連合国の勝利を決定づけた国はどこか。国名を書け。

[　　　　]

でる！ (5) 第一次世界大戦中の日本について，次の問いに答えよ。

① 知識・理解 日本が連合国側として参戦する理由とした同盟は何か，書け。〈青森県〉

[　　　　]

② 知識・理解 1915年，日本政府は次の資料の内容を含む文書を中国政府に提出した。これらの要求を何というか。また，資料の**A**・**B**にあてはまる地名を，下の**ア**～**エ**からそれぞれ１つずつ選べ。

> 一　中国政府は，ドイツが（　A　）にもっているいっさいの権利を日本にゆずる。
> 一　日本の旅順(リュイシュン)・大連(ターリエン)の租借(そしゃく)の期限，（　B　）鉄道の期限を99か年延長する。

ア 遼東半島(リアオトン)　**イ** 東清(とうしん)　**ウ** 南満州(まんしゅう)　**エ** 山東省(シャントン)

名称 [　　　　]
A [　　　　]　B [　　　　]

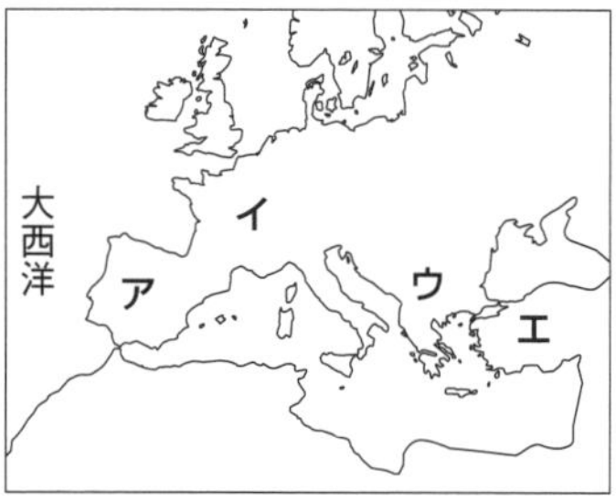

③ 資料 次の資料は，1912年から1926年の日本における輸出額と輸入額の推移を示したものである。日本の輸出額と輸入額の関係について，Xの時期に見られる特徴を，当時のヨーロッパの状況をふまえ，述べよ。〈山口県〉

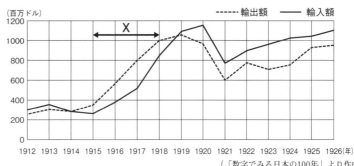

（百万ドル）
------ 輸出額　── 輸入額

（「数字でみる日本の100年」より作成）

[　　　　　　　　　　　　　　　　　　　　　　　　　　　　　　　　]

2 第一次世界大戦後の世界について，次の問いに答えなさい。

(1) 第一次世界大戦の講和会議について，次の問いに答えよ。

① 資料 この会議が開かれた都市を地図中のア～エから1つ選べ。

[　　　　　　]

② 知識・理解 この会議にもとづき連合国とドイツとの間で結ばれた条約において，ドイツが受け入れたことを，次のア～カからすべて選べ。

ア　太平洋地域の現状維持　　イ　多額の賠償金の支払い
ウ　領土の削減　　　　　　　エ　軍備の制限
オ　社会主義政府の樹立　　　カ　労働党政府の成立

[　　　　　　　　　　　　　　　　　　　　　　　]

(2) 知識・理解 国際連盟について，次の問いに答えよ。

①国際連盟について述べた文として正しいものを，次のア～エから1つ選べ。〈青森県〉

ア　ニューヨークに本部が置かれ，新渡戸稲造が事務局次長となった。
イ　アメリカのルーズベルト大統領の提案にもとづいて設立された。
ウ　中国，イギリス，フランス，イタリア，日本が常任理事国となった。
エ　ドイツ，ソ連は設立当初除外されたが，その後加盟した。

[　　　　　　]

② 思考 国際連盟が設立された理由を「第一次世界大戦」という語句を使って簡潔に述べよ。〈北海道〉

[　　　　　　　　　　　　　　　　　　　　　　　　　　　　]

3 知識・理解 アジアにおける独立運動について，次の問いに答えなさい。

(1) 写真の人物は，イギリスの植民地支配に対抗してアジアで活動していた指導者である。この人物について述べた次の文中の空欄**A・B**にあてはまる語句を，それぞれ漢字2字で書け。〈千葉県〉

祖国の独立を目指して，非（ **A** ）・非協力・不（ **B** ）を提唱するとともに，国産品の使用をすすめるなどの運動を展開した。

A [   ] B [   ]

(2) パリ講和会議で日本の中国における権益の拡大が認められたことから，1919年に中国でおこった運動を何というか。次の**ア〜エ**から1つ選べ。

ア 二・二六事件   **イ** 三・一独立運動
ウ 五・一五事件   **エ** 五・四運動   [   ]

4 知識・理解 大正時代の生活や文化について，次の問いに答えなさい。

(1) 大正デモクラシーの風潮に影響をあたえた，吉野作造が主張した考え方を何というか。次の**ア〜エ**から1つ選べ。〈奈良県〉

ア 民本主義   **イ** 社会主義   **ウ** 三民主義   **エ** 帝国主義   [   ]

(2) 米騒動がおこったころの生活や文化の説明として正しいものを，次の**ア〜エ**から1つ選べ。

ア 都市では，ランプやガス灯が使われ始め，洋服や西洋料理が流行した。
イ アメリカ人のフェノロサが岡倉天心と協力して日本美術の復興・普及に努めた。
ウ 発行部数が100万部をこえる新聞が出現し，演劇や映画等が娯楽として普及した。
エ 冷蔵庫などの三種の神器とよばれる電化製品が普及し，人々の生活は向上した。

[   ]

(3) 次の文は女性解放をめざして結成された青鞜社の宣言文の一部である。この宣言文を記した人物名を書け。

元始，女性は実に太陽であった。真正の人であった。今，女性は月である。

[   ]

(4) 大正デモクラシーの高まりの中でおこったできごととして誤っているものを，次の**ア〜エ**から1つ選べ。

ア 新婦人協会が結成された。   **イ** 日本最初のメーデーが開かれた。
ウ 自由民権運動がおこった。   **エ** 全国水平社が結成された。   [   ]

5 次の文章を読んで，あとの問いに答えなさい。

大正時代の 1918 年には，富山県を発端とした_a米騒動がおこり全国に広がった。また，1925 年には，加藤高明内閣のもと_b普通選挙法と同時に治安維持法が制定された。

(1) 下線部 a について，次の問いに答えよ。

でる! ① 思考 米騒動がおこった原因を，「シベリア出兵」という語句を使い簡潔に述べよ。

[   ]

差がつく ② 思考 米騒動の直後，原敬を首相とする初の本格的な政党内閣が誕生した。原敬を首相とする内閣が，本格的な政党内閣とよばれる理由は何か。**資料Ⅰ**および**資料Ⅱ**から読みとれることをもとに述べよ。〈三重県〉

資料Ⅰ 原敬を首相とする初の政党内閣の構成（1918年）

	所属政党等
内閣総理大臣	立憲政友会
外務大臣	外務官僚
内務大臣	立憲政友会
大蔵大臣	立憲政友会
陸軍大臣	軍人
海軍大臣	軍人
司法大臣	立憲政友会
文部大臣	立憲政友会
農商務大臣	立憲政友会
逓信大臣	立憲政友会

（「日本議会史録2」ほかより作成）

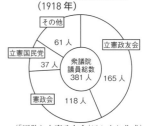

資料Ⅱ 原内閣が組閣されたときの衆議院の政党別議員数（1918年）

その他 61人
立憲政友会 165人
立憲国民党 37人
憲政会 118人
衆議院議員総数 381人

（「原敬と立憲政友会」ほかより作成）
注：資料Ⅱは，原内閣が成立した後最初に召集された第41回通常帝国議会における各会派所属議員数を示す。

[   ]

でる! (2) 資料 下線部 b について，右のグラフは，第 11 回（1912 年）から第 16 回（1928 年）までの衆議院議員選挙の有権者数を表したものである。第 16 回選挙の際に，有権者数が大きく増加した理由を，次の**ア～エ**から 1 つ選べ。〈和歌山県〉

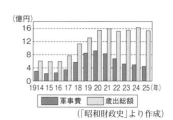

（万人）
全人口に占める有権者の割合
3.0% 2.9% 2.6% 5.5% 5.6% 19.8%
11 12 13 14 15 16（回）
（「日本統計年鑑」ほかより作成）

ア 選挙資格の直接国税納入額による制限が，3 円に引き下げられたから。

イ 選挙資格の直接国税納入額による制限が，10 円に引き下げられたから。

ウ 25 歳以上のすべての男子に選挙権が認められたから。

エ 20 歳以上のすべての男女に選挙権が認められたから。

[   ]

(3) 資料 右のグラフは，わが国の軍事費と，軍事費を含む歳出総額の推移を示したものである。次の文を読んで， X に軍事費がどのように変化したのか，当時の国際情勢にふれながら簡潔に述べよ。なお，具体的な数値を示す必要はない。〈長崎県〉

（億円）
1914 15 16 17 18 19 20 21 22 23 24 25（年）
■ 軍事費 □ 歳出総額
（「昭和財政史」より作成）

グラフをみると，わが国も参戦した第一次世界大戦が 1919 年のパリ講和会議で終結すると X ことがわかる。

[   ]

第二次世界大戦と日本

要点まとめ

1

1 世界恐慌

世界恐慌とファシズムの台頭

〈始まり〉1929 年，アメリカのニューヨークで株価が大暴落し不景気に→世界に広がり世界恐慌へ。ソ連はスターリンの指導で5か年計画を進め影響なし。

〈各国の対策〉アメリカ…ルーズベルト大統領がニューディール政策。イギリス・フランス…本国と植民地との結びつきを強化するブロック経済政策。

2 ファシズムの台頭

〈ドイツ〉ヒトラーがナチスをひきいて政権を握る。

〈イタリア〉ファシスト党のムッソリーニが政権を握る。

〈日本〉第一次世界大戦後の不景気→金融恐慌→昭和恐慌→深刻な不況と社会不安→財閥と政党の結びつきが強まり，国民の不満が高まる→軍部が台頭。

2

1 満州事変

日本の中国侵略

〈満州事変〉日本軍が南満州鉄道を爆破→満州主要部を占領→満州国を建国。

〈国際連盟脱退〉国際連盟が満州からの撤退を勧告→日本は国際連盟を脱退。

〈軍部の進出〉五・一五事件 (1932年) …海軍将校が犬養毅首相を暗殺→政党政治の終わり。二・二六事件 (1936年) …陸軍将校が大臣などを殺傷→軍部の発言力強まる。

2 日中戦争

〈勃発〉1937年，盧溝橋事件で全面戦争に。

〈戦時体制の強化〉国家総動員法 (1938年)…物資や国民を戦争に総動員できる。大政翼賛会 (1940年) …すべての政党を解散させ新たに組織する。

日中戦争の広がり

3

1 第二次世界大戦

第二次世界大戦

〈第二次世界大戦〉独ソ不可侵条約を結び，ドイツがポーランドに侵攻 (1939年) →イギリス・フランスがドイツに宣戦 (第二次世界大戦の始まり) →イタリアがドイツ側 (枢軸国側) で参戦→ドイツがソ連に侵攻→戦線がヨーロッパ全土に拡大。

2 太平洋戦争

〈太平洋戦争〉日独伊三国同盟 (1940年) →日ソ中立条約調印 (1941年) →日本がハワイの真珠湾を攻撃 (1941年12月) して開戦→大東亜共栄圏の建設をめざして東南アジアへ戦線拡大。

〈戦時下の生活〉生活物資の不足。学徒出陣，勤労動員，集団疎開など。

〈終結〉アメリカを中心に連合国が反撃→イタリア降伏 (1943年)，ヤルタ会談 (1945年2月) →沖縄戦→ドイツ降伏 (1945年5月) →広島に原子爆弾投下→ソ連参戦→長崎に原子爆弾投下→日本がポツダム宣言を受諾して降伏 (1945年8月)。

基礎力チェック

ここに載っている問題は基本的な内容です。必ず解けるようにしておきましょう。

1 アメリカで株価が大暴落したのをきっかけに急激な不景気が始まり，その影響は世界の多くの国に及んだ。これを何というか。 [   ]

2 **1** に対してアメリカのルーズベルト大統領がとった政策を何というか。 [   ]

3 **1** から景気を回復させるために，イギリス・フランスがとった政策を何というか。 [   ]

4 ドイツで，ナチスの党首としてファシズムを進めたのはだれか。 [   ]

5 日本軍が南満州鉄道の線路を爆破し，これを中国軍のしわざとしておこした軍事行動を何というか。 [   ]

6 **5** により，日本が脱退することになった国際機関を何というか。 [   ]

7 1932年，犬養毅首相が海軍将校に暗殺された事件を何というか。 [   ]

8 1937年，盧溝橋事件をきっかけに始まった戦争を何というか。 [   ]

9 国民や物資を戦争に動員するために制定された法律を何というか。 [   ]

10 第二次世界大戦は，右の地図中の **X** の国へドイツが侵攻したことから始まった。**X** の国名を書け。 [   ]

11 1940年，日本がドイツ，イタリアと結んだ軍事同盟を何というか。 [   ]

12 日本軍による真珠湾攻撃を機に始まった戦争を何というか。 [   ]

13 1945年8月6日に原子爆弾が落とされた都市はどこか。 [   ]

14 日本に無条件降伏を求めた宣言を何というか。 [   ]

実践問題

実際の問題形式で知識を定着させましょう。

1

📖 知識・理解 右の資料を見て，次の問いに答えなさい。

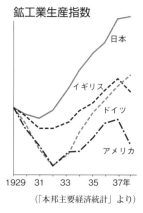

鉱工業生産指数

日本
イギリス
ドイツ
アメリカ

1929 31 33 35 37年
（「本邦主要経済統計」より）

(1) このグラフは，1929年から始まった世界恐慌により，各国の生産が低下したようすを示している。この恐慌は，アメリカのある都市で株式市場の株価が大暴落したことがきっかけで始まった。この都市名を書け。

　　　[　　　　　　　　　　　　　]

でる! ┄

(2) 世界恐慌に対し，アメリカ合衆国のルーズベルト大統領は，ダムなどを建設する大規模な公共事業をおこしたり，農業や工業の生産を調整したりして景気の回復を図る政策を行った。この政策は何とよばれているか。その政策名を書け。〈愛媛県〉

　　　[　　　　　　　　　　　　　]

差がつく ┄

(3) ❓ 思考 世界恐慌に対して，イギリスはどのような経済政策をとったか。「植民地」と「外国の商品」という2つの語句を用いて，簡潔に述べよ。

[　　　　　　　　　　　　　　　　　　　　　　　　　]

(4) 次のア～エは，1900年から1960年の間におきたわが国のできごとである。世界恐慌が始まった年と最も近い年におきたわが国のできごととして適当なものを，次のア～エから1つ選べ。〈愛媛県〉

　ア　米騒動の直後，原敬を内閣総理大臣とする政党内閣が成立した。

　イ　アメリカなど48か国とサンフランシスコ平和条約を締結した。

　ウ　ポーツマス条約により北緯50度以南の樺太をゆずり受けた。

　エ　25歳以上の男子に選挙権を与える普通選挙法が成立した。　　　[　　　　　]

でる! ┄

(5) 世界恐慌のとき，計画経済を進めていたため，その影響を受けなかった国がある。その国の国名と指導者を書け。

　国名 [　　　　　　　　　]　指導者 [　　　　　　　　　]

でる! ┄

(6) 次の文中の空欄A・Bにあてはまる語句を書け。

　　ドイツは第一次世界大戦の賠償金の支払いに苦しんでいたが，世界恐慌によって経済はさらに悪化し，失業者が増大した。このような中，（　**A**　）の率いるナチスが国民の支持を集め，1933年に政権を握った。（　**A**　）は他の政党を解散させるなどして独裁政治を行ったが，このような軍国主義的な独裁政治を（　**B**　）という。

　　　A [　　　　　　　　　]　B [　　　　　　　　　]

2 次の問いに答えなさい。

(1) 次の文を読んで，あとの問いに答えよ。

　　1931年，日本の軍部（関東軍）は，中国の奉天郊外の柳条湖で鉄道の一部を爆破し，それを機に軍事行動を開始した。

でる!

① 知識・理解 このできごとを何というか，次の**ア〜エ**から1つ選べ。〈青森県〉

　ア 日露戦争　　**イ** 義和団事件　　**ウ** 日中戦争　　**エ** 満州事変

[　　　　　]

② 知識・理解 下線部について，このとき日本の軍部によって爆破された鉄道を何鉄道というか，書け。

[　　　　　]

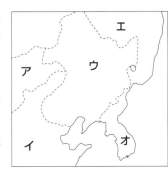

③ 資料 日本は1932年に満州国を建国させ，資源が豊かな中国東北部の権益を確保しようとした。この満州国の位置を，地図中の**ア〜オ**から1つ選べ。

[　　　　　]

差がつく

④ 思考 国際連盟は調査団を派遣し，その報告書によって，総会で日本軍が満州国から撤退するよう求めた。このあと日本は外交上のどのような状況に追い込まれたか。資料を参考にして「脱退」と「孤立」という2つの語句を使って簡潔に述べよ。〈佐賀県・改〉

[　　　　　　　　　　　　　　　　　　　　　　　　　　　　]

(2) 知識・理解 次の**Ⅰ・Ⅱ**の文を読んで，あとの問いに答えよ。

　Ⅰ　海軍将校の一団によって犬養毅首相が暗殺される事件がおこった。これにより 　**A**　。

　Ⅱ　陸軍の青年将校たちが首相官邸や警視庁などを襲撃する事件がおこった。これにより 　**B**　。

① **Ⅰ**の事件を何というか，書け。

[　　　　　　　　　　　　]

でる!

②**A・B**の　　　にあてはまる文を，次の**ア〜エ**からそれぞれ1つずつ選べ。

　ア 軍部が発言力を強め，軍備の拡張をいっそう進めた。

　イ 議会で活動していた政党が解散し，議会は無力となった。

　ウ 国際協調を進める政治になった。

　エ 政党内閣がわずか8年で途絶えた。　　**A** [　　　　] **B** [　　　　]

3 日中戦争について、次の問いに答えなさい。

(1) 資料 日中戦争は、ある都市の郊外でおきた日中両国軍の衝突をきっかけに始まった。この都市を下の**ア〜エ**から1つ選べ。また、この都市の位置を地図中の**a〜d**から1つ選べ。〈北海道〉

ア 北京（ペキン） **イ** 上海（シャンハイ） **ウ** 旅順（リュイシュン） **エ** 重慶（チョンチン）

都市 [　　　] 位置 [　　　]

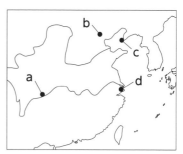

(2) 知識・理解 日中戦争が長引くことにより、国家予算の大部分が軍事費にあてられるようになった。日中戦争が始まった翌年に定められた、政府が国民生活全体を統制できる法律を何というか、書け。〈岡山県〉 [　　　]

(3) 知識・理解 次の文は、中国の動きについてのものである。文中の空欄**A・B**にあてはまる人名を書け。

国民党の（　**A**　）と、中国共産党の（　**B**　）とが対立し、内戦が続いていたが、日本に対して共同で戦うための組織が結成された。

A [　　　] B [　　　]

(4) 思考 日中戦争が長期化すると、日本では戦時体制が強められ挙国一致（きょこく）の政治体制がつくられていった。挙国一致の政治体制をつくるため、どのような政治的な動きがあったか。次の3つの語句を用いて簡潔に述べよ。〈福島県〉

[解散　結成　議会]

[　　　]

4 第二次世界大戦について、次の問いに答えなさい。

(1) 右の地図を見て、次の問いに答えよ。

① 資料 1939年にドイツが軍事同盟を結んだ国を、地図中の**ア〜エ**から1つ選べ。

[　　　]

② 知識・理解 1939年にドイツが地図中の**X**国と結んだ条約を何というか、書け。

[　　　]

③ 知識・理解 次の文の空欄**A〜C**にあてはまる語句を書け。

第二次世界大戦は、（　**A**　）が（　**B**　）に侵攻を開始したことに対して、イギリスと（　**C**　）が宣戦（せんせん）して始まった。

A [　　　] B [　　　] C [　　　]

差がつく

(2) 1940年から1941年にかけて，日本はハノイをはじめとする東南アジアに軍を進め，長期化した日中戦争のゆきづまりを打開しようとした。次の問いに答えよ。

① 資料 日本が1940年から1941年にかけて占領した地域を，右の地図中の**ア〜エ**から1つ選べ。また，その地域はどこの国の領地であったか。

記号 [　　　　　] 国 [　　　　　　　　　　]

② 知識・理解 日本が東南アジアに進出した理由としてあてはまるものを，次の**ア〜エ**からすべて選べ。

ア 東南アジアの資源を獲得するため。

イ 東南アジアの国々と同盟を結ぶため。

ウ 東南アジアの人々を，ロシアの支配から解放するため。

エ アジアの諸民族だけで栄えようとする「大東亜共栄圏」を実現するため。

[　　　　　　　　　　　　　　　　　]

(3) 資料 次の資料は，ある新聞記事の一部である。この記事が開戦を伝えている戦争を何というか，書け。〈群馬県〉

> 9か月にわたる対米交渉にもかかわらず，アメリカ政府は日本の真意を理解せず，戦争の準備をしている。そこで，政府は12月8日午前8時半に，交渉打ち切りを発表し，アメリカ・イギリスと戦闘状態に入った。

[　　　　　　　　　　　　　　]

(4) 知識・理解 1945年2月，アメリカ・イギリス・ソ連の代表者が集まり(3)の戦争について話し合いを行った。ソ連の対日参戦などが決定されたこの会談が行われた場所を，次の**ア〜エ**から1つ選べ。

ア ポーツマス　**イ** ポツダム　**ウ** ヤルタ　**エ** ベルサイユ

[　　　　　　]

(5) 資料 (3)の戦争において，1945年3月，連合軍が上陸して激しい戦闘が行われ，多くの犠牲者を出したのはどこか。右の地図中の**ア〜エ**から1つ選べ。

[　　　　　　]

でる!

(6) 知識・理解 1945年におこったできごとについて，次の**ア〜オ**を古い順に並べかえよ。

ア 広島に原爆投下　**イ** ドイツの降伏

ウ 日本の降伏　　　**エ** 長崎に原爆投下　**オ** ソ連の対日参戦

[　　　→　　　→　　　→　　　→　　　]

現代の日本と世界

要点まとめ

1　戦後の日本の動き

1 日本の占領と民主化

〈**連合国軍による占領**〉連合国軍総司令部（GHQ）が日本の民主化を実施。

〈**経済・社会の民主化**〉財閥解体→独占禁止法制定。
農地改革（じさくのう）→自作農増加。労働基準法・労働組合法制定→労働者の地位向上。

〈**政治・教育の民主化**〉選挙法改正→20歳以上の男女に選挙権。教育基本法制定。

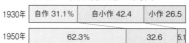

自作・小作別農家の割合

1930年	自作 31.1%	自小作 42.4	小作 26.5
1950年	62.3%		32.6

（「完結昭和国勢総覧」より）

〈**日本国憲法**〉1946 年 11 月 3 日公布，1947 年 5 月 3 日施行（しこう）。三大原則…国民主権（天皇は象徴），基本的人権の尊重，平和主義（戦争放棄）。

2 日本の独立と発展

〈**占領政策の転換**〉朝鮮戦争（ちょうせん）（1950 年）→警察予備隊（けいさつよびたい）の創設→1954 年自衛隊（じえいたい）に。

〈**独立回復**〉サンフランシスコ平和条約調印（1951 年）→独立回復。同時に日米安全保障条約を結ぶ→米軍の日本駐留（ちゅうりゅう）。

〈**国際社会復帰**〉日ソ共同宣言調印（1956 年）でソ連と国交回復→国際連合に加盟。

〈**外交**〉日韓基本条約（にっかん）（1965 年）。日中共同声明（1972 年）で中国と国交正常化→日中平和友好条約（1978 年）。沖縄の日本返還（1972 年）。

〈**経済の発展**〉朝鮮戦争による特需景気（とくじゅ）→経済の復興（ふっこう）→1955 年ごろから高度経済成長（国民総生産世界第 2 位）→公害問題→石油危機（1973 年）により低成長→貿易摩擦（まさつ），円高→バブル経済（1980 年代後半）とその崩壊（ほうかい）。

3 国際社会における日本

〈**世界平和への協力**〉世界で唯一の被爆国として，核兵器を「持たず，つくらず，持ちこませず」の非核三原則（ひかく）をかかげる。国連の平和維持活動（PKO）への協力。

2　戦後の世界の動き

1 第二次世界大戦後の世界

〈**国際連合**〉国際連合憲章（けんしょう）にもとづき 1945 年発足。本部はニューヨーク。安全保障理事会の常任理事国（アメリカ，イギリス，フランス，ソ連〈現ロシア〉，中国）に拒否権（きょひけん）。

〈**冷戦**〉アメリカを中心とする資本主義陣営（西側諸国）と，ソ連を中心とする社会主義陣営（東側諸国）が対立。アジアで朝鮮戦争，ベトナム戦争がおこる。

〈**第三世界**〉アジア・アフリカ会議（1955 年）→「アフリカの年」（1960 年）。

〈**核兵器の抑制**〉第 1 回原水爆禁止世界大会（げんすいばく）（1955 年）→部分的核実験停止条約（1963 年）→核拡散防止条約（かくさん）（1968 年）→包括的核実験禁止条約（ほうかつ）（1996 年）。

2 多極化する世界

〈**冷戦の終結**〉「ベルリンの壁」崩壊（1989 年 11 月）→米ソ首脳がマルタ会談で冷戦終結発表（1989 年12月）→東西ドイツ統一（1990年）→ソ連解体（1991年）。

基礎力チェック

ここに載っている問題は基本的な内容です。必ず解けるようにしておきましょう。

1 経済の民主化のうち，多くの自作農が生まれることになった改革を何というか。

[　　　　　　　　　　　　]

2 大日本帝国憲法にかわり新しく制定された憲法を何というか。 [　　　　　　　　]

3 日本の独立が認められた講和条約を何というか。 [　　　　　　　　]

4 　3　と同時に，日本とアメリカが結んだ条約を何というか。 [　　　　　　]

5 1956年，日本とソ連との間で調印した宣言を何というか。 [　　　　　　　]

6 国交正常化後の1978年に，日本と中国との間で結ばれた条約を何というか。

[　　　　　　　]

7 1950年，右の地図中の北緯38度線での武力衝突から始まった戦争を何というか。 [　　　　　　]

8 石油価格の上昇により，世界経済が大打撃を受けたできごとを何というか。 [　　　　　　]

9 「持たず，つくらず，持ちこませず」という核兵器に関するわが国の方針を何というか。

[　　　　　　　　　　　　]

10 第二次世界大戦後，世界の平和と安全の維持を目的として設立された国際機関を何というか。

[　　　　　　　　　　　　]

11 1945年に成立した　10　の主要機関で，5か国の常任理事国と10か国の非常任理事国で構成される組織を何というか。 [　　　　　　　]

12 アメリカを中心とする西側陣営とソ連を中心とする東側陣営の対立を何というか。

[　　　　　　　　　　　　]

13 1955年にインドネシアのバンドンで開かれた会議を何というか。

[　　　　　　　　　　　　]

14 それまで東西に分裂していたが，1990年に統一された国はどこか。

[　　　　　　　　　　　　]

実践問題

実際の問題形式で知識を定着させましょう。

1　戦後の日本の民主化について，次の問いに答えなさい。

(1) 右のグラフは，GHQによる民主化政策のうち，ある政策によってもたらされた，わが国における自作・小作別農家の割合の変化を表したものである。これについて，次の問いに答えよ。

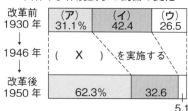

自作，小作別農家の割合の変化

改革前 1930年	(ア) 31.1%	(イ) 42.4	(ウ) 26.5
1946年	(X)を実施する		
改革後 1950年	62.3%	32.6	5.1

（「完結昭和国勢総覧」より）

でる!

① 〔知識・理解〕 グラフ中の空欄 **X** にあてはまる，このような変化をもたらした政策を何というか，書け。

[　　　　　　　　　]

② 〔資料〕 グラフ中の空欄**ア〜ウ**は自作，自小作，小作のいずれかである。小作はどれか，**ア〜ウ**から1つ選べ。

[　　　　　　　　　]

でる!

③ 〔思考〕 この改革によって，農家はどのように変わったか。「小作農」「自作農」という2つの語句を使って簡潔に述べよ。

[　　　　　　　　　　　　　　　　　]

差がつく

(2) 〔思考〕 右のグラフは，総人口に占める有権者の割合の変化を示したものである。このグラフを見るとわかるように，第二次世界大戦後の1946年の総選挙では，1928年の選挙に比べて有権者の割合が著しく増加している。この選挙は，前年に改正された選挙法にもとづいて行われた。そのおもな改正点を，改正前との違いを明確にして2つ述べよ。〈鳥取県〉

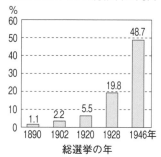

総人口に占める有権者の割合

総選挙の年	割合(%)
1890	1.1
1902	2.2
1920	5.5
1928	19.8
1946年	48.7

（総務省統計局ホームページより作成）

[　　　　　　　　　　　　　　　　　]

[　　　　　　　　　　　　　　　　　]

(3) 〔知識・理解〕民主化の政策として正しいものを，次の**ア〜エ**から1つ選べ。〈佐賀県・改〉

ア 治安維持法が定められ，言論の自由が守られるようになった。

イ 教育勅語が出され，忠君愛国の道徳が示された。

ウ 労働者を保護するため，労働基準法が制定された。

エ 三井・三菱・住友・安田などの財閥が保護され，経済が発展した。 [　　　　　]

(4) 〔知識・理解〕戦後の民主化政策の中で，学校教育の民主化がはかられ，義務教育9年間，男女共学などが規定された。このときに制定された法律を何というか，書け。

[　　　　　　　　　　　　　　　　　]

2

知識・理解 第二次世界大戦後の世界について，次の問いに答えなさい。

(1) 国際連合について，次の問いに答えよ。

①国際連合について述べた文として正しいものを，次の**ア**～**エ**から１つ選べ。

ア パリ講和会議で設立が決まり，本部はスイスのジュネーブにある。

イ 総会や安全保障理事会での決議は全会一致で行われる。

ウ 侵略を行った国に対する武力制裁は認められていない。

エ 安全保障理事会の常任理事国には拒否権が与えられている。

[　　　]

②安全保障理事会の常任理事国にあてはまらない国を，次の**ア**～**カ**から２つ選べ。

ア アメリカ　**イ** フランス　**ウ** 日本

エ ロシア　**オ** イギリス　**カ** ドイツ

[　　] [　　]

(2) 右の図は，第二次世界大戦後に始まり1990年ごろ終結した国家間の対立を表している。この図を見て，次の問いに答えよ。

でる！

①この対立は，全体をまきこんだ直接的な武力衝突を生じなかったことから，何といわれるか，書け。

[　　　]

第二次世界大戦後

| アメリカ
（西欧諸国） |
| 日本 |

×

| ソ　連
（東欧諸国） |

②この対立に関する文として誤っているものを，次の**ア**～**エ**から１つ選べ。

ア 政治と経済のしくみが大きくちがうお互いの陣営に，世界の国々を引き入れようと競い合った。

イ お互いに軍事的に優位に立とうとして，核兵器を増強する競争を始めた。

ウ アメリカや西欧諸国は，ソ連や東欧諸国に対抗してワルシャワ条約機構を発足させた。

エ この対立の中で，ドイツにベルリンの壁がつくられ，東西に分断された。

[　　　]

差がつく

③ 資料 朝鮮は1948年に南北に分断された。南北の境とされた地図中の**X**は北緯何度線か，書け。

[北緯　　　　　　度線]

④中国では，国民政府と共産党との間で内戦がおこり，共産党が勝利して1949年に中華人民共和国が成立した。このとき主席に選ばれた人物として正しいものを，次の**ア**～**エ**から１つ選べ。

ア 毛沢東（もうたくとう）　**イ** 孫文（そんぶん）　**ウ** 蔣介石（しょうかいせき）　**エ** ネルー

[　　　]

知識・理解 サンフランシスコ平和条約について，次の問いに答えなさい。

(1) 資料 下の**資料**は，サンフランシスコ平和条約の一部を要約したものである。これによって，日本の立場は，どのように変化したのか，**資料**を参考にして，簡潔に書け。また，この条約によって，1972年までアメリカの統治下に置かれたのは，現在の何県か，書け。〈群馬県〉

資料 サンフランシスコ平和条約 (部分要約)

> ・日本国と各連合国との間の戦争状態は，この条約が効力を生ずる日に終了する。
> ・日本は，北緯29度以南の南西諸島 (琉球諸島及び大東諸島を含む) をアメリカの信託統治のもとに置くことに同意する。
> ・連合国のすべての占領軍は，すみやかに撤退する。

[　　　　　　　　　　　　　　　　　　　　　　　　　]

県名 [　　　　　　　　　]

(2) サンフランシスコ平和条約について，誤っているものを，次の**ア～エ**から1つ選べ。

ア 日本は，台湾や南樺太を放棄することになった。

イ 日本は，ソ連などの社会主義国も含め，すべての国と平和条約を結んだ。

ウ 戦争の最大の被害国である中国は，平和条約を結んだ会議に招かれなかった。

エ 日本は大半の国から賠償金の支払いを求められなかった。

[　　　]

(3) サンフランシスコ平和条約が調印されたころ，資本主義陣営と社会主義陣営の対立が激しくなっていた。アメリカがこの調印を急いだ理由として正しいものを，次の**ア～エ**から1つ選べ。

ア ロシア革命がおこった。　　**イ** ベトナム戦争がおこった。

ウ 中華人民共和国が成立した。　　**エ** 朝鮮戦争がおこった。

[　　　]

(4) サンフランシスコ平和条約が結ばれたと同時に日本がアメリカと結んだ条約を何というか，書け。

[　　　　　　　　　　　　　]

(5) 1933年に国際連盟を脱退した日本は，23年をへて国際連合に加盟した。その加盟にあたって最も関係の深いできごとを，次の**ア～エ**から1つ選べ。〈鳥取県・改〉

ア 日韓基本条約の締結　　**イ** 日中平和友好条約の締結

ウ 日ソ共同宣言の調印　　**エ** ポツダム宣言の受諾

[　　　]

4 知識・理解 日本経済の発展について，次の年表を見て問いに答えなさい。

年	おもなできごと
1950	朝鮮戦争がおこる。 ……………A
1960	「所得倍増計画」が発表される。…B
1973	第四次中東戦争がおこる。 ………C

（右端にA～Cを結ぶ矢印とD）

(1) 年表中**A**について，朝鮮戦争が日本に与えた影響として正しいものを，次の**ア～エ**から１つ選べ。

ア 大量の軍需品がわが国で調達され，特需景気とよばれる好景気となった。

イ 生活物資が不足し，決まった量だけの配給となり，戦時色が強くなった。

ウ 紡績業や織物業が急速に発達し，綿糸の輸出量が輸入量を上まわった。

エ 米の買いしめにより米の価格が激しく上がり，各地で米騒動がおこった。

[　　　　　]

でる! (2) 年表中**B**について，池田勇人首相が所得倍増をスローガンに掲げたころの日本のできごととして最も適当なものを，次の**ア～エ**から１つ選べ。〈大分県〉

ア 新東京（成田）国際空港が開港した。　　**イ** 東海道新幹線が開通した。

ウ ラジオ放送が始まった。　　　　　　　　**エ** パソコンの普及率が50％を超えた。

[　　　　　]

差がつく (3) 思考 年表中**C**について，第四次中東戦争は，わが国の経済に大きな影響を与えた。この影響について，**グラフ１**と**グラフ２**から読みとれることを関連づけて簡潔に述べよ。

〈秋田県〉

[　　　　　　　　　　　　　　　　　　　　　]

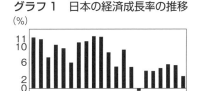

グラフ１　日本の経済成長率の推移
（「数字でみる日本の100年」から作成）

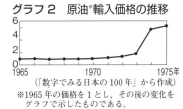

グラフ２　原油*輸入価格の推移
（「数字でみる日本の100年」から作成）
※1965年の価格を1とし，その後の変化をグラフで示したものである。

(4) 年表中**D**のころの世界のできごととして最も適切なものを，次の**ア～エ**から１つ選べ。

ア ベルリンの壁が崩壊し，東西ヨーロッパの往来がさかんになった。

イ 経済や政治の統合をめざしてＥＵ（ヨーロッパ連合）が発足した。

ウ アメリカがベトナム戦争に介入し，戦争が激化した。

エ 旧ユーゴスラビアで，紛争がおこった。

[　　　　　]

5 知識・理解 次の問いに答えなさい。

でる！

(1) 警察予備隊について，次の問いに答えよ。

①警察予備隊がつくられたのと最も近い時期のできごとを，次のア～エから１つ選べ。

〈神奈川県〉

ア 朝鮮戦争の開始　　　　　　イ 日韓基本条約の調印
ウ 日中平和友好条約の調印　　エ 極東国際軍事裁判（東京裁判）の開始

[　　　　　　]

②警察予備隊は，現在では何という組織になっているか。その名称を答えよ。〈石川県〉

[　　　　　　　　　　　]

でる！

(2) 次のア～エは，日本の戦後外交に関するできごとである。古い順に並べかえ，記号で答えよ。ただし，アは２番目になる。〈大分県〉

ア 日ソ共同宣言が出された。　　　　　　イ 日韓基本条約が結ばれた。
ウ サンフランシスコ平和条約が結ばれた。エ 日中平和友好条約が結ばれた。

[　　　　→　ア　→　　　　→　　　　]

6 次の問いに答えなさい。

(1) 資料 日本は国際連合に加盟して，諸外国とのつながりを深めていった。右の表は，1956年から1960年にかけて国際連合に新たに加盟した国の数とおもな新加盟国を表したものである。当時の国際連合で Z の新たな加盟国数が増えた理由を，表と関連付けて答えなさい。ただし， Z にあてはまる州の名称と，「植民地」という２つの語句を用いて，簡潔に述べよ。〈福島県〉

表

年	新たに加盟した国の数		おもな新加盟国
	Z	その他	
1956	3	1	モロッコ，スーダン，チュニジア，日本
1957	1	1	ガーナ，マレーシア
1958	1	0	ギニア
1959	0	0	
1960	16	1	コートジボワール，カメルーン，チャド，マリ，マダガスカル，ナイジェリア，コンゴ共和国，キプロスなど

（国際連合広報センター資料より作成）

[　　　　　　　　　　　　　　　　　　　　]

差がつく

(2) 右の資料について，次の問いに答えよ。〈群馬県〉

① 資料 ドイツがAからBに変化するきっかけとなった，ベルリンでおこった象徴的なできごとは何か，簡潔に述べよ。

A 1985年当時のドイツ

B 1995年当時のドイツ

ベルリン
東ドイツ
ボン
西ドイツ

ベルリン
ドイツ

[　　　　　　　　　　　]

② 思考 ドイツがAからBに変化した時代の国際情勢について，「冷戦」という語を用いて，簡潔に述べよ。

[　　　　　　　　　　　　　　　　　　　　]

公民編

第**1**章	現代社会とわたしたちの生活	**130**
第**2**章	人権の尊重と日本国憲法	**136**
第**3**章	民主政治① 選挙・地方自治	**144**
第**4**章	民主政治② 国会・内閣・裁判所	**150**
第**5**章	消費生活と企業	**158**
第**6**章	福祉の向上と政府・財政	**166**
第**7**章	世界平和と人類の福祉	**172**

要点まとめ

1

1 高度経済成長

日本の経済成長

〈**高度経済成長**〉1950 年代後半から 1970 年代前半まで続いた急速な経済成長⇒ 1973 年の石油危機で終わりを迎えた。

〈**三種の神器**〉1950 年代から家庭に普及した白黒テレビ，電気洗濯機，電気冷蔵庫。

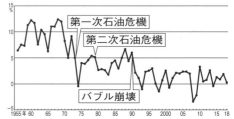

経済成長率

（「国民経済計算」ほかより作成）

〈**3C**〉1960年代後半から普及したカラーテレビ，自動車，クーラー（エアコン）⇒女性の家事にかかる時間を減らし，女性の社会進出を促進。

2 バブル経済

〈**バブル経済**〉1980 年代後半から 1990 年代初頭にかけて，株，債券，土地の購入が増加。実体のない状態で経済が膨張⇒1990 年代に入って株価は暴落⇒崩壊。1990 年代後半は景気が低迷。

2

1 多様化する家族

家族と社会生活

〈**核家族世帯**〉夫婦のみ，または親と結婚していない子どものみの世帯⇒現在では全世帯の半分以上に。

〈**単独世帯**〉一人暮らしの世帯⇒全世帯に占める割合が増加。

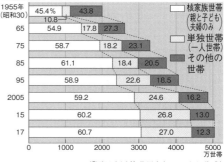

家族構成の変化

（「国民生活基礎調査」ほかより作成）

2 現代の社会

〈**少子高齢社会**〉子どもの割合が減る少子化と 65 歳以上の人口の割合が増す高齢化が急激に進んだ社会⇒社会保障費用の増加などの問題が発生。

〈**男女共同参画社会**〉1999 年に男女共同参画社会基本法が施行⇒男女の区別なく，社会で個人として能力を生かすことのできる社会づくりをめざす。

〈**ユニバーサルデザイン**〉年齢や障がいの有無に関係なく，すべての人が使いやすいようにつくられた施設や商品などのデザイン。

〈**情報（化）社会**〉マスメディアとコンピューターが普及，インターネットなどが発達。情報のやりとりが活発に行われる社会へ⇒個人情報の保護などの問題。

〈**グローバル化**〉国境をこえた世界の結びつき⇒ NGO（非政府組織）や NPO（非営利組織）の活躍。

3 社会生活の考え方

〈**対立から合意へ**〉社会集団における対立は，効率的で公正な手段をもって合意にいたる必要がある。

基礎力チェック

ここに載っている問題は基本的な内容です。必ず解けるようにしておきましょう。

1　1950年代後半から約20年間に日本でおきた急速な経済成長を何というか。

[　　　　　　　　　　　　　]

2　1950年代から普及した「三種の神器」とよばれる家庭用電化製品は，白黒テレビと電気冷蔵庫とあと1つは何か。

[　　　　　　　　　　　　　]

3　1960年代後半に「3C」として出回った製品は，クーラーとカラーテレビとあと1つは何か。

[　　　　　　　　　　　　　]

4　1980年代後半から始まった，実体のない泡（あわ）がふくらむように，株価や地価が上昇した現象を，何経済というか。

[　　　　　　　　　　　　　]

5　夫婦のみ，もしくは親と結婚していない子どもで構成されている世帯を何というか。

[　　　　　　　　　　　　　]

6　総人口に占める子どもの割合が減り，65歳以上の割合が増えた社会のことを何というか。

[　　　　　　　　　　　　　]

7　男女の区別なく社会活動に参加できる社会の実現をめざして，1999年に施行された法律を何というか。

[　　　　　　　　　　　　　]

8　年齢や障がいの有無に関係なく，すべての人が使いやすいように作られたデザインを何というか。

[　　　　　　　　　　　　　]

9　新聞，テレビ，雑誌など大量に情報を伝える媒体（ばいたい）のことを何というか。

[　　　　　　　　　　　　　]

10　情報が発達し，情報を受け取ったり発信したりすることが活発な社会を何というか。

[　　　　　　　　　　　　　]

11　経済や文化，人口・環境問題など，さまざまなものが地球規模で一体化していることを，何というか。

[　　　　　　　　　　　　　]

12　対立が生じたときに，話し合いなどを通じておたがいが納得できるようにすることを，何というか。

[　　　　　　　　　　　　　]

公民編

1 現代社会とわたしたちの生活

実践問題

実際の問題形式で知識を定着させましょう。

1 次の文章を読んで，あとの問いに答えなさい。

　下のグラフは，人口全体に占める65歳以上の高齢者の割合の推移を，日本，アメリカ，フランス，スウェーデンについてまとめたものである。このグラフを見ると，他国に比べて日本の65歳以上の高齢者の割合は，急激に上昇しつつあることがわかる。この原因は，日本人の平均寿命が伸びる一方，出生率が低下していることにある。このように，<u>平均寿命が伸び，出生率の低下した社会</u>を□□□□社会という。

(1) 〔知識・理解〕 文章中の□□□□にあてはまる語句を漢字4字で書け。〈福島県〉

[　　　　　　　]

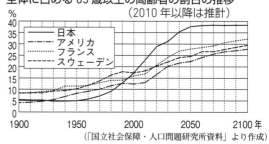

日本・アメリカ・フランス・スウェーデンの人口全体に占める65歳以上の高齢者の割合の推移
（2010年以降は推計）
（「国立社会保障・人口問題研究所資料」より作成）

(2) 〔資料〕 グラフからわかることについて述べた次の文の X ， Y に入る数字は何か。最も適当な組み合わせを，下の**ア～カ**から1つ選べ。〈福島県〉

　人口全体に占める65歳以上の高齢者の割合が10%から15%になるのに要した年数は，フランスは X 年程度で，日本は10年程度である。日本では，2030年には，人口のおよそ Y 人に1人が65歳以上の高齢者になると予想される。

ア X−60　Y−5　　**イ** X−60　Y−4
ウ X−60　Y−3　　**エ** X−40　Y−5
オ X−40　Y−4　　**カ** X−40　Y−3

[　　　　　　　]

(3) 〔知識・理解〕 文章中の下線部について，このような社会の構成を表している人口ピラミッドを，次の**ア～ウ**から1つ選べ。ただし，人口ピラミッドはそれぞれ日本の1935年，1960年，2019年の男女別人口構成を表している。

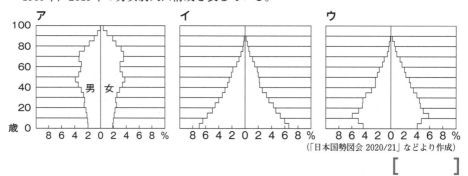

（「日本国勢図会 2020/21」などより作成）

[　　　　　　　]

差がつく

次の資料や写真を見て，あとの問いに答えなさい。

(1) 資料 次の**資料1**は，日本の65歳以上人口の推移を表したものであり，**資料2**は日本の65歳以上人口を家族類型で分け，65歳以上人口に占めるそれぞれの割合を年別に表したものである。これらの資料から読みとれることを述べた文として適切なものを，あとの**ア〜エ**から1つ選べ。〈愛媛県・改〉

資料1 (単位：百万人)

項目＼年	1990	1995	2000	2005	2010	2015
65歳以上人口	15	18	22	26	29	33

（「国立社会保障・人口問題研究所資料」より作成）

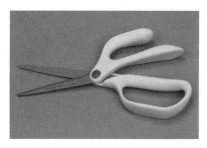

資料2

年	一人暮らし	夫婦のみ	子ども夫婦と同居	配偶者のいない子どもと同居	その他
1990年	11%	26	42	18	3
1995	13%	29	36	19	3
2000	14%	33	29	20	4
2005	16%	36	23	22	3
2010	17%	37	18	25	3
2015	18%	39	13	27	3

(注)配偶者とは，夫からみた妻と，妻からみた夫をいう。

（「国立社会保障・人口問題研究所資料」より作成）

ア 1990年から2015年における，5年ごとの65歳以上人口は減り続けている。

イ 2015年の「子ども夫婦と同居」の65歳以上人口は，2000年の「子ども夫婦と同居」の65歳以上人口の半数以下になっている。

ウ 2005年の「一人暮らし」の65歳以上人口と「夫婦のみ」の65歳以上人口とを合わせると，1200万人をこえている。

エ 2005年の「夫婦のみ」の65歳以上人口は，1995年の「子ども夫婦と同居」の65歳以上人口と同じである。

[　　　　]

(2) 知識・理解 高齢化に関連して，右の写真のはさみのように，年齢や障がいの有無などを問わず，人々が快適に使えることをめざした商品がつくられている。このようなデザインを何というか，書け。〈島根県・改〉

[　　　　]

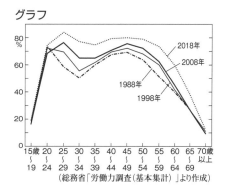

3

差がつく

思考 右の**グラフ**は，日本の働いている女性の割合を年齢別に表したものである。近年緩やかになってきてはいるものの，M字型の曲線になっているのはなぜか。その理由として考えられることを「結婚」，「出産」，「育児」という3つの語句を用いて30字以上40字以内で書け。

〈大分県〉

グラフ

2018年
2008年
1988年
1998年

15歳〜19 20〜24 25〜29 30〜34 35〜39 40〜44 45〜49 50〜54 55〜59 60〜64 65〜69 70歳以上

（総務省「労働力調査（基本集計）」より作成）

[　　　　]

次の**A・B**の文章を読んで，あとの問いに答えなさい。

A 日本では，男性は外で働き，女性は家庭を守るという意識が根強く残っている。ア男女がともに，家庭生活を含めたすべての分野で協力し，個人としての能力を生かすことのできる社会をつくることが大切である。

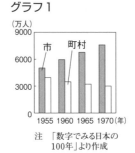

グラフ1

注 「数字でみる日本の100年」より作成

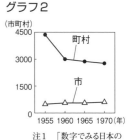

グラフ2

注1 「数字でみる日本の100年」より作成
注2 東京都特別区は1市とする。

B イ1950年代後半から1970年代前半にかけて電化製品が普及した。

また，自動車やエアコンは，1960年代から1990年代にかけて普及し，普及率は80％をこえるまでにいたった。日本はもともと大家族が多かったが，この頃から（　**ウ**　）世帯の割合が増加してきた。

(1) 知識・理解 下線部**ア**に関して，このような社会づくりを進めるために，1999年に制定され，同年施行された法律を何というか，書け。〈岡山県〉　[　　　　　　　　　　]

(2) 下線部**イ**に関して，次の問いに答えよ。

① 資料 下線部**イ**の期間に，日本の人口分布は大きく変化した。**グラフ1**は，1955年から1970年における，全国の市（東京都特別区を含む）と町村の，人口の推移を示している。**グラフ2**は，1955年から1970年における，全国の市数と町村数の推移を示している。**グラフ1**，**グラフ2**から考えられる，町村の人口が減った理由を，2つ簡単に書け。〈静岡県〉

[　　　　　　　　　　　　　　　　]
[　　　　　　　　　　　　　　　　]

② 知識・理解 下線部**イ**の時期は，企業が生産を拡大し，国民の所得が向上し消費も拡大した。このような日本の急激な発展を何というか。漢字6字で書け。〈千葉県〉

[　　　　　　　　　　]

③ 知識・理解 ②が続いていた時期について述べた文として誤っているものを，次の**ア～エ**から1つ選べ。

ア インスタント食品や冷凍食品が普及した。

イ ファミリーレストランやファストフード店が開店した。

ウ 東京でオリンピックが開催された。

エ 株価や地価が急激に上昇した。　[　　　　]

④ 知識・理解 ②の急激な発展が終わる原因となったできごとを何というか。漢字4字で書け。　[　　　　　　　　　　]

(3) 知識・理解 空欄**ウ**にあてはまる，夫婦のみ，もしくは親と未婚の子どもで構成される世帯を何というか，書け。　[　　　　　　　　　　]

5 差がつく

太郎さんは，中学校社会科の学習のまとめとして「情報化社会の進展」について，探究することにした。次の問いに答えなさい。〈大分県・改〉

(1) 太郎さんはこれまでの社会科の学習で，文化が異なれば行動様式や生活習慣も異なることを学んだ。世界の平和の実現と人類が共存するために大切だと考えられることを，「文化」という語句を用いて，簡潔に書け。

[   ]

(2) クレジットカードの説明として適当でないものを，次のア〜エから１つ選べ。

ア カードの種類によっては分割で支払うことができ，便利である。

イ 商品やサービスの代金を前払いをするしくみで，現金の代わりをしているといえる。

ウ 後で代金を銀行預金から支払うことになるので，資金を準備しておくことが必要である。

エ カードを発行する会社が代金を一時的に立て替え，利用者が後払いをするしくみである。

[   ]

(3) 次の**資料**は，太郎さんが見つけたものである。**資料**を参考にして，マスメディアやインターネットが伝える情報から，社会のできごとを正しく判断するために大切なことを，簡潔に書け。

資料

○マスメディアは，政治や社会を動かす手段として重要な役割を果たし，国民の考え方はマスメディアによって大きく左右されることが多い。しかし，新聞社によって取りあつかう記事や内容，論じ方に違いが見られるように，マスメディアが伝える情報は，各社の意見や立場が反映される場合がある。

○インターネットの普及により，個人による情報発信が手軽になった反面，誤りや不正確な情報も多く見られる。

[   ]

6

次の文章を読んで，あとの問いに答えなさい。

私たちは家庭や学校，地域社会といった社会集団に所属して生活をしている。その生活の中では，チャンネル争いや近所の騒音問題などといった　①　がおこり，避けて通りがたいものである。この　①　がおきたとき，私たちは何らかの方法を使って　②　に至ろうとする。そうしなければ，問題は解決しないからである。

(1) 知識・理解 ①②にあてはまる語句を書け。

① [   ] ② [   ]

(2) 思考 ②に至る際に気をつけなければならないことを簡潔に書け。

[   ]

人権の尊重と日本国憲法

要点まとめ

1

1 人権思想の発達

人権獲得の歴史

〈発生〉個人の尊重：ロック『市民政府二論』(イギリス)，国民主権：ルソー『社会契約論』(フランス)，三権分立：モンテスキュー『法の精神』(フランス)

2 人権の獲得と発展

〈獲得〉イギリス：権利請願⇒清教徒革命，名誉革命⇒権利の章典，アメリカ：独立戦争⇒独立宣言，アメリカ合衆国憲法，フランス：フランス革命⇒フランス人権宣言，ドイツ：ワイマール憲法⇒社会権を規定。

〈発展〉世界人権宣言⇒国際人権規約で法的拘束力をもつ。

2

1 内容

日本国憲法のしくみ

〈制定〉大日本帝国憲法を改正する形で制定されたが，国民によって定められた憲法。1946年11月3日公布。1947年5月3日施行。前文と11章で構成。

〈基本原理〉最高法規⇒改正には法律よりも厳格な手続きが必要。

憲法改正の流れ

2 三つの基本原理

〈国民主権〉国のあり方をきめるのは国民。戦前の主権者であった天皇は象徴になる⇒内閣の助言と承認にもとづいて国事行為を行う。

〈平和主義〉前文，憲法第9条に規定。戦争放棄，戦力不保持，交戦権の否認。

〈基本的人権の尊重〉自由権（生命・身体の自由，精神の自由，経済活動の自由)，平等権（法の下の平等)，社会権（生存権，教育を受ける権利⇒教育基本法，勤労の権利，労働基本権)，人権を守るための権利（参政権，請願権，請求権)，新しい人権（プライバシーの権利⇒個人情報保護法，知る権利⇒情報公開法，環境権)。人権は，公共の福祉に反しない限りで認められる。

三つの基本原理

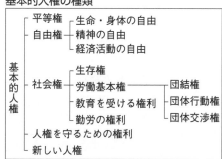

基本的人権の種類

3 国民の義務

〈三大義務〉納税の義務，勤労の義務，保護する子女に普通教育を受けさせる義務。

基礎力チェック

1 『市民政府二論』で，個人の尊重を唱えたイギリスの学者はだれか。

[ ]

2 世界ではじめて社会権を制定した憲法は何か。

[ ]

3 日本国憲法が施行されたのは西暦何年の何月何日か。

[年 月 日]

4 日本国憲法の三つの基本原理は，平和主義と基本的人権の尊重と，あと1つは何か。

[ ]

5 平和主義は，日本国憲法前文と第何条に規定されているか。 [ ]

6 自由権には，生命・身体の自由と精神の自由とほかに何の自由があるか。

[ ]

7 法の下の平等を定めた右の憲法の条文の空欄にあてはまる語句は何か。

[ ]

> ①すべて国民は，法の下に平等であって，人種，信条，（　　　），社会的身分又は門地により，政治的，経済的又は社会的関係において，差別されない。
> （日本国憲法第14条）

8 国民が国に対して，人間らしい生活ができるように求める権利を何というか。

[ ]

9 **8** のうち，「健康で文化的な最低限度の生活を営む権利」を何というか。

[ ]

10 労働基本権のうち，労働組合をつくる権利を何というか。 [ ]

11 日本国憲法第13条は，基本的人権は「（　　　）に反しない限り」尊重されると定められている。空欄に入る語句は何か。

[ ]

12 プライバシーの権利を守るために，国が制定している法律を何というか。

[ ]

13 国民にとって，権利であり義務でもあるものは何か。 [ ]

実践問題

実際の問題形式で知識を定着させましょう。

1

知識・理解 次の文章を読んで，あとの問いに答えなさい。

> 17世紀以降，自由で（　**A**　）な社会の実現をめざした市民革命がおこり，フランスでは_a革命中に（　**B**　）が出された。第一次世界大戦後には，ドイツのワイマール憲法で，（　**C**　）を含む_b社会権が保障された。現代では，_c国際連合を中心として国際的な視野で人権問題に取り組むようになっている。

(1) 文章中の（　　）に入る語句の組み合わせとして適切なものを，次の**ア〜エ**から1つ選べ。〈長野県・改〉

ア　A－民主的，B－独立宣言，C－生存権

イ　A－平等，　B－人権宣言，C－生存権

ウ　A－豊か，　B－人権宣言，C－請願権

エ　A－基本的，B－独立宣言，C－請願権

[　　　　　]

(2) 下線部**a**に関して，この革命に影響を与えた人物と，その著書の組み合わせとして正しいものを，次の**ア〜エ**から1つ選べ。

ア　モンテスキュー－『法の精神』　　**イ**　ルソー－『法の精神』

ウ　モンテスキュー－『社会契約論』　**エ**　ルソー－『社会契約論』

[　　　　　]

(3) 下線部**b**に関して，次の**ア〜エ**は，歴史上さまざまな国でつくられた宣言文や憲法にみられる人権保障のための規定である。このうち，社会権について述べた文として最も適切なものを，次の**ア〜エ**から1つ選べ。〈佐賀県〉

ア　人は，自由かつ権利において平等なものとして出生し，かつ生存する。

イ　経済生活の秩序は，すべての者に人間たるに値する生活を保障する目的をもつ正義の原則に適合しなければならない。

ウ　そもそも国政は，国民の厳粛な信託によるものであって，その権威は国民に由来し，その権力は国民の代表者がこれを行使し，その福利は国民がこれを享受する。

エ　造物主によって一定の奪いがたい天賦の権利を付与され，その中に生命，自由及び幸福の追求の含まれることを信ずる。

[　　　　　]

(4) 下線部**c**に関して，国際連合が1948年に採択した，国境に関係なく世界中の人に人権を保障したものを何というか，次の**ア〜エ**から1つ選べ。

ア　子どもの権利条約　　**イ**　国際人権規約

ウ　女子差別撤廃条約　　**エ**　世界人権宣言

[　　　　　]

知識・理解 次の文章を読んで，あとの問いに答えなさい。

> 明治時代，日本で初めての憲法である _a大日本帝国憲法 が制定された。この憲法では主権者は（　A　）とされており，国民の人権は（　B　）の範囲内でのみ認められていた。
>
> 第二次世界大戦後には _b日本国憲法 がつくられ，1946 年 _c11 月 3 日 に（　C　），1947 年 _d5 月 3 日 に（　D　）された。
>
> 日本国憲法は，_e国のあり方を定める最高のきまりごと とされ，憲法に反する法律や命令は効力をもたない。また，大日本帝国憲法で主権者であった（　A　）は日本国と日本国民統合の（　E　）と規定されている。

(1) 文章中の（　A　）〜（　E　）に入る語句をそれぞれ書け。

A [　　　　　　　　] B [　　　　　　　　] C [　　　　　　　　]
D [　　　　　　　　] E [　　　　　　　　]

差がつく

(2) 下線部 a について，大日本帝国憲法下にあった議会は衆議院ともう 1 つは何か，書け。

[　　　　　　　　]

(3) 下線部 b について，日本国憲法の案が作成されたときのようすについて正しく述べているものを，次のア〜エから 1 つ選べ。

ア　伊藤博文（い とうひろぶみ）を中心としてプロイセンの憲法を参考にして作成された。

イ　ＧＨＱから提示された案を基本として議会を通して作成された。

ウ　サンフランシスコで48か国との調印を経て作成された。

エ　アメリカの仲介でポーツマスで作成された。　　　[　　　　　　　　]

(4) 下線部 c，d について，これらの日は現在国民の祝日となっている。それぞれ何の日となっているか，書け。

c [　　　　　　　　] d [　　　　　　　　]

でる！

(5) 下線部 e について，次の問いに答えよ。

①国のあり方を定める最高のきまりごとであることから，日本国憲法は国の何といわれているか。漢字 4 字で書け。　　　[　　　　　　　　]

②このことから，日本国憲法の改正には，厳格な手続きを必要としている。右の図中の（　A　）〜（　C　）にあてはまる語句を，次のア〜カからそれぞれ 1 つずつ選べ。

ア　2分の1　　　イ　過半数
ウ　3分の2　　　エ　天皇
オ　内閣総理大臣　カ　国会

憲法改正の流れ

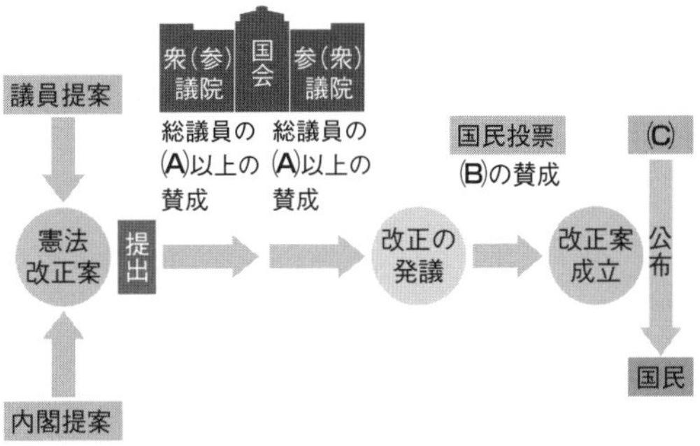

議員提案

衆（参）議院　国会　参（衆）議院
総議員の（A）以上の賛成　　総議員の（A）以上の賛成

国民投票（B）の賛成　　Ⓒ

憲法改正案　提出　→　改正の発議　→　改正案成立　公布

内閣提案

国民

A [　　　　　] B [　　　　　] C [　　　　　]

次の日本国憲法に関する文章を読んで，あとの問いに答えなさい。

日本国憲法は，_a国民主権，_b平和主義，_c基本的人権の尊重の３つの基本原理からなりたっている。また，天皇については_d国事行為を行うと規定されている。

(1) 知識・理解 下線部 a について，次の文章は，国民主権について述べた，日本国憲法前文の一部である。空欄にあてはまる語句を，下の**ア〜キ**からそれぞれ１つずつ選べ。

（前略）ここに主権が国民に存することを宣言し，この憲法を確定する。そもそも国政は，国民の厳粛な（　**A**　）によるものであつて，その権威は国民に由来し，その（　**B**　）は国民の代表者がこれを行使し，その（　**C**　）は国民がこれを享受する。これは人類普遍の原理であり，この憲法は，かかる原理に基くものである。（後略）

ア　信託　イ　権力　ウ　内容　エ　依頼　オ　福利　カ　福祉　キ　放棄

A [　　　　] B [　　　　] C [　　　　]

(2) 知識・理解 下線部 b について，次の問いに答えよ。

①このことが規定されている次の**資料**の条文は憲法第何条か，書け。

資料

①日本国民は，正義と秩序を基調とする国際平和を誠実に希求し，国権の発動たる戦争と，武力による威嚇又は武力の行使は，国際紛争を解決する手段としては，永久にこれを放棄する。

②前項の目的を達するため，陸海空軍その他の戦力は，これを保持しない。国の交戦権は，これを認めない。

[　　　　　　　　　　　　]

②この内容は，戦争の放棄，戦力の不保持と，もう１つは何を示しているか，資料を参考にして書け。〈東海高・改〉　　　　　　[　　　　　　　　　　]

③日本は唯一の被爆国として核軍縮の立場から「非核三原則」を宣言している。これはどのような原則か，簡潔に書け。〈和歌山県〉

[　　　　　　　　　　　　　　　　　　　　　　　　　　　]

④1954年につくられた，日本を防衛するための組織を何というか，書け。

[　　　　　　　　　　]

⑤日本が自国の防衛のために，アメリカと結んでいる条約を何というか，書け。また，この条約によりアメリカ軍が日本に駐留しているが，最も多くのアメリカ軍基地がある都道府県名を書け。　　　　条約 [　　　　　　　　]

都道府県名 [　　　　　　　　]

(3) 資料 下線部 c について定めた次の日本国憲法の空欄にあてはまる語句を，あとのア〜カからそれぞれ1つずつ選べ。

> 第11条　（前略）この憲法が国民に保障する基本的人権は，侵すことのできない（　a　）の権利として，現在及び将来の国民に与へられる。
>
> 第12条　この憲法が国民に保障する自由及び権利は，国民の不断の（　b　）によつて，これを保持しなければならない。（後略）
>
> 第13条　すべて国民は（　c　）として尊重される。（後略）

ア　永久　　イ　努力　　ウ　個人　　エ　権利　　オ　特権　　カ　幸福追求

a [　　　　]　b [　　　　]　c [　　　　]

(4) 知識・理解 下線部 d について，次の問いに答えよ。

①国事行為としてあてはまらないものを，次のア〜オから1つ選べ。〈東大寺学園高〉

ア　国会の召集　　イ　衆議院の解散　　ウ　国会議員の総選挙の公示

エ　条約の承認　　オ　栄典の授与　　　　　　　　　　　　　[　　　　]

②国事行為を行うときに必要とされていることについて規定した，次の日本国憲法の条文の空欄に共通してあてはまる語句を書け。

> 第3条
> 天皇の国事に関するすべての行為には，（　　　　）の助言と承認を必要とし，（　　　　）が，その責任を負ふ。

[　　　　　　　　　　　　]

4 でる!

次の日本国憲法の条文を読んで，あとの問いに答えなさい。

> 第14条　すべて国民は，法の下に平等であつて，（　A　），社会的身分又は門地により，政治的，経済的又は社会的関係において，差別されない。

(1) 資料 条文中の（　A　）に入る語句として正しいものを，次のア〜カから1つ選べ。

ア　宗教，教育，財産　　イ　宗教，教育，性別　　ウ　宗教，信条，財産

エ　人種，信条，性別　　オ　人種，信条，財産　　カ　人種，教育，性別

[　　　　]

(2) 知識・理解 下線部について，文章の空欄にあてはまる語句を漢字2字で書け。〈北海道〉

> 法の下の平等の理念にのっとり制定された法律である（　　　　）雇用機会均等法は，雇用の分野における（　　　　）の均等な機会及び待遇の確保を図ることを目的としている。

[　　　　　　　　　　　　]

5 知識・理解 次の問いに答えなさい。

(1) 資料Ⅰは自由権について分類したものである。次の①〜⑥は資料Ⅰ中のア〜ウのどれにあてはまるか，それぞれ書け。

①現行犯，もしくは令状なしには逮捕されない。

②好きなところに住むことができる。

③どの宗教を信仰してもよい。

④職業は自由に選択できる。

⑤学びたい学問や勉強ができる。

⑥自分の財産は自分でもつことができる。

資料Ⅰ

自由権 ― ア 生命・身体の自由
　　　　イ 精神の自由
　　　　ウ 経済活動の自由

① [　　　　　] ② [　　　　　] ③ [　　　　　]
④ [　　　　　] ⑤ [　　　　　] ⑥ [　　　　　]

(2) 社会権について，次の問いに答えよ。

①生存権について，このことを定めている次の日本国憲法の条文のうち，（　　　）にあてはまる語句を書け。

第25条1項　すべて国民は，（　　　　　　　　　　　）を営む権利を有する。

[　　　　　　　　　　　　　　　　　　　　　　　　　]

②労働基本権を保障するため，3つの法律が制定されている。それは労働組合法，労働関係調整法とあと1つは何か，書け。

[　　　　　　　　　　　]

③労働基本権の1つである，団体交渉権とはどのような権利か。「労働条件」「使用者」の語句を用いて簡潔に書け。〈栃木県〉

[　　　　　　　　　　　]

④教育を受ける権利を保障するために，1947年に制定された小中学校の9年間を無償と定めている法律は何か，書け。　[　　　　　　　　　]

(3) 人権を守るための権利について表した資料Ⅱを見て，次の問いに答えよ。

①資料Ⅱ中の下線部①について，次の問いに答えよ。

(a)現在の日本では満何歳以上の男女に選挙権を与えているか，書け。

[　　　　　　　]

資料Ⅱ

人権を守るための権利 ― ①参政権
　　　　　　　　　　　　②
　　　　　　　　　　　　請求権

(b)選挙以外に国民の参政権として定められている政治へ直接参加する方法としてあてはまらないものを，次のア〜エから1つ選べ。

ア 国民投票　イ 住民投票　ウ 国民審査　エ 弾劾裁判 [　　　　]

②資料Ⅱ中の ② に入る，自分の政治的な要求を国や地方公共団体に述べる権利を何というか，書け。　[　　　　　　　　]

次の問いに答えなさい。

(1) 知識・理解 次の文の空欄には同じ語句が入る。あてはまる語句を書き，この文章が表している人権は何か，書け。〈秋田県〉

> 多くの地方公共団体では，（　　　　）制度を取り入れた。1999年には，国も（　　　　）法という法律を制定し，行政がもっている情報を開示することとした。

語句 [　　　　　　　　　　　] 　人権 [　　　　　　　　　　　]

(2) 思考 次の文を読み，A氏，B氏の主張のもととなった権利として最も適切なものは何か，それぞれ書け。またこのような判決が下された理由を「公共の福祉」という語句を使って簡潔に書け。〈秋田県・改〉

> 作家のA氏が書いた小説の内容をめぐり，登場人物のモデルとなったB氏が小説には人に知られたくないことが書かれているとして，A氏を裁判所に訴えた。裁判の結果，B氏の主張した権利が認められ，A氏が主張した権利が制限を受けた。

A氏 [　　　　　　　　　　　] 　B氏 [　　　　　　　　　　　]
理由 [　　　　　　　　　　　　　　　　　　　　　　　　　　　]

(3) 資料 右の写真は臓器提供意思表示カードである。これを見て，次の問いに答えよ。

①このように自分のことを自分で決める権利を何というか，書け。

[　　　　　　　　　　　　　　　]

②医療においても，治療を受ける患者がじゅうぶんな説明を受けて，それに同意をすることが重要になってきている。この同意のことを何というか，カタカナで書け。

[　　　　　　　　　　　　　　　]

(4) 知識・理解 公害や環境問題がおきたことから発達した，良好な環境で暮らしていくことをめざす権利を何というか，書け。

[　　　　　　　　　　　　　　　]

(5) 思考 日本国憲法は国民の義務を定めている。これらの義務の具体的な例としてあてはまるものを，次のア〜エから2つ選べ。

ア　署名運動に参加する。

イ　地方公共団体の仕事を監視する。

ウ　所得税や相続税を納める。

エ　自分の子どもを小学校に入学させる。　　　　[　　・　　]

要点まとめ

1 選挙

1 原則

〈政治〉間接民主制（代議制）による民主政治⇒選挙で選出。

〈選挙権〉18歳以上の男女。

〈四原則〉普通選挙，直接選挙，秘密選挙，平等選挙。

2 方法

〈制度〉公職選挙法で規定⇒選挙管理委員会が運営，実施。

〈種類〉小選挙区制，大選挙区制，比例代表制。衆議院議員選挙は小選挙区比例代表並立制。参議院議員選挙は選挙区制と非拘束名簿式の比例代表制。

〈問題〉1票の価値の問題⇒法の下の平等に違反。

〈政党〉与党と野党。選挙の際に政権公約であるマニフェストを掲げることが多い。世論の影響を受ける。

比例代表のしくみ

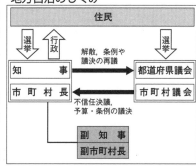

| A党 3議席 | B党 2議席 | C党 1議席 |

2 地方自治

1 しくみ

〈制度〉地方自治法で規定。地方公共団体として都道府県・市町（区）村など。「地方自治は民主主義の学校」⇒身近な政治の場。その地方公共団体のみで通用される法＝条例。

地方自治のしくみ

住民

選挙／行政

知　　　事
市 町 村 長

解散，条例や議決の再議

都道府県議会
市町村議会

不信任決議，
予算・条例の議決

副 知 事
副市町村長

2 住民の権利

〈種類〉首長と地方議会議員に対する選挙権，請願などの権利，住民投票権，直接請求権。

〈直接請求権〉署名を集めて住民の意思を示す。条例の制定・改廃，監査，議会の解散，首長や議員の解職（リコール）。

3 地方自治の変化

〈財政〉地方交付税交付金への依存，財源不足による地方債の発行⇒中央集権から地方分権へ。政治や財政面から市町村合併がさかんに。

〈制度〉オンブズ（オンブズマン）制度による住民の要望への対応。

直接請求権

請求内容	必要署名数	請求先
条例の制定・改廃	有権者の50分の1以上	首長
監査	有権者の50分の1以上	監査委員
議会の解散	※有権者の3分の1以上	選挙管理委員会
解職（リコール）	※有権者の3分の1以上	首長・議員…選挙管理委員会 おもな公務員…首長

※80万人をこえる地方公共団体の場合
$$80万をこえる数 \times \frac{1}{8} + 40万 \times \frac{1}{6} + 40万 \times \frac{1}{3}以上$$

基礎力チェック

ここに載っている問題は基本的な内容です。必ず解けるようにしておきましょう。

1　1人1票の選挙の原則を何というか。　　　　　　　　　[　　　　　　　　　　　]

2　1つの選挙区から1人の代表者を選出する選挙の方法を何というか。

[　　　　　　　　　　　]

3　政党名などを書いて投票し，獲得した票数に応じて議席を配分するしくみの選挙の方法を何というか。

[　　　　　　　　　　　]

4　日本の選挙制度を定めている法律は何か。　　　　　[　　　　　　　　　　　]

5　内閣を組閣し，政権を担当する政党は何とよばれるか。[　　　　　　　　　　　]

6　選挙のときなどに政党が示す政権公約をカタカナで何というか。

[　　　　　　　　　　　]

7　地方自治を行う都道府県・市(区)町村などのことをまとめて何というか。

[　　　　　　　　　　　]

8　都道府県の首長を漢字2字で何というか。

[　　　　　　　　　　　]

9　「地方自治は(　　)の学校である。」(　　)にあてはまる語句は何か。

[　　　　　　　　　　　]

10　7 で制定され，7 の中だけで適用されるきまりを何というか。

[　　　　　　　　　　　]

11　住民の意思を直接地方自治に反映させるため，署名を集めて請求することができる権利を何というか。

[　　　　　　　　　　　]

12　行政が適正に行われているか監視したり，住民の行政への苦情を受け付け，問題の解決を求めたりする制度を何というか。

[　　　　　　　　　　　]

実践問題

1

次の資料を見て，あとの問いに答えなさい。

資料Ⅰ　選挙の原則

・（　A　）選挙…すべての成年者に選挙権
・（　B　）選挙…1人1票
・（　C　）選挙…直接投票する
・（　D　）選挙…無記名投票

資料Ⅱ　選挙区制の種類

種別	内　容
（　E　）制	・（　　a　　） ・政権が安定しやすい ・死票が多い
大選挙区制	・（　　b　　） ・死票が少ない
比例代表制	・（　　c　　） ・民意が正しく反映されやすい

(1) 知識・理解 **資料Ⅰ**について，次の問いに答えよ。

①**資料Ⅰ**は選挙の原則を示している。空欄にあてはまる語を，次の**ア～キ**からそれぞれ1つずつ選べ。

ア　直接　イ　平等　ウ　普通　エ　秘密　オ　公開　カ　間接　キ　制限

A [　　　　] B [　　　　] C [　　　　] D [　　　　]

②日本において下線部のような原則が始まった時期として正しいものを，次の**ア～エ**から1つ選べ。

ア　1890年ごろ　　イ　1925年ごろ　　ウ　1946年ごろ　　エ　2000年ごろ

[　　　　]

(2) 知識・理解 **資料Ⅱ**について，次の問いに答えよ。

①**資料Ⅱ**の空欄Eにあてはまる語句を書け。　　[　　　　　　　　]

②**資料Ⅱ**のa～cにあてはまる内容を，次の**ア～エ**からそれぞれ1つずつ選べ。

ア　1つの選挙区から1人だけ当選する

イ　1つの選挙区から2人以上当選する

ウ　得票数に応じて政党ごとに議席を得る

エ　得票数が一番多い政党だけが議席を得る

a [　　　　] b [　　　　] c [　　　　]

(3) 知識・理解 日本の政治は**資料Ⅰ**や**資料Ⅱ**にもとづいた選挙を通して行われている。このような政治を何というか，漢字で書け。　　[　　　　　　　　]

(4) 思考 (3)のようなしくみで日本の政治が行われるのは日本国憲法の三大原則のうちどれにもとづいているか，書け。　　[　　　　　　　　]

(5) 知識・理解 日本で，**資料Ⅰ**や**資料Ⅱ**のような選挙の原則を定めている法律を何というか，書け。　　[　　　　　　　　]

次の文章・図を見て，あとの問いに答えなさい。

現在，衆議院議員の選挙は（　**A**　）制と政党に投票する比例代表制を組み合わせて行われている。その選挙において，右の図で，東京13区と鳥取1区を比べると，1票の価値が（　**B**　）のは東京13区の方で，その格差は約2倍である。

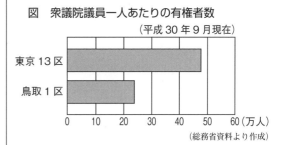

図　衆議院議員一人あたりの有権者数
（平成30年9月現在）

（総務省資料より作成）

差がつく

(1) 思考 文章中の空欄にあてはまる語句の組み合わせとして正しいものを，次の**ア**～**エ**から1つ選べ。〈鹿児島県〉

　　ア　**A**－小選挙区　**B**－低い　　**イ**　**A**－小選挙区　**B**－高い
　　ウ　**A**－大選挙区　**B**－低い　　**エ**　**A**－大選挙区　**B**－高い　　［　　　　　］

(2) 文章中の下線部について，次の問いに答えよ。

でる!

　① 知識・理解 内閣を組閣し，政権を担当する政党を何というか，書け。

［　　　　　　　　　　　　］

　② 知識・理解 選挙の際，各政党は政権を担当したときに実行する具体的な政権公約を掲げることが多くなってきている。この政権公約を何というか，カタカナで書け。

［　　　　　　　　　　　　］

差がつく

　③ 思考 1つの政党が単独で政権を担当できないとき，重要な政策について合意して複数の政党で政権を担当することがある。このような政権を何というか。また，このような政権をつくるおもなねらいを，「議席」という語句を使って簡潔に書け。

〈鹿児島県〉

政権　［　　　　　　　　　　　　］

ねらい　［　　　　　　　　　　　　　　　　　　　　　　　］

(3) 思考 上の文章を読んで，真一くんは民意をもっと国政に反映させるにはどうしたらよいかを次の**資料**をもとにまとめた。**まとめ**中の空欄に適切な内容を入れて文章を完成させよ。〈宮崎県・改〉

資料　世論調査の結果

「国政に民意は反映されているか」

28.3%　　反映されていない69.2%
└反映されている　わからない2.5%
※「民意」……国民の意見
（平成30年内閣府「社会意識に関する世論調査」より作成）

まとめ

どうすれば国政に民意が反映されるのだろう

私の考え
・政治家が国民の声をよく聞く。
・政府が世論をよく聞く。
・国民が国の政策にもっと関心をもつ。
・国民が［　　　　　　　　　　］。

［　　　　　　　　　　　　　　　　　　　　　　］

3 次の文章・表を見て，あとの問いに答えなさい。

> 地方自治においては，<u>住民が地域の身近な課題に自分たちの意思を反映させていくこと</u>など，住民参加のもとに問題の解決をめざすことが重要である。
>
> このことから，「地方自治は（　　　）の学校」ともいわれている。

請求内容	必要署名数	請求先
（　A　）	有権者の50分の1以上	首長
監査	有権者の50分の1以上	（　B　）
（　C　）	※有権者の3分の1以上	（　D　）
解職（リコール）	※有権者の3分の1以上	首長・議員…選挙管理委員会　おもな公務員…首長

※ 80万人をこえる地方公共団体の場合
80万をこえる数 $\times \frac{1}{8}$ ＋40万 $\times \frac{1}{6}$ ＋40万 $\times \frac{1}{3}$ 以上

(1) 知識・理解 文章中の空欄にあてはまる語句を，次の**ア〜エ**から1つ選べ。〈神奈川県〉

ア 民主主義　　**イ** 平和主義　　**ウ** 自由主義　　**エ** 社会主義　　[　　　　]

(2) 文章中の下線部に関して，次の問いに答えよ。

① 資料 このために住民の権利として制定されているのが表の権利である。このような権利を何というか，書け。　　[　　　　]

② 知識・理解 行政に対して住民の苦情を元に改善を求めたり，不正が行われないよう監視したりする制度がスウェーデンで始まり，日本でも川崎市などで導入されている。この制度を何というか，次の**ア〜エ**から1つ選べ。〈神奈川県〉

ア 三審制　　**イ** 累進課税　　**ウ** 裁判員　　**エ** オンブズマン（オンブズ）

[　　　　]

(3) 知識・理解 表中の空欄にあてはまる語句を，次の**ア〜オ**からそれぞれ1つずつ選べ。

ア 条例の制定・改廃　　**イ** 監査委員　　**ウ** 選挙管理委員会

エ 議会の解散　　　　**オ** 首長の選出

A [　　　]　B [　　　]　C [　　　]　D [　　　]

(4) 思考 ある町で有権者数が7500人のとき，条例の制定を要求するのに必要な署名数は何人以上か，書け。〈宮崎県〉　　[　　　　人]

4 次の問いに答えなさい。

(1) 知識・理解 図の下線部**A**について，首長の被選挙権として正しく表しているものを，次ページの**ア〜エ**から1つ選べ。

図　地方自治のしくみ

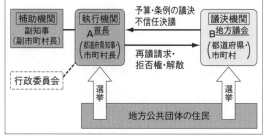

ア 都道府県知事 − 30 歳以上，市町村長 − 30 歳以上

イ 都道府県知事 − 30 歳以上，市町村長 − 25 歳以上

ウ 都道府県知事 − 25 歳以上，市町村長 − 30 歳以上

エ 都道府県知事 − 25 歳以上，市町村長 − 25 歳以上　　　　[　　　　]

(2) 知識・理解 図の下線部 B について，地方議会議員の任期はどのようになっているか，正しいものを次のア〜エから 1 つ選べ。

ア 任期は 4 年で，途中で解職されることがある。

イ 任期は 4 年で，解職はされない。

ウ 任期は 6 年で，途中で解職されることがある。

エ 任期は 6 年で，3 年ごとに半数ずつ改選される。　　　　[　　　　]

5 次の問いに答えなさい。

(1) 次の文は兵庫県のユニバーサル社会づくりの推進に関する法の一部である。文中の ▭ に入る地方公共団体独自の法を何というか，漢字 2 字で書け。〈兵庫県〉

年齢，性別，障害の有無，言語，文化等の違いを問わず，全ての人が包摂され自信と尊厳を持って暮らすことのできるユニバーサル社会こそが豊かな社会である。兵庫県民が培ってきた「支え合う文化」を継承し，ユニバーサル社会を実現するため，この ▭ を制定する。

[　　　　　　　　　]

(2) 地方自治について述べた次の文 X と Y について，その正誤の組み合わせとして適切なものを，あとのア〜エから 1 つ選べ。〈兵庫県〉

X 市町村合併など，地域で意見が分かれる課題をめぐって，住民投票が行われている。

Y 教育や防災などの分野で，社会貢献活動を行う N P O が重要な役割を果たしている。

ア X − 正　Y − 正　　イ X − 正　Y − 誤

ウ X − 誤　Y − 正　　エ X − 誤　Y − 誤

[　　　　]

(3) 地方自治について述べた文として適切なものを，次のア〜エから 1 つ選べ。

ア 法律や命令に対して，憲法に違反しているかどうかを判断するために，与えられた違憲審査権を行使している。

イ 景気の安定を図るために，国債を売買することで世の中に出回るお金の量を調整している。

ウ 環境問題の解決や自然環境保護のために，関係する法律を整備し，諸外国と条約を結んでいる。

エ 依存財源に頼らず，寄付を用いた制度を活用するなど，自主財源を確保する努力をしている。

[　　　　]

民主政治②
国会・内閣・裁判所

要点まとめ

1

1 地位としくみ

2 仕事と種類

国会

〈位置づけ〉 立法権をもつ。国権の最高機関であり、唯一の立法機関。

〈構成〉 衆議院と参議院からなる二院制⇒衆議院の優越が認められている。

〈仕事〉 法律の制定、予算の審議・議決、内閣総理大臣の指名など。

〈種類〉 毎年1月召集の常会（通常国会）。内閣が必要と認めたとき、またはどちらかの議院の総議員の4分の1以上による要求があったときの臨時会（臨時国会）。衆議院解散後の総選挙の日から30日以内に開かれる特別会（特別国会）など。

衆議院と参議院の比較

	衆議院	参議院
議員数	465人	248人
任期	4年 解散あり	6年 （3年ごとに半数改選） 解散なし
選挙権	18歳以上	18歳以上
被選挙権	25歳以上	30歳以上
選挙区	小選挙区289人 比例代表176人	選挙区148人 比例代表100人

（2022年8月現在）

2

1 地位としくみ

2 仕事

内閣

〈位置づけ〉 行政権をもつ。法律や予算にもとづいて政治を行う。

〈構成〉 長である内閣総理大臣と、国務大臣で構成。大臣全員による閣議で政治方針を決定。行政機関として省庁。

〈地位〉 国会の信任でなりたち、国会に対して連帯して責任を負う議院内閣制⇒衆議院で内閣不信任の決議がされた場合、内閣は10日以内に総辞職または衆議院を解散する。

〈仕事〉 法律にもとづいた政治、条約の締結、天皇の国事行為への助言と承認など⇒行政改革が進められている。

3

1 地位としくみ

2 制度

3 三権分立

裁判所・三権分立

〈位置づけ〉 司法権をもつ。法にもとづいて裁判を行う⇒刑事裁判と民事裁判。

〈構成〉 最高裁判所、高等裁判所、地方裁判所、家庭裁判所、簡易裁判所で構成。

〈地位〉 憲法及び法律と良心にのみ従う⇒司法権の独立。違憲立法審査権をもち、最高裁判所は「憲法の番人」。

〈制度〉 三審制を採用。2009年5月から刑事裁判の第一審に裁判員制度が導入された。

〈内容〉 立法権・行政権・司法権は互いに抑制と均衡を保つ⇒権力の濫用を防ぐ。

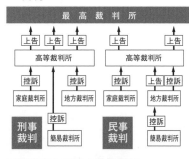

三審制のしくみ

三権分立と国民の政治参加

基礎力チェック

ここに載っている問題は基本的な内容です。必ず解けるようにしておきましょう。

1　右の（　　　）にあてはまる語句は何か。

[　　　　　　　　　　　　　]

> 日本国憲法第41条
> 　国会は，国権の最高機関であって，国の唯一の（　　　）機関である。

2　国会は衆議院と参議院からなりたっているが，このことを何というか。

[　　　　　　　　　　　　　]

3　毎年1月に召集される国会を何というか。

[　　　　　　　　　　　　　]

4　参議院と衆議院とで議決が異なった場合，多くの場合で衆議院の議決が優先される。これを何というか。

[　　　　　　　　　　　　　]

5　衆議院議員総選挙のあとの国会で，最初にされることは何か。

[　　　　　　　　　　　　　]

6　内閣が，法律や予算にもとづいて政治を行うことを何というか。

[　　　　　　　　　　　　　]

7　内閣総理大臣と国務大臣で開かれる，非公開の会議を何というか。

[　　　　　　　　　　　　　]

8　1つの訴えにつき，3回まで裁判を受けることができる制度を何というか。

[　　　　　　　　　　　　　]

9　憲法の番人とよばれる裁判所は何か。

[　　　　　　　　　　　　　]

10　被告人が有罪か無罪か，有罪であればどのような刑罰であるかをきめる裁判の種類は何か。

[　　　　　　　　　　　　　]

11　2009年5月から始まった，ｰ10ｰの裁判に国民が参加する制度を何というか。

[　　　　　　　　　　　　　]

12　3つの権力が互いに均衡と抑制を保っているしくみを漢字4字で何というか。

[　　　　　　　　　　　　　]

13　国会で開かれる，裁判官がその職務に適しているかどうかを判断する裁判を何というか。

[　　　　　　　　　　　　　]

公民編

4　民主政治② 国会・内閣・裁判所

実践問題

1 国会についての先生と生徒の会話を読んで，あとの問いに答えなさい。

> 生徒　先生，日本の_a国会が_b衆議院と参議院の２つの院からなりたつ（　**A**　）制を採用しているのは，国民の多様な意見を反映し，慎重な審議を行うためですね。では，衆議院と参議院の意見が異なった場合は，どうするのですか。
>
> 先生　そんなときは，衆議院の優越が認められることがあります。例えば，_c法律案の審議について，両院の議決が異なり，両院協議会で話し合っても一致しないときは，再び衆議院で出席議員の ｜**ア**　２分の１　　**イ**　３分の２　　**ウ**　４分の３　　**エ**　５分の４｜ 以上の多数で可決されれば，法律となります。衆議院の優越は（　**B**　）などについても認められています。衆議院の優越の規定があるのは，衆議院のほうが￣￣￣￣から，それだけ国民の声を敏感に反映すると考えられているからです。
>
> 生徒　それでは，衆議院の優越が認められないことはあるのですか。
>
> 先生　（　**C**　）の弾劾裁判，国政調査権，憲法改正の発議のようなものです。
>
> 生徒　先生，この次は国会の種類について調べてみます。

(1) 知識・理解 文中の空欄にあてはまる語句をそれぞれ書け。〈富山県〉

A [　　　　　　　　　　　]　B [　　　　　　　　　　　　]
C [　　　　　　　　　　　　]

(2) でる! 知識・理解 文中の下線部 **a** について，制定や締結の過程で国会の議決や承認を必要としないものを，次の**ア**〜**エ**から１つ選べ。

ア 憲法　**イ** 法律　**ウ** 条例（じょうれい）　**エ** 条約　　　　[　　　　　]

(3) でる! 知識・理解 文中の下線部 **b** について，右の表は，衆議院と参議院の構成を示している。（　**X**　），（　**Y**　）にあてはまる数字を次の**ア**〜**オ**からそれぞれ１つずつ選べ。〈富山県〉（2022年8月現在）

	衆議院		参議院
議員数	（ X ）人		248人
任期	（ Y ）年 解散あり		6年 3年ごとに半数改選

ア 121　**イ** 465　**ウ** 2　**エ** 4　**オ** 6

X [　　　　　]　Y [　　　　　]

(4) 知識・理解 文中の ｜　　｜ の**ア**〜**エ**から適切なものを１つ選べ。

[　　　　　]

(5) でる! 思考 文中の￣￣￣￣にあてはまる適切な文を，「任期」「解散」の語句を使って簡潔に書け。

[　　　　　　　　　　　　　　　　　　　　　　　　　　　　]

(6) 資料 下線部 c について，次の図は，法律が成立する過程を示している。図中の**1**と**4**にあてはまる語句を，あとの**ア〜カ**からそれぞれ1つずつ選べ。〈沖縄県・改〉

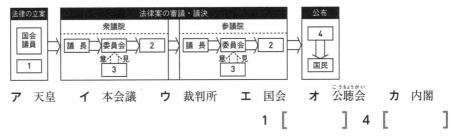

ア 天皇　　イ 本会議　　ウ 裁判所　　エ 国会　　オ 公聴会（こうちょうかい）　　カ 内閣

1 [　　　　　]　4 [　　　　　]

(7) 生徒はこのあと国会の種類について調べ，授業で発表した。次のその発表内容を読んで，あとの問いに答えよ。

> 国会の種類には，毎年1回，1月に開かれる_あ常会，内閣が必要と認めたときか，_い両議院どちらかの総議員の一定の人数以上が必要と認めたときに開かれる臨時会，衆議院解散後の総選挙の日から30日以内に召集される特別会があります。

① 知識・理解 下線部**あ**について，常会で必ず審議される議案は何か，書け。

[　　　　　　　　　　　　　　]

② 思考 下線部**い**について，議員数が右の表に示されている人数のとき，参議院が臨時国会の召集を要求することができるのは，最低何人以上の参議院議員の要求がある場合か，書け。〈山形県〉

参議院の選挙区別議員数	
比例代表	選挙区
100人	148人

[　　　　　　　　　　　　　　]

③ 知識・理解 生徒の発表以外に，衆議院の解散中に国会の審議が必要となった場合に開かれる参議院のみの集まりを何というか，書け。

[　　　　　　　　　　　　　　]

(8) 知識・理解 国会の働きについて述べた文として適当でないものを，次の**ア〜エ**から1つ選べ。

　ア 衆議院と参議院の議決が一致しない場合，意見の合意や調整のために両院協議会を開くことがある。

　イ 衆議院が内閣不信任決議を可決した場合，内閣は衆議院を解散するか，総辞職をしなければならない。

　ウ 衆議院と参議院は実際の政治を調べるために，証人をよんで質問をする国政調査権をもつ。

　エ 衆議院と参議院で違う人を内閣総理大臣に指名した場合，衆議院で再可決をしなければならない。　　　　　　[　　　　　]

(9) 思考 国会での議案の議決は，原則として多数決で行われる。多数決で決定する場合に，配慮されなければならないことを，1つ書け。〈山形県〉

[　　　　　　　　　　　　　　　　　　　　　　　　　　　　　　　]

知識・理解 次の文章を読んで，あとの問いに答えなさい。

> a内閣は，法律や予算にもとづいて政治を行う（　A　）権をもっている。その組織は，長であるb内閣総理大臣と国務大臣で構成され，また，c行政機関である省庁がおかれている。
>
> 内閣総理大臣は（　B　）が指名し，（　C　）が任命する。国務大臣は内閣総理大臣が任命する。国務大臣の過半数は（　D　）でなければならない。
>
> 内閣については，日本国憲法第66条3項で，d「内閣は，行政権の行使について，国会に対し連帯して責任を負ふ。」と定められている。

(1) 文章中の（　A　）〜（　D　）にあてはまる語句を書け。

A [　　　　　　] B [　　　　　] C [　　　　　] D [　　　　　]

(2) 下線部aについて，次の問いに答えよ。

　①内閣が定める法令を何というか，書け。　　　　[　　　　　　　　]

　②内閣が総辞職しなければならない場合として誤っているものを，次のア〜エから1つ選べ。〈ラ・サール高〉

　　ア　辞職や死亡などによって内閣総理大臣が欠けた場合。

　　イ　衆議院で内閣不信任案が可決された後，10日以内に内閣が衆議院を解散しなかった場合。

　　ウ　衆議院議員の選挙のあとに，はじめて国会が召集された場合。

　　エ　参議院で，内閣総理大臣に対する問責決議が可決された場合。　　[　　　　]

(3) 下線部bについて，内閣総理大臣は何のなかから指名することになっているか，書け。

　　　　　　　　　　　　　　[　　　　　　　　　　　]

(4) 下線部cについて，右の図は省庁のおもな構成を表したものである。次の問いに答えよ。

　①次のa〜dの働きをしている省庁を図からそれぞれ選び，その名称を書け。

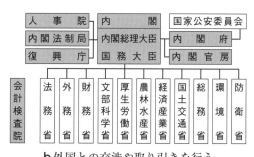

　　a国の予算の作成などを行う。　　b外国との交渉や取り引きを行う。

　　c第一次産業に関する政策などを行う。　　d教育やスポーツなどの振興を行う。

　　a [　　　　　　　] b [　　　　　　　]
　　c [　　　　　　　] d [　　　　　　　]

　②これらの省庁で働く人々を何というか，書け。[　　　　　　]

(5) 下線部dについて，この制度を何というか，漢字で書け。

　　　　　　　　　　　[　　　　　　　　]

(6) 近年，国民の生活が向上するにともない，行政権の肥大化が進んできた。これを見直すために，民営化や規制緩和が進められてきている。これについて，次の問いに答えよ。

①これらの動きをまとめて何というか，漢字4字で書け。

[　　　　　　　　　　　　]

②美術館や病院・大学など，公共サービスを担っているが，財政の運用などは国からの独立性をもった組織を何というか，書け。

[　　　　　　　　　　　　]

3 裁判について，次の文章を読んで，あとの問いに答えなさい。

> 日本では，裁判を行う権限は裁判所だけがもっている。裁判所は，国のほかの機関からは独立しており，国会や内閣によって裁判に影響が出ないよう，a裁判官の独立や，b裁判官の身分保障についてはしっかりと憲法や法律で定められている。

でる! (1) 資料 下線部 a について，日本国憲法では，次の条文により，裁判官の独立を規定している。この条文中の空欄にあてはまる語句として正しいものを，あとのア〜オからそれぞれ1つずつ選べ。〈新潟県〉

> すべて裁判官は，その（　A　）に従ひ独立してその職権を行ひ，この憲法及び（　B　）にのみ拘束される。

ア 思想　　イ 法律　　ウ 信条　　エ 条約　　オ 良心

A [　　　] B [　　　]

(2) 下線部 b について，次の問いに答えよ。

① 知識・理解 裁判官の任命について，次の文中の空欄にあてはまる語句を書け。

> 最高裁判所の長官は（　C　）が指名し，（　D　）が任命する。その他の裁判官は（　C　）が任命する。

C [　　　　　　　　　] D [　　　　　]

でる! ② 知識・理解 裁判官が心身の故障以外でやめさせられる場合として，国会が設置する裁判所によるものがある。この裁判所を何というか，書け。

[　　　　　　　　　　　　]

③ 資料 最高裁判所の裁判官は，右のような用紙を用いてその裁判官が適任かどうかを国民によって審査される。この制度を何というか，書け。〈岐阜県〉

[　　　　　　　　　　　]

次のAさんの文集の内容を読んで，あとの問いに答えなさい。

> 　私は裁判官になりたいです。その理由は，講演会で，裁判官は_a刑事裁判などの判決を通して，国民の権利や秩序を守るやりがいのある仕事だと聞いたからです。授業では，_b最高裁判所が「憲法の番人」とよばれていることも学び，一層興味をもちました。これからは_c裁判を実際に見学するなどして，裁判官の仕事をもっと知りたいと思います。

(1) 下線部 a について，右の図を見て，次の問いに答えよ。

〈新潟県〉

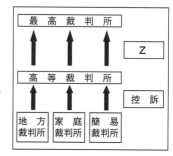

① 📝資料 右の図は，日本の刑事裁判におけるしくみについて示したものである。図中の　Z　にあてはまる，高等裁判所での判決に対して，当事者が最高裁判所に不服を申し立てることを何というか。その語句を書け。

[　　　　　　　　　　　　　　　]

② 💭思考 右上の図のように，1つの訴えについて3回まで裁判を求めることができる制度を何というか，書け。また，そのような制度をとっている理由を「人権」という語句を使って書け。

制度 [　　　　　　　　　　　　　]

理由 [　　　　　　　　　　　　　]

(2) 💭思考 下線部 b について，日本の最高裁判所が「憲法の番人」とよばれている理由を書け。

[　　　　　　　　　　　　　　　　　　　　]

(3) 下線部 c について，Aさんは実際に刑事裁判と民事裁判を見学に行った。これについて，次の問いに答えよ。

① 📝資料 Aさんが見た刑事裁判のようすは右の図のようになっていた。図中のXにあてはまる，被疑者を被告人として起訴する人を何というか，書け。〈徳島県〉

[　　　　　　　　　　　　　]

② 📖知識・理解 刑事裁判における被告人には，自分に不利な供述はしなくてもよい権利がある。この権利を何というか，書け。　[　　　　　　　　　]

③ 📝資料 2009年5月から，国民が刑事裁判に参加する制度が始まっている。この制度を何というか，答えよ。また，右上の図において，参加した国民が着席する位置を図中のア〜エから1つ選べ。

制度 [　　　　　　　] 位置 [　　　]

④ 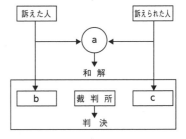 資料 Aさんが見た民事裁判は右の図のような流れで行われている。図中の**a〜c**にあてはまる語句を，次の**ア〜キ**からそれぞれ１つずつ選べ。

ア 原告　**イ** 被告　**ウ** 被告人
エ 弁護人　**オ** 調停　**カ** 証人　**キ** 起訴

a [　　　　]　b [　　　　]　c [　　　　]

(4) 知識・理解 日本の裁判における問題点について述べた，次の文中の空欄**X・Y**にあてはまる語句をそれぞれ書け。〈熊本県〉

> 日本の裁判には，費用と　X　がかかることや，裁判官・　Y　・検察官がほかの先進国と比べて少ないことなどいくつか問題があり，現在，司法制度の改革が進められている。

X [　　　　　　　　　　　]　Y [　　　　　　　　　]

5 右の図を見て，あとの問いに答えなさい。

(1) 資料 図中の空欄（　**A**　）〜（　**C**　）にあてはまる語句をそれぞれ書け。

A [　　　　　　　　　　　]
B [　　　　　　　　　　　]
C [　　　　　　　　　　　]

三権分立のしくみ

国　会
立法権

内閣不信任の決議
（　A　）

（　B　）の
解散

c

a

内　閣
行政権

裁判所
（　C　）権

b

(2) 思考 次の文章中の下線部の内容にあてはまるのは，図中の**a〜c**のうちどれか，１つ選べ。〈岡山県〉

> 日本国民である父と，日本国民ではない母との間に子どもが生まれ，父がその子どもを自分の子どもであるとして届け出をした。しかし両親が結婚していなかった（婚姻関係になかった）ため，国籍法第３条１項により，子どもに日本国籍が認められなかった。この件に関しておこされた裁判で，2008年６月４日，最高裁判所は国籍法第３条１項が日本国憲法第14条に違反するという判断を示した。

[　　　　　]

(3) 思考 図のように権力を３つに分けているのはなぜか。「濫用」という語句を使って簡潔に書け。

[　　　　　　　　　　　　　　　　　　　　　　　　]

消費生活と企業

要点まとめ

1

1 家計と消費生活

消費生活と市場経済

〈**家計と国民経済**〉**家計**（消費活動の中心で労働力提供），**企業**（経済活動の単位），**政府**（税金によって公共財・公共サービス提供）。

〈**家計の支出**〉消費支出，非消費支出（税金や社会保険料など），貯蓄。

〈**消費者の保護**〉クーリング・オフ制度，製造物責任（ＰＬ）法，消費者契約法。

家計・企業・政府の関係

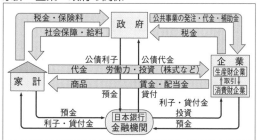

2 市場経済のしくみ

〈**市場価格**〉需要量と供給量が一致⇒均衡価格。

〈**公共料金**〉電気・水道料金，鉄道運賃など。

〈**独占・寡占**〉生産や販売が少数の企業に集中。独占禁止法⇒公正取引委員会が運用。

〈**問題点**〉中小企業の割合の減少と産業の空洞化。

需要と供給の関係

価格↑

需要曲線　供給曲線

需要量が下がると価格が上がると

妥当な価格

価格が上がると供給量が増える

均衡価格

数量→

3 物価と景気変動

〈**インフレとデフレ**〉インフレーション（物価が持続的に上昇），デフレーション（物価が持続的に下落）。

〈**景気変動**〉生産過剰や生産不足が生じ，好景気と不景気をくり返す。

2

1 流通と企業

流通と企業

〈**商品の流通経路**〉生産者⇒卸売業⇒小売業⇒消費者。

〈**企業**〉私企業（利潤が目的）と公企業（利潤を目的とせず，公共の利益が目的）。

〈**株式会社**〉株式発行⇒大量の資金を集めるため。株主⇒配当を受ける。株主総会。

2 労働者

〈**労働者の保護**〉労働基本権（団結権，団体交渉権，団体行動権），労働三法（労働基準法，労働組合法，労働関係調整法）。

〈**女性の地位**〉男女雇用機会均等法⇒職場での男女間の格差をなくす。

3

1 金融のしくみ

金融のはたらき

〈**金融**〉個人や企業の間で資金を貸し借り（融通）すること。そのなかだちをするのが金融機関（銀行，信用金庫など）。

〈**日本銀行**〉日本の中央銀行⇒発券銀行（日本銀行券）・政府の銀行・銀行の銀行。

〈**金融政策**〉国債などを売買する公開市場操作などで景気の調整を行う。

2 為替相場

〈**為替相場**〉自国通貨と外国通貨の交換比率。

〈**円高と円安**〉円高⇒円の価値が上がること。円安⇒円の価値が下がること。

基礎力チェック

ここに載っている問題は基本的な内容です。必ず解けるようにしておきましょう。

1 家計支出のうち，食料品，衣服，教育などへの支出を何というか。

[　　　　　　　　　　　]

2 訪問販売などで商品を購入後，一定期間内であれば契約を解除できる制度を何というか。

[　　　　　　　　　　　]

3 商品の欠陥によって消費者が被害を受けた場合，被害の救済を義務づけた法律を何というか。

[　　　　　　　　　　　]

4 需要量と供給量が一致したところで決まる価格を何というか。

[　　　　　　　　　　　]

5 少数の大企業が生産や販売市場を支配する状態を何というか。

[　　　　　　　　　　　]

6 国民生活への影響が大きい，電気料金や水道料金などを何というか。

[　　　　　　　　　　　]

7 独占をおさえ，自由競争を確保するための法律を何というか。

[　　　　　　　　　　　]

8 **7** の運用にあたっている機関を何というか。　　[　　　　　　　　　　　]

9 株式会社が得た利益から，株主に持ち株数に応じて分配されるお金を何というか。

[　　　　　　　　　　　]

10 株式会社における最高議決機関を何というか。　　[　　　　　　　　　　　]

11 1日8時間労働など，労働時間・賃金などの労働条件の最低基準を定めた法律を何というか。

[　　　　　　　　　　　]

12 資金が不足している人と余裕のある人との間で行われる資金の貸し借りを何というか。

[　　　　　　　　　　　]

13 日本の中央銀行であり，発券銀行である銀行を何というか。[　　　　　　　　　]

14 自国通貨と外国通貨の交換比率を何というか。　　[　　　　　　　　　　　]

実践問題

1

国民経済と政府について，次の問いに答えなさい。〈宮崎県・改〉

(1) **資料Ⅰ**の下線部 **a** について，税金は国民の間で公平に負担されなければならないことから，所得税などでは，所得が多い人ほど高い税率が適用される方法が採られている。これを何というか，書け。

[　　　　　　　　]

資料Ⅰ 経済全体のしくみと政府

```
      代金/労働力
家計 ──────────→ b企業
  ←── 財・サービス/賃金 ──
a税金  d社会保障などの
      公共サービス
      公共事業の
      ための補助金    税金
  ↕                    ↕
      c政府（国や地方公共団体）
```

(2) **資料Ⅰ**の下線部 **b** について調べていく中で，企業にも多くの種類があることを知った。公企業として適切なものを，次の**ア～エ**から1つ選べ。

ア 上下水道の維持や管理を行う水道局

イ 生活に必要な物資を供給する消費生活協同組合（生協）

ウ ピーマンを生産する農家

エ 音楽コンサートを開いて社会貢献を行う株式会社

[　　　　　]

(3) 資料 **資料Ⅰ**の下線部 **c** が，歳入や歳出を通じて景気を安定させようとすることを調べていく中で，**資料Ⅱ**を見つけた。**資料Ⅱ**の ① ， ② にあてはまる語の組み合わせとして正しいものを，次の**ア～エ**から1つ選べ。

資料Ⅱ 不景気のときに政府が行う財政政策

○公共投資を ① ，民間企業の仕事を増やそうとする。

○ ② を行い，企業や家計の資金を増やすことで消費を増加させようとする。

ア ①－減らして　②－減税　　　**イ** ①－減らして　②－増税

ウ ①－増やして　②－増税　　　**エ** ①－増やして　②－減税

[　　　　　]

(4) 資料 **資料Ⅰ**の下線部 **d** について調べていく中で，**資料Ⅲ**，**Ⅳ**を見つけ，これからの社会保障制度に関わる国民の負担について，次のように発表原稿にまとめました。**資料Ⅲ**，**Ⅳ**をもとに， **ア** ， **イ** に入る適切な内容を， **ア** は「老年人口」， **イ** は「生産年齢人口」という語を使って書け。

将来，日本の社会保障給付費の総額は， **ア** と予想されます。また，社会保障制度を維持するために必要な経費の負担は， **イ** と予想されます。

資料Ⅲ 社会保障給付費の推移

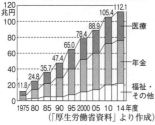

（「厚生労働省資料」より作成）

資料Ⅳ 日本の人口推移と将来推計

年	総人口（千人）	年齢別人口の割合（％）		
		0～14歳	15～64歳	65歳以上
1975	111940	24.3	67.7	7.9
1990	123611	18.2	69.7	12.1
2010	128057	13.2	63.8	23.0
2020	124100	11.7	59.2	29.1
2030	116618	10.3	58.1	31.6

（「総務省統計局データ」ほかより作成）

ア [　　　　　　　　] イ [　　　　　　　　]

2

次の文を読んで，あとの問いに答えなさい。

> ₐ市場において価格は，需要と供給の関係によって変化する。価格の中には，ᵦ電気やガスなどの料金のように，国会や政府が決定や認可をする価格もある。また，ある商品の生産や販売が，１つの企業や少数の企業に集中する状態をᵪ独占や寡占というが，このような状態を防止するための法律として（　**d**　）があり，その運用は公正取引委員会が行っている。

でる！

(1) **[資料]** 下線部 **a** について，右の図は，スーパーマーケットで販売されていたある商品の需要と供給と価格の関係を表したものである。また，次の文は，この図について述べたものである。文中の空欄 **X・Y** にあてはまる語句の組み合わせとして正しいものを，あとの **ア～エ** から１つ選べ。〈岩手県〉

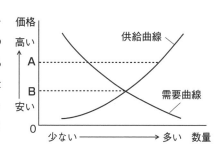

> 供給曲線は，（　**X**　）の行動を表すもので，価格が **A** のとき，供給量は需要量より（　**Y**　）ので，価格は下降し，結果として価格は，需要量と供給量の一致する **B** の価格に落ち着く。この **B** を均衡価格という。

ア X－生産者　Y－多い　　　**イ** X－生産者　Y－少ない
ウ X－消費者　Y－多い　　　**エ** X－消費者　Y－少ない　[　　　　]

でる！

(2) **[知識・理解]** 下線部 **b** について，電気やガスなどの公共料金が，国や地方公共団体によって決定や認可がされるようになっている理由を，「国民」の語句を用いて述べよ。

[　　　　　　　　　　　　　　　　　　　　　　　　　　　　　　]

(3) 下線部 **c** について，各問いに答えよ。

① **[資料]** 右の資料は，**ア～エ** の４つの商品について，商品の市場全体に占める出荷量の上位１社，上位３社の合計，上位５社の合計それぞれの割合を示したものである。最も寡占の状態が進んでいるものを **ア～エ** から１つ選べ。　[　　　　]

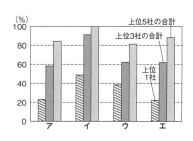

差がつく

② **[思考]** 市場が独占や寡占の状態になっているときには，商品の価格が下がりにくくなることがある。その理由を簡潔に述べよ。

[　　　　　　　　　　　　　　　　　　　　　　　　　　　　　　]

でる！

(4) **[知識・理解]** 空欄 **d** に入る法律は何か，書け。　[　　　　　　　　　]

知識・理解 流通と企業について，次の問いに答えなさい。

(1) 流通について，各問いに答えよ。

①下の図は，野菜が消費者に渡るまでの道すじの一部を示したものである。わたしたちは，野菜を生産農家からじかに購入するのではなく，商店，スーパーマーケット，デパートなどで購入することが多い。図中の空欄**X**にあてはまる語句を書け。

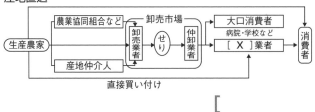

産地直送

生産農家 ── 農業協同組合など ── 卸売市場 ── 大口消費者／病院・学校など ── ［ **X** ］業者 ── 消費者

卸売業者 ── せり ── 仲卸業者

産地仲介人

直接買い付け

［　　　　　　　　　　　］

②「流通の合理化」として誤っているものを，次の**ア～エ**から1つ選べ。〈広島大附属高〉

ア 商品を生産者から直接仕入れる。

イ 大規模な流通センターをつくる。

ウ 卸売業者に仕入れなどの作業をさせる。

エ 自社ブランドを開発する。

［　　　　　］

(2) 企業について述べた文として誤っているものを，次の**ア～エ**から1つ選べ。〈宮崎県・改〉

ア 社会的責任を果たすため，文化活動への支援を行っている私企業もある。

イ 発展途上国への支援活動などを行うNGOは，利潤を追求しない私企業に含まれる。

ウ 国や地方公共団体が資金を出して経営する企業を公企業という。

エ 米や野菜を生産する農家や個人商店も，私企業とみなすことができる。

［　　　　　］

(3) 企業の形態の1つである株式会社について，各問いに答えよ。

①株式会社に関する次の文の空欄**A・B**にあてはまる語句を書け。

> 株式会社は株式の発行によって必要な資金を集めるが，発行する株式を購入した出資者は（　**A**　）とよばれる。（　**A**　）は，もっている株式数に応じて会社の利益の一部を（　**B**　）として受け取ることができる。

A ［　　　　　　　　　　　］ B ［　　　　　　　　　　　］

②株式会社において，経営の基本方針や役員（経営者）を決める機関を何というか，書け。

［　　　　　　　　　　　］

(4) グローバル化（グローバリゼーション）にともない増加している，複数の国に生産や販売の拠点をおいて活動する企業を何というか，書け。

［　　　　　　　　　　　］

4 次の問いに答えなさい。

(1) 知識・理解 労働基準法で定められている内容として誤っているものを，次の**ア**〜**エ**から1つ選べ。

ア 労働者に，1日について10時間をこえて労働させないこと。

イ 女性であることを理由として賃金の差別をしないこと。

ウ 労働者に対して，毎週少なくとも1回の休日が与えられること。

エ 満15歳に満たない者を就業させないこと。 [　　　　　]

(2) 次の問いに答えよ。〈群馬県〉

① 知識・理解 雇用の分野における男女の平等を実現することを目的として，1985年に制定された法律の名称を書け。 [　　　　　]

② 資料 **資料Ⅰ**，**資料Ⅱ**からわかる，女性の就業状況の変化について，簡潔に述べよ。

[

]

資料Ⅰ 女性の就業者数

資料Ⅱ 女性の雇用形態の割合

(3) 知識・理解 現在の日本の労働環境として誤っているものを，次の**ア**〜**エ**から1つ選べ。

（厚生労働省「平成30年版 働く女性の実情」より作成）

ア 週休二日制を採用する企業が多い。

イ 学校を卒業しても決まった職につくことをせず，アルバイトで収入を得るフリーターとよばれる人がいる。

ウ 就職から定年までの雇用を保障する終身雇用制を採用する企業が多くなってきた。

エ 労働者が団結して結成する組織を労働組合というが，労働者に占める組合員数の割合は年々減っている。 [　　　　　]

5 知識・理解 右の図中の**A**〜**D**は景気の状態を示している。これを見て，次の問いに答えなさい。

(1) このように**A**〜**D**まで景気の状態がくり返されることを何というか，書け。

[　　　　　]

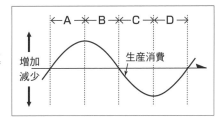

(2) **A**のときの市場と企業のようすとして最も適切なものを，次の**ア**〜**エ**から1つ選べ。〈群馬県〉

ア 商品の売れ行きが悪くなり，工場では生産を減少させる。

イ 商品の売れ行きがよくなり，工場では生産を増加させる。

ウ 商品の需要が供給を上回り，工場では生産が少しずつ回復する。

エ 商品の供給が需要を上回り，工場では生産を少しずつ減少させる。 [　　　　　]

金融のはたらきについてまとめた次の図を見て，問いに答えなさい。

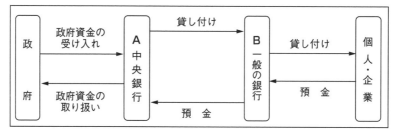

(1) 図中Aについて，各問いに答えよ。

① 知識・理解 中央銀行について述べた次の文の空欄に共通してあてはまる語句を漢字2字で書け。〈北海道〉

> 多くの国には，国全体の立場から特別な金融活動を行う中央銀行がある。わが国の中央銀行は（　　　）銀行で，（　　　）銀行券とよばれる紙幣の発行などを行っている。

[　　　　　　　　　　　]

② 資料 中央銀行には①の役割のほかに，「政府の銀行」とよばれる役割もある。この役割について図を参考にして簡潔に述べよ。

[　　　　　　　　　　　　　　　　　　　]

(2) 知識・理解 図中Bは金融機関とよばれるが，金融機関にあてはまらないものを，次のア～オから1つ選べ。

ア　信用金庫　　　　　イ　証券会社　　　ウ　建設会社
エ　生命保険会社　　　オ　農業協同組合　　　　　　　　　[　　　]

(3) 知識・理解 図中AとBのやりとりについて，各問いに答えよ。

①AとBのやりとりについて述べた次の文のaにあてはまる語句をア・イから1つ選び，bにあてはまる語句を書け。

> 中央銀行は，景気の安定を図るため，例えば不況のときには一般の銀行がもつ通貨量をa（ア　増やそう　　イ　減らそう）とする。このように，中央銀行が景気のようすを見ながら発行する通貨の量を決める制度を（　b　）という。

a [　　　] b [　　　　　　　]

②中央銀行が景気の安定をはかるために行う政策を何というか，書け。

[　　　　　　　　]

(4) 知識・理解 資金を貸し借りした場合，貸し借りした金額以外に，一定額のお金をつけて返さなければならない。このお金のことを何というか，書け。

[　　　　　　　　]

7 次の問いに答えなさい。

(1) 知識・理解 外国との貿易には，自国と相手国の通貨とを交換する必要がある。これについて，次の問いに答えよ。

①自国の通貨と他国の通貨の交換比率のことを何というか。漢字４字で書け。

[ ]

②この交換比率が「１ドル＝150円」から「１ドル＝100円」に変動することを何というか。また，この変動により，一般的にはどのような影響があると考えられるか。その組み合わせとして正しいものを，次のア〜エから１つ選べ。〈石川県〉

ア 円高－日本人にとってアメリカ旅行での滞在費が高くなる。

イ 円高－日本ではアメリカ産グレープフルーツの値段が安くなる。

ウ 円安－アメリカ人にとって日本への観光旅行がしにくくなる。

エ 円安－アメリカへ輸出している自動車が売れにくくなる。

[ ]

(2) 思考 クレジットカードを利用した買い物についての説明として最も適切なものを，資料を参考にして，次のア〜エから１つ選べ。

〈奈良県〉

ア カード会社に，あらかじめ商品の代金を支払っておく必要があるので，消費者は計画的に買い物をすることができる。

クレジットカードを利用した買い物のしくみ

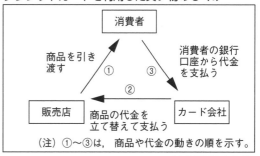

（注）①〜③は，商品や代金の動きの順を示す。

（金融庁資料より作成）

イ カード会社には，販売店から商品の代金が支払われるので，消費者は計画的に買い物をする必要がない。

ウ 消費者は，販売店に商品の代金の前払いをするので，計画的に買い物ができる。

エ 消費者は，買い物をした後，カード会社へ商品の代金を支払うことになるので，計画的に買い物をする必要がある。

[ ]

(3) 日本の企業は貿易だけでなく，直接海外に工場をつくり，現地で生産を行うことがある。このことについて，次の問いに答えよ。

① 思考 現地で生産をするようになった理由として考えられることを，右のグラフを参考にして，簡潔に書け。

日本を 100 としたときの賃金

日本	100
台湾	41.7
中国	13.9
フィリピン	10.2

(2015 年)（「世界国勢図会 2019/20」より作成)

[ ]

② 知識・理解 この結果，国内では工場が閉鎖され，働いていた人たちの仕事がなくなるといったことがおきている。これにより国内の産業が衰退していく現象を何というか，書け。

[ ]

要点まとめ

1
1 財政

2 歳入と歳出

財政

〈財政とは〉政府が税金などの収入を得て公共的な仕事に支出すること。景気を調節する働きもある。

〈歳入〉政府の収入。税金が中心。不足分は公債の発行などでまかなわれる。
〈歳出〉政府の支出。公共サービスの提供，社会資本の整備など。

2
1 税金

2 公債

税金と公債

〈種類〉国税と地方税。直接税（納税者と担税者が同じ）と間接税（納税者と担税者が異なる）。
〈累進課税〉所得・財産が多い人ほど税率が高くなるしくみ⇒所得税，相続税など。

〈公債〉国や地方公共団体による借金。国債と地方債。
〈国債の問題点〉国債の発行額の増加⇒利子の支払い，元金の返済の負担が増加。

国税の内訳（2019 年度）

酒税 1.9
揮発油税 3.5
その他 7.8
所得税 30.0%
間接税 42.4
直接税 57.6
法人税 19.4
消費税 29.2
その他 4.8
相続税 3.4
総額66兆4213億円
（「日本国勢図会 2020/21」より作成）

3
1 財政支出

2 財政政策

財政支出と財政政策

〈国の財政支出〉社会保障関係費，国債費，地方交付税交付金など。
〈財政投融資〉特別な債券の発行で得た資金を，地方公共団体などに投資・融資。

〈好景気のとき〉増税，公共事業を減らす⇒景気の過熱を抑える。
〈不景気のとき〉減税，公共事業を増やす⇒景気を活発化させる。

4
1 社会保障制度

2 少子高齢社会

社会保障制度

〈憲法〉憲法第 25 条で保障されている生存権をもとに整備。

〈介護保険制度〉介護の負担を社会全体で支えるために，2000 年に創設。
〈給付と負担〉社会保険給付金の増加⇒働き手の負担が増加。

社会保障制度の 4 つの柱

社会保険	社会福祉	公的扶助	公衆衛生

5

環境保全

〈四大公害病〉高度経済成長期に深刻化した，水俣病，新潟水俣病，イタイイタイ病，四日市ぜんそく。公害対策基本法の制定，1971 年に環境庁の設置。
〈現在の環境問題〉ごみ問題などの生活公害や地球環境問題。1993 年に環境基本法が制定。2001 年に環境庁が環境省へ。

基礎力チェック

ここに載っている問題は基本的な内容です。必ず解けるようにしておきましょう。

1 政府が収入を得て公共的な仕事に支出するという，政府による経済活動のことを何というか。

[　　　　　　　　　　]

2 道路や公園，港湾などのように，多くの人が利用する公共的な施設を何というか。

[　　　　　　　　　　]

3 税金のうち，国に納めるものを何というか。 [　　　　　　]

4 税金のうち，納める人と負担する人が同じものを何というか。[　　　　]

5 税金のうち，納める人と負担する人が違うものを何というか。[　　　　]

6 **5** のうち，1989年に導入された，商品やサービスにかかる税金を何というか。

[　　　　　　　　　　]

7 所得税などで採用されている，所得が多いと税率も高くなるしくみを，何というか。

[　　　　　　　　　　]

8 国や地方公共団体による借金のうち，国が発行するものを何というか。

[　　　　　　　　　　]

9 社会保障制度は，憲法第25条で保障されている，健康で文化的な最低限度の生活を営む権利をもとに整備された。この権利は，社会権の中の何という権利か。

[　　　　　　　　　　]

10 社会保障制度のうち，生活保護などのように，収入が少ない世帯に対して生活や住宅，教育などの扶助をする制度を，何というか。

[　　　　　　　　　　]

11 2000年4月から実施された，40歳以上の人が加入して，高齢で介護が必要となったときなどにサービスが受けられる制度を，何というか。

[　　　　　　　　　　]

12 高度経済成長期に深刻な問題となった四大公害のうち，富山県で発生したものは何か。

[　　　　　　　　　　]

13 1971年に環境行政のために設置された国の機関は，2001年の省庁再編で名称が変わった。現在の名称は何か。

[　　　　　　　　　　]

実践問題

1 次の会話文を読んで，あとの問いに答えなさい。〈富山県〉

生徒 ： 景気が変動すると，私たちの生活にどのような影響がありますか。

先生 ： 一般に，景気がよくなると，失業率が P（ア 上昇 イ 下降）します。また，家計の所得が，Q（ア 増加 イ 減少）し，家計の消費が，R（ア 増加 イ 減少）します。景気が悪くなると，その逆のことがおこります。

生徒 ： 不景気のとき，政府はどのような対策をとるのでしょうか。

先生 ： 政府は，公共事業への支出を，X（ア 増加 イ 減少）させるなどのことを行います。また，Y（ア 増税 イ 減税）を行うことがあります。

生徒 ： 家計や a 企業が納めた税金はどのように使われているのでしょうか。

先生 ： 国の税金の使いみちで一番多いのは，b 社会保障関係費で国民の生活を守るために使われています。また，地方交付税交付金として地方公共団体に配分されています。

生徒 ： 税金の使いみちはどのようにして決められるのでしょうか。

先生 ： 国が毎年，税金などで得た収入をどのように使うかについて立てた見積もりを予算といいます。予算案は，内閣で作成し，国会で審議・議決します。

(1) 知識・理解 P〜Rの（ ）のア，イからそれぞれ適切なものを選び，記号を書け。

P [　　　　] Q [　　　　] R [　　　　]

(2) X，Yの（ ）のア，イからそれぞれ適切なものを選び，記号を書け。

X [　　　　] Y [　　　　]

(3) 下線部 a について，次の文の I ・ II に入る語句を書け。

> 企業は，資本金や従業員数によって，I 企業と II 企業に分けられる。日本の事業所数の約99％は I 企業である。自動車などの製品を生産するときは，I 企業が，II 企業の「下請け」として部品を生産することが多い。

I [　　　　　　　　] II [　　　　　　　　]

(4) 下線部 b について，社会保障に関する説明として適切なものを次のア〜エから2つ選べ。

ア 社会保障制度は，憲法の生存権の規定に基づいて整備されている。

イ 40歳になると介護保険制度に加入することが義務づけられている。

ウ 社会福祉は，生活に困っている人に，生活保護法に基づき，生活費などを給付するしくみである。

エ 医療機関を受診した際にかかる医療費は，すべて税金でまかなわれている。

[　　・　　]

2 税金について，次の問いに答えなさい。

でる！ **(1)** 知識・理解 次の文中の（　　）にあてはまる語句を書け。

> 　税は，納める先によって，国税と地方税に分けることができる。個人の所得にかかる税である所得税は，この２つのうち（　①　）に分類される。所得税は，所得が多いほど税率が高くなる（　②　）のしくみがとられている。

① [　　　　　　　　　　　] ② [　　　　　　　　　　　　　　]

(2) 資料 右の図はおもな国の租税（そぜい）収入に占める直接税と間接税の割合を示したものである。また，次の□□の文は，図の内容と税に関して述べたものである。文中のa～cにあてはまる語の組み合わせを，**ア～カ**から１つ選べ。〈茨城県〉

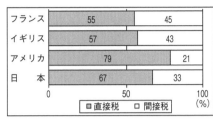

（財務省資料より作成）

> 　フランスやイギリスは，アメリカや日本に比べると，所得税や（　**a**　）などの直接税の割合よりも，酒税や（　**b**　）などの間接税の割合が（　**c**　）。

ア	a－法人税	b－たばこ税	c－高い
イ	a－関税（かんぜい）	b－相続税	c－高い
ウ	a－法人税	b－相続税	c－低い
エ	a－関税	b－たばこ税	c－高い
オ	a－法人税	b－たばこ税	c－低い
カ	a－関税	b－相続税	c－低い

[　　　　　]

(3) 知識・理解 消費税に関する文として適当なものを，次の**ア～エ**から１つ選べ。〈鳥取県〉

ア 支払う者と納める者が同じである。

イ 所得の多い少ないにかかわらず同じ税率で負担している。

ウ 1989年に導入されてから，税率は一度下がっている。

エ 現在，国の収入の中で最も割合が高い。

[　　　　　]

差がつく **(4)** 思考 **資料**はゆきさんがＣＤを購入したときのレシートである。**資料**の合計金額に含まれる消費税はいくらか。□□にあてはまる数字を，計算して書け。〈岐阜県・改〉

資料

2020年１月１日	
数量	単価
ＣＤ１	￥2750
合計	￥2750
（内　消費税　￥□□□）	

[　　　　　]

社会保障制度について，次の問いに答えなさい。

(1) 〈知識・理解〉 社会保障制度が保障している人権は社会権のうちの何か，書け。

[　　　　　　　　　　　　　]

(2) 〈知識・理解〉 社会保障制度の4つの柱である次の①～④について説明している文を，あとの**ア～エ**から1つずつ選べ。〈山形県・改〉

①公的扶助　　②社会福祉　　③公衆衛生　　④社会保険

ア　最低限の生活を保障するために，生活費などを給付する。
イ　国民の健康増進のために，健康診断や感染症対策などを行う。
ウ　保育所や老人ホーム，障がい者のための施設などをつくる。
エ　失業している人々の再就職のために，積み立てたかけ金や税金を使って支援する。

①[　　　　　] ②[　　　　　] ③[　　　　　] ④[　　　　　]

(3) 〈資料〉 年齢別人口の推移と推計についてまとめた右のグラフを見て，次の問いに答えよ。

① 労働者の中心となっている生産年齢人口について，2000年と2030年の推計では，それぞれ総人口の何%を占めているか，最も近い数字を，次の**ア～エ**からそれぞれ選べ。

ア　60%　　**イ**　70%
ウ　80%　　**エ**　90%

2000年[　　　　　]　2030年[　　　　　]

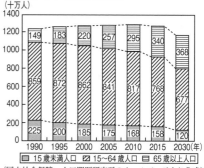

年齢別人口の推移と推計
（十万人）

（国立社会保障・人口問題研究所のホームページより作成）
注：2030年は，推計値である。

② 老年人口について述べた文として誤っているものを，次の**ア～エ**から1つ選べ。

ア　1995年，2000年，2005年は，いずれも5年前より300万人以上増加している。
イ　2010年から2015年の間に400万人以上増加している。
ウ　総人口に占める割合は，1990年では10%をこえ，2005年には20%をこえている。
エ　2005年の人口は1990年の1.8倍以上であり，2030年の推計人口は1990年の2.3倍以上である。

[　　　　　]

③ 以下の文は，グラフから考えられる将来の公的年金制度の課題についてまとめたものである。適切なまとめになるように，（　**X**　），（　**Y**　）にあてはまる言葉の組み合わせを，あとの**ア～エ**から1つ選べ。〈山形県〉

> 推計の通りに年齢別人口が推移していくと，老年人口にあたる人々に対して国が支出する公的年金の費用は（　**X**　）していき，生産年齢人口にあたる人々の（　**Y**　）は増加していくと考えられる。

ア　X－減少　　Y－支払う保険料　　　**イ**　X－減少　　Y－受け取る給付金
ウ　X－増加　　Y－受け取る給付金　　**エ**　X－増加　　Y－支払う保険料

[　　　　　]

右下の**表**は日本の社会保障給付費の，部門別の推移を表したものである（ただし，「福祉・その他」は，社会福祉サービスや介護対策のための費用などを示している）。次の文は，この**表**についての生徒の会話文である。**表**と会話文を見て，あとの問いに答えなさい。

生徒A：1980年度と2010年度の年金と医療を比較すると，① ｛**ア** 年金 **イ** 医療｝の増加額のほうが多いことがわかるね。

生徒B：「福祉・その他」の給付費は，② ｛**ア** 1980年度と1990年度 **イ** 2000年度と2010年度｝の間で最も大きく増えているね。これは（　　　）制度の実施による影響かな。

表 （単位は億円）

部門＼年度	1980	1990	2000	2010
医療	107,598	186,254	266,049	336,439
福祉・その他	38,089	50,128	112,570	194,921
年金	103,330	237,772	405,367	522,286
計	249,016	474,153	783,985	1,053,646

（「数字でみる日本の100年　改訂第7版」より作成）

(1) **資料** 生徒の会話文中の ｛　　　｝ の正しいほうを記号で選べ。〈神奈川県・改〉

① [　　　　] ② [　　　　]

(2) **知識・理解** 生徒の会話文中の（　　　）制度について，次の問いに答えよ。

〈神奈川県・改〉

① （　　　）にあてはまる語句を書け。 [　　　　]

②この制度について述べた文として正しいものを，次の**ア～エ**から1つ選べ。

ア サービスの利用者は，すべて施設に入所してサービスを受ける。

イ 20歳以上の国民が保険料を負担している。

ウ 申請した人はすべてサービスを受けることができる。

エ サービスの申請は市町村に対して行う。 [　　　　]

知識・理解 公害問題や環境保全について，次の問いに答えなさい。

(1) 高度経済成長期に社会問題となった四大公害病の1つに水俣病がある。この水俣病の原因を，次の**ア～エ**から1つ選べ。

ア 大気汚染 **イ** 悪臭 **ウ** 地盤沈下 **エ** 水質汚濁 [　　　　]

(2) 現在の環境保全の動きについて，次の文が正しければ○，間違っていれば×と書け。

① 1998年に定められた家電リサイクル法では，すべての家電について回収・リサイクルすることをメーカーに義務づけた。

② 1993年に環境保全の基本をまとめた環境基本法が定められ，それまでの公害対策基本法は廃止された。

③ 廃棄物の焼却施設から排出されるフロンガスによる汚染を防ぐための法律が定められた。

① [　　　] ② [　　　] ③ [　　　]

世界平和と人類の福祉

要点まとめ

1

1 国家のなりたち

国家と国際連合

〈**主権国家**〉196の主権をもつ国家⇒内政不干渉の原則。主権平等の原則。

〈**領域**〉主権のおよぶ範囲。領土・領空・領海。200海里の経済水域を設定する国も。
経済水域の外側は公海。

〈**国際法**〉国際慣習法と条約で国家の関係を規定。

2 国際連合

〈**目的**〉世界の平和と安全の
維持。

〈**しくみ**〉本部はニューヨー
ク。総会，安全保障理事会，
経済社会理事会など。

〈**安全保障理事会**〉アメリカ，
イギリス，フランス，ロシア，
中国の常任理事国と非常任
理事国からなる。常任理事
国には拒否権。

国際連合のしくみ

2

1 多様化する世界

冷戦から現代，これからの社会

〈**冷戦**〉第二次世界大戦後に，アメリカを中心とする資本主義陣営（西側諸国）と
ソ連を中心とする社会主義陣営（東側諸国）が対立。1989年に米ソ両首脳は冷戦
終結を宣言。

〈**地域紛争**〉宗教の違いをめぐる民族紛争など⇒PKOの派遣。難民の発生。

〈**地域主義**〉同じ地域にある国家同士が結びついて，協調や協力。EU（ヨーロッ
パ連合）やASEAN（東南アジア諸国連合），USMCA（アメリカ・メキシコ・
カナダ協定）など。

**2 世界の諸問題と
対応**

〈**環境問題**〉温室効果ガスによる地球温暖化や砂漠化，酸性雨，オゾン層の破壊
などの環境破壊問題⇒国際会議を開く。国連人間環境会議（1972年）や地球温暖
化防止京都会議（1997年，京都議
定書を採択）など。

〈**南北問題**〉先進国と発展途上国間
の経済格差とそれをめぐる問題。
発展途上国間の南南問題も発生。

〈**国際協力**〉ODA（政府開発援助）
や，NGO（非政府組織），NPO（非
営利組織）の活躍。

おもな環境会議

年代	場所	会議
1972	ストックホルム	国連人間環境会議 →「かけがえのない地球」
1992	リオデジャネイロ	国連環境開発会議 →「持続可能な開発」
1997	京都	地球温暖化防止会議 →京都議定書の採択
2015	パリ	第21回締約国会議 →パリ協定の採択

基礎力チェック

ここに載っている問題は基本的な内容です。必ず解けるようにしておきましょう。

1 国家は，他国から干渉されたり，他国を干渉したりしないという原則を何というか。

[　　　　　　　　　　　　]

2 主権のおよぶ範囲である，領土・領海・領空をまとめて何というか。

[　　　　　　　　　　　　]

3 国際連合の本部はどこにあるか。

[　　　　　　　　　　　　]

4 国際連合の中心的機関で，全加盟国によって構成され，1国1票の投票権をもち，多数決制をとっている機関を何というか。

[　　　　　　　　　　　　]

5 国際連合の組織で，常任理事国と非常任理事国で構成されている組織を何というか。

[　　　　　　　　　　　　]

6 **5** の組織で，常任理事国だけがもっている権利は何か。 [　　　　　　　　　　　　]

7 第二次世界大戦後の，アメリカを中心とした資本主義陣営と，ソ連を中心とした社会主義陣営の対立を何というか。

[　　　　　　　　　　　　]

8 地域紛争が発生している地域から逃れるために国境をこえて移動している人々を何というか。

[　　　　　　　　　　　　]

9 ヨーロッパの国々が結びついてつくった地域連合の組織の略称をアルファベットで何というか。

[　　　　　　　　　　　　]

10 温室効果ガスの増加などにより，地球の平均気温が上がっている環境問題を何というか。

[　　　　　　　　　　　　]

11 **10** の問題に対応するため，1997年に京都で開かれた会議で採択された取り決めを何というか。

[　　　　　　　　　　　　]

12 先進国と発展途上国間で発生している，経済格差とそれをめぐる問題を何というか。

[　　　　　　　　　　　　]

13 先進国の政府が，発展途上国に対して行う経済発展や生活向上のための経済援助を何というか。

[　　　　　　　　　　　　]

実際の問題形式で知識を定着させましょう。

1

右の図を見て，次の問いに答えなさい。

でる！

(1) 資料 図中の空欄にあてはまる語句を書け。

A [   ] B [   ]

C [   ]

(2) 知識・理解 図中の下線部の経済水域とは沿岸国にとって何ができる水域か，簡潔に書け。

[   ]

(3) 知識・理解 図のような領域の国家がもつ，自国のことを自分で決めることができる権利を何というか，書け。 [   ]

2

次の文章を読んで，あとの問いに答えなさい。〈福島県・改〉

> 平和な世界の実現を目指して戦争のない世界だけでなく，貧困や飢餓などを含めた「平和ではない状態」が改善されなければ，人々は平和な生活を送ることができません。a核兵器の廃絶に向けた取り組みや，b地域紛争，c南北問題などのさまざまな国際的な課題を解決するために，私たちは国境をこえて協力していくことが求められています。

でる！

(1) 知識・理解 下線部aに関して，核兵器を「持たず，つくらず，持ちこませず」という，日本がかかげている方針を何というか，書け。

[   ]

(2) 下線部bに関して，人種，宗教，国籍，政治的意見や特定の社会集団に属するなどの理由で，自国にいると迫害を受けるか，迫害を受けるおそれがあるために他国にのがれた人々は何とよばれているか，漢字2字で書け。 [   ]

(3) 資料 下線部cに関して，日本は，政府開発援助（ODA）などを中心に発展途上国を支援している。右のグラフは，ヨーロッパのODA支出金額上位5か国であるイギリス，ドイツ，フランス，スウェーデン，オランダと日本のODA支出金額および国民総所得をあらわしたものである。グラフを参考にして，ヨーロッパの5か国と比較した日本のODA支出金額の特徴を書け。

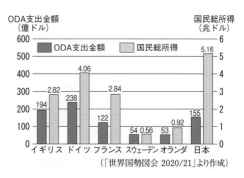

（「世界国勢図会 2020/21」より作成）

[   ]

3

国際連合について，次の問いに答えなさい。

(1) 知識・理解 国際連合について述べた文として正しいものを，次の**ア〜エ**から１つ選べ。〈佐賀県〉

　ア　第一次世界大戦の反省のうえに，世界の平和を維持することを目的として発足した。

　イ　現在およそ190か国が加盟しており，本部はワシントンにおかれている。

　ウ　国家間の紛争解決のために軍を派遣するが，民族間の紛争には派遣しない。

　エ　総会，事務局，国際司法裁判所および３つの理事会などの主要機関が設けられている。　　　　　　　　　　　　　　　　　　　　　　　[　　　　　]

(2) 知識・理解 国連が行っている，紛争地域に部隊を派遣して停戦の監視などを行う活動を何というか，アルファベット３字で書け。　[　　　　　　　　]

(3) 資料 右の**表**は，国連加盟国数の地域別内訳の推移を示したものであり，**表**中の**ア〜エ**は，ヨーロッパ・旧ソ連，アフリカ，南北アメリカ，オセアニアのいずれかの地域である。ヨーロッパ・旧ソ連，アフリカにあてはまるものを，**ア〜エ**からそれぞれ１つずつ選べ。〈大分県〉

表　国連加盟国数の地域別内訳

地　域		アジア	ア	イ	ウ	エ	総計
加盟国数	1945年	9	2	14	22	4	51
	1970年	29	3	27	26	42	127
	1995年	38	10	49	35	53	185
	2006年	39	14	51	35	53	192
	2020年	39	14	51	35	54	193

（国連広報センター資料ほかより作成）

ヨーロッパ・旧ソ連 [　　　]　　アフリカ [　　　]

(4) 知識・理解 国連の下で活動する専門機関などの名称と，活動の組み合わせとして正しいものを次の**ア〜オ**からすべて選べ。

　ア　ＵＮＥＳＣＯ－貧困などから子どもの生命や健康を守る

　イ　ＷＨＯ－各国の労働問題の解決に取り組む

　ウ　ＩＡＥＡ－原子力の平和利用をすすめる

　エ　ＵＮＨＣＲ－紛争などによって故郷を追われた難民などを保護する

　オ　ＩＭＦ－発展途上国の経済発展を推進する　[　　　　　　　]

(5) 資料 安全保障理事会では，1980年代までその機能がじゅうぶんに果たされない時期があった。**資料**と**略年表**を参考にして，拒否権発動の背景にふれながらその理由を簡潔に書け。〈佐賀県〉

資料　安全保障理事会常任理事国の拒否権発動回数

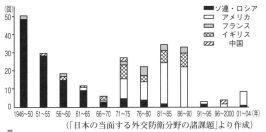

（「日本の当面する外交防衛分野の諸課題」より作成）

略年表

年代	できごと
1945年	アメリカが原爆を保有する
1949年	ソ連が原爆を保有する
1950年	朝鮮戦争が始まる
1965年	ベトナム戦争が激化する
1979年	ソ連のアフガニスタン侵攻が始まる
1989年	東西陣営の対立が終結する

[　　　　　　　　　　　　　　　　　]

4 次の文章を読んで，あとの問いに答えなさい。〈千葉県〉

> 1997年に地球温暖化防止京都会議が開かれ，京都議定書が採択されました。そして，一部を除いた先進国は，a地球温暖化の原因となるガスについて，1990年の排出量を基準とした削減目標を2008年〜2012年の間に達成することとしました。また，2008年7月に開催された北海道洞爺湖サミットでは，2013年以降の新たな目標づくりについて話し合われました。

でる！

(1) 知識・理解 下線部aについて，次の文章は地球温暖化の原因の1つについて述べたものである。文中の空欄にあてはまる語句を漢字4字で書け。

> 化石燃料の燃焼によって二酸化炭素（CO_2）などの（　　）ガスが発生し，地球全体の気温を引き上げていると考えられている。

[　　　　　　　　　　　　]

差がつく

(2) 思考 先進国が二酸化炭素などの排出抑制や削減を求めるのに対して，発展途上国が消極的な姿勢を見せてきたのはなぜか。その理由を「工業」「経済力」の語句を用いて簡潔に書け。〈奈良県〉

[　　　　　　　　　　　　]

5 あとの問いに答えなさい。〈富山県・改〉

(1) 資料 日本のエネルギー事情における課題を，次の資料をふまえて，簡潔に書け。

資料　主要国のエネルギー自給率　　（2017年）

	アメリカ	中国	日本
石炭	112.8	91.4	0.7
原油	61.0	32.5	0.3
天然ガス	99.7	63.5	2.5

（単位は%）　　　（「日本国勢図会 2020/21」より作成）

[　　　　　　　　　　　　]

でる！

(2) 知識・理解 より良い国際社会を実現するための取り組みを説明した次の文中の　X　に入る語句をカタカナで書け。

> 発展途上国でつくられた農作物や製品を，その労働に見合う公正な価格で取り引きをすることは　X　とよばれ，生産者の生活を支える取組として注目されています。

[　　　　　　　　　　　　]

入試予想問題
第1回

解答・解説 ➡ 別冊 P.57

あらゆる内容が融合した問題に挑戦しましょう。

制限時間

60分

得点

点／100点

1 右の地図を見て，あとの問いに答えなさい。〔(4)②4点，その他各3点　計16点〕

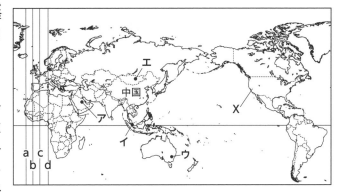

(1) 本初子午線を表す経線を，地図中のa～dから1つ選べ。

[　　　　　]

(2) 地図中のサンフランシスコの南に位置するXの地域は，コンピューターやインターネットに関連した企業が多く集まっている。この地域を何というか。

[　　　　　　　　　　　　　　]

(3) 右の雨温図は東京とある都市の平均気温と降水量を示している。ある都市にあてはまる場所を，地図中のア～エから1つ選べ。　[　　　　　]

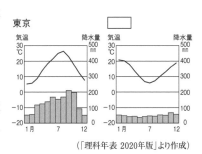

（「理科年表 2020年版」より作成）

(4) 地図中の中国について，次の問いに答えなさい。

①中国では，1979年から2015年まで一人っ子政策がとられていた。この政策の目的を簡潔に書け。

[　　　　　　　　　　　　　　　　　　　　　　　　　　　　　]

②表1は，米の生産量と輸出量，表2は，世界の人口に関するグラフである。中国は米の生産量が世界一であるが，輸出量は世界一ではなく，第6位である。その理由を「人口」「消費」という語句を使って簡潔に書け。

表1　米の生産量と輸出量

			バングラデシュ		ベトナム	
		インドネシア				
生産量 7.82億t	中国 27.1%	インド 22.1	10.6	7.2	5.6	その他

			アメリカ合衆国		パキスタン	
		ベトナム				
輸出量 4452万t	インド 27.1%	タイ 26.1	13.1	7.3	6.1	その他

（生産量は2018年，輸出量は2017年）
（「世界国勢図会 2020/21」より作成）

表2　世界の人口

中国 18.5%
その他 40.7
世界計 77億9480万人
インド 17.7
アメリカ合衆国 4.2
インドネシア 3.5
パキスタン 2.8
ブラジル 2.7
ナイジェリア 2.6
バングラデシュ 2.1
ロシア 1.9
メキシコ 1.7
日本 1.6

（2020年）（「世界国勢図会 2020/21」より作成）

[　　　　　　　　　　　　　　　　　　　　　　　　　　　　　]

右の地図を見て，あとの問いに答えなさい。〔各3点　計15点〕

(1) 地図中のX－Yの断面の模式図として正しいもの
を次のア～エから1つ選べ。

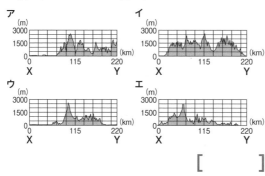

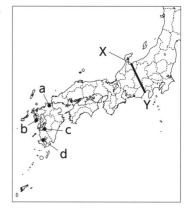

[　　　　　]

(2) 次の文は九州地方の都市の特徴をまとめたものである。①，②で説明している都市に
あてはまる場所を，地図中のa～dから1つずつ選べ。

①ペットボトルやパソコン，自動車部品などの廃棄物をリサイクルする工場を集めた
エコタウンが形成されている。

②ある化学工場が海に流したメチル水銀（有機水銀）が原因で日本の四大公害のうちの
1つが発生した。

① [　　　　　] ② [　　　　　]

(3) 中部地方でみられる農業について，右のグラ
フは東京都中央卸売市場に入荷するレタスの
量である。グラフからわかるように長野県の
時期がずれている理由を簡潔に書け。

[

]

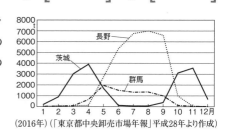

(2016年) (「東京都中央卸売市場年報」平成28年より作成)

(4) 右のグラフは，中京工業地帯，阪神工業地帯，
瀬戸内工業地域における2017年の工業別製
造品出荷額の割合を表している。a～cは金
属，化学，機械のいずれかである。a～cの
組み合わせとして正しいものを，次のア～エ
から1つ選べ。

ア　a－金属　b－化学　c－機械
イ　a－金属　b－機械　c－化学
ウ　a－機械　b－化学　c－金属
エ　a－機械　b－金属　c－化学

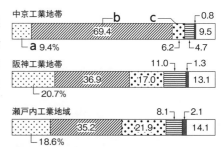

(2017年) (「日本国勢図会 2020/21」より作成)

[　　　　　]

右の地図を見て，あとの問いに答えなさい。〔各3点　計15点〕

(1) 地図中の**A**の県には旧石器時代の代表的
遺跡がある。この遺跡として正しいもの
を，次の**ア**〜**エ**から1つ選べ。
ア　岩宿遺跡　　　**イ**　三内丸山遺跡
ウ　吉野ヶ里遺跡　**エ**　登呂遺跡

[　　　　　　]

(2) 地図中の**B**の県には東大寺という寺があ
る。この寺が建てられた時代に関する説
明として正しいものを，次の**ア**〜**エ**から
1つ選べ。
ア　天智天皇の没後，あとつぎをめぐる
壬申の乱がおこった。
イ　太閤検地が行われ，全国の田畑の面
積や土地のよしあしが調べられた。
ウ　最澄が天台宗を，空海が真言宗を広めた。
エ　天皇や貴族だけでなく，防人や農民の歌も収めた『万葉集』がまとめられた。

[　　　　　　]

(3) 地図中の**C**の県について，次の問いに答えなさい。
①この県では1185年に壇ノ浦の戦いがおこった。この前後のできごとについて，次の
ア〜**エ**を年代の古い順に並べよ。
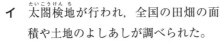
ア　平清盛が太政大臣になった。

イ　源頼朝が征夷大将軍になった。
ウ　白河上皇が院政を開始した。
エ　平治の乱がおこった。

[　　→　　　→　　　→　　]

②この県では日清戦争の講和条約である下関条約が結ばれた。この条約の内容として
正しくないものを，次の**ア**〜**エ**から1つ選べ。
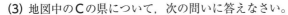
ア　清は遼東半島，台湾，澎湖諸島を割譲する。
イ　清は南満州鉄道の利権を日本に譲渡する。
ウ　清は朝鮮の独立を承認する。
エ　清は2億両の賠償金を支払う。

[　　　　　　]

(4) 地図中の**D**の県について，江戸時代には人工の島がつくられ，ポルトガル人，ついで
オランダ人が収容されるようになった。この島を何というか。

[　　　　　　]

右の資料を見て，あとの問いに答えなさい。〔各3点 計12点〕

(1) Aを制定した人物の説明として正しいものを，次のア〜エから1つ選べ。

ア 推古天皇の摂政に就任した。

イ 遣唐使を派遣した。

ウ 平等院鳳凰堂を建立した。

エ 白村江の戦いで百済を滅ぼした。

[　　　]

(2) Bに関する説明のうち，正しい組み合わせはどれか，あとのア〜エから1つ選べ。

X 1232年に当時の執権である北条泰時によって定められた。

Y 座や各地の関所の廃止が定められ，自由な商工業の発展が図られた。

ア X－正　Y－正

イ X－正　Y－誤

ウ X－誤　Y－誤

エ X－誤　Y－正

[　　　]

(3) Cの法律が制定された理由を説明した次の文中の□□□にあてはまる語句を書け。

・人口が増加し，□□□が不足したから。

[　　　]

(4) Dの法律では，幕府は大名の勢力を制限しており，これは大名の配置にも表れている。右の地図はおもな大名の配置を示している。地図中の■■■にあてはまる大名を，次のア〜ウから1つ選べ。

ア 親藩

イ 譜代大名

ウ 外様大名

[　　　]

A 十七条の憲法

一に曰く，和をもって貴しとなし，さからう（争う）ことなきを宗と（第一に）せよ。

B 御成敗式目

一 諸国の守護の職務は，頼朝公の時代に定められたように，京都の御所の警備と，謀反や殺人などの犯罪人の取りしまりに限る。

C 墾田永年私財法

養老7年の規定では，墾田は期限が終われば，ほかの土地と同様に国に収められることになっている。

D 武家諸法度

一 学問と武道にひたすら精をだすようにしなさい。

一 諸国の城は，修理をする場合であっても必ず幕府に申し出ること。

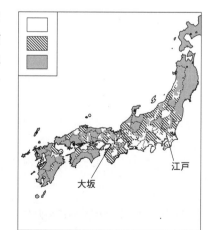

江戸

大坂

太郎さんは国会，内閣，裁判所と三権分立の
しくみについて調べました。右の資料はその
ときのものです。あとの問いに答えなさい。

〔各3点 計12点〕

三権分立と国民の政治参加

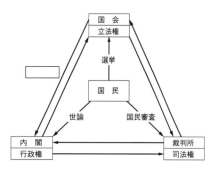

(1) 三権分立を唱えたフランスの学者はだれ
か。

[　　　　　　　　　　　]

(2) 右の資料中の□□□にあてはまる内容と
して，正しくないものを，次の**ア～エ**か
ら1つ選べ。

ア 衆議院の内閣不信任決議

イ 内閣総理大臣の指名

ウ 弾劾裁判所の設置

エ 国政調査権

[　　　]

(3) 内閣では法律案を国会に提出することができる。国会に提出された法律案のうち衆議
院で可決後，参議院で否決された法律案について説明した次の文中の □ X □， □ Y □
にあてはまる語句の組み合わせとして正しいものを，あとの**ア～エ**から1つ選べ。

・衆議院で可決後，参議院で否決された法律案は，衆議院で □ X □ の □ Y □ の多数によっ
て再び可決されると，法律になる。

ア X – 全議員　　Y – 3分の2

イ X – 全議員　　Y – 過半数

ウ X – 出席議員　Y – 過半数

エ X – 出席議員　Y – 3分の2

[　　　]

(4) 裁判所について，右の図はある裁判の様子
を模式図で表したものである。この裁判に
ついて説明した文のうち正しいものを，次
の**ア～エ**から1つ選べ。

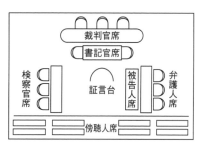

ア 右の図は刑事裁判であり，被告人がい
ることから推測できる。

イ 右の図は民事裁判であり，被告人がい
ることから推測できる。

ウ 右の図は刑事裁判であり，訴えた人が原告となる。

エ 右の図は民事裁判であり，被疑者を被告人として裁判所に訴える。

[　　　]

次の文章を読んで，あとの問いに答えなさい。〔各3点　計9点〕

> 花子さんは来月，アメリカへの旅行を予定している。事前準備として_a銀行で両替を行うため，_b為替（かわせ）レートを確認することにした。これをきっかけに為替相場の変動に興味を持ち，_c貿易にどのような影響があるのか調べることにした。

(1) 下線部 a について，日本の中央銀行は日本銀行であり，普通の銀行とは異なる役割を果たしている。その役割のひとつとして，金融機関から余ったお金を預かったり，お金が不足する金融機関に貸し出したりしている。そのことから何とよばれるか，書け。

[　　　　　　　　　　]

(2) 下線部 b について，右の図は日本の円とアメリカのドルの為替相場の変動を，模式的に表したものである。この図に関連して述べた下の文中の X，Y にあてはまる語句の組み合わせとして正しいものを，あとのア〜エから1つ選べ。

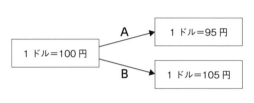

・為替相場が A の方向に変動すると，円の価値はドルに対して　X　なる。為替相場が B の方向に変動すると，A の方向に変動したときに比べて，　Y　が増加しやすい。

ア　X－高く　Y－アメリカから日本への輸入
イ　X－高く　Y－日本からアメリカへの輸出
ウ　X－低く　Y－アメリカから日本への輸入
エ　X－低く　Y－日本からアメリカへの輸出

[　　　　　　]

(3) 下線部 c について，日本の貿易の変化に関して説明した文のうち正しくないものを，次のア〜エから1つ選べ。

ア　日本企業は，工場の海外移転や部品調達先の海外企業への切り替えを進めている。
イ　近年は輸出額が輸入額を上回る貿易黒字が続いている。
ウ　日本は戦後，原材料を輸入して国内の工場で加工し，工業製品を輸出してきた。
エ　多国籍企業の海外展開が，国内の産業の空洞化を加速させている。

[　　　　　　]

7 次の地図を見て，あとの問いに答えなさい。〔(1)は完答，各3点　計21点〕

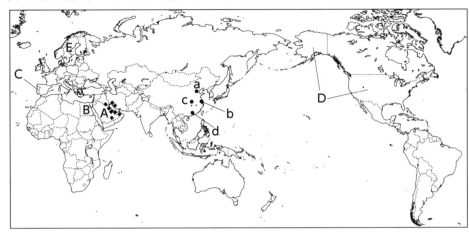

(1) 地図中のa～dのうち，中国の首都を1つ選び，記号と都市名を書け。

記号 [　　　　　] 都市名 [　　　　　　　　　　]

(2) 地図中のAの国はある鉱産資源の産出の多い地域にあり，地図中の◆はその鉱産資源のおもな産出地である。また，次のグラフは各国の一次エネルギー供給構成を示したものである。◆で産出される鉱産資源にあてはまるものを，あとのア～エから1つ選べ。

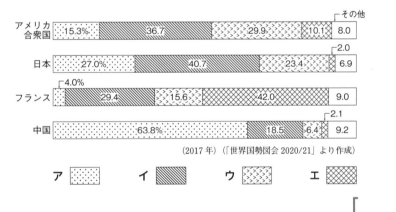

(2017年)（「世界国勢図会 2020/21」より作成）

ア ░░░　イ ▨▨▨　ウ ▧▧▧　エ ▩▩▩

[　　　　]

(3) 地図中のBの国はかつてある文明が栄えた。その文明について説明した文として正しいものを，次のア～エから1つ選べ。

ア 月の満ち欠けに基づく太陰暦がつくられた。

イ アーリア人が進出し，神官を頂点とする身分制度を持つ国々がつくられた。

ウ 時間を60進法で測ること，1週間を7日とすることが考えられた。

エ 紀元前3000年ごろに統一王国ができ，神殿やピラミッドがつくられた。

[　　　　]

(4) 地図中の**C**の国は世界で初めて世界一周を成し遂げたマゼランの出身地である。マゼラン艦隊の世界一周よりも前におこったできごとを，次の**ア**～**エ**から１つ選べ。

ア 応仁の乱がおこる。

イ 豊臣秀吉が全国を統一する。

ウ キリスト教が日本に伝来する。

エ 種子島に鉄砲が伝わる。

[　　　　]

(5) 地図中の**D**の国には，日本を含む193か国が加盟し，戦争や紛争を防ぎ，世界の平和と安全を維持することを目的とする組織の本部がある。

①この組織を何というか。

[　　　　　　　　　]

②この組織の安全保障理事会は5か国の常任理事国と10か国の非常任理事国で構成されている。常任理事国にあてはまらない国を，次の**ア**～**エ**から１つ選べ。

ア ロシア連邦　　**イ** イギリス　　**ウ** フランス　　**エ** イタリア

[　　　　]

(6) 地図中の**E**の国は社会保障制度が充実しているといわれるスウェーデンである。下のグラフを見て，税金の国民負担率と社会保障給付の割合について「税金の国民負担率が大きくなると，」に続くように簡潔に書け。

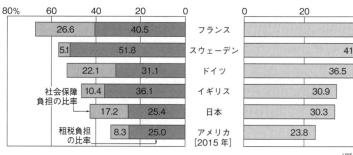

（厚生労働省資料より作成）

[税金の国民負担率が大きくなると，　　　　　　　　　　　　　　　　　　　　]

入試予想問題
第2回

制限時間
60分

得点
点／
／100点

解答・解説 ➡ 別冊 P.59

あらゆる内容が融合した問題に挑戦しましょう。

1

下の地図を見て，あとの問いに答えなさい。〔(1)2点，その他各3点　計17点〕

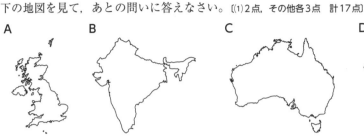

A　　　　　　B　　　　　　　　　C　　　　　　　　　　　D

(1) 上のA〜Dの国のうち，日本と同経度にある国を，記号で選べ。

[　　　　　]

(2) 右の図はAとCの国の国旗である。2つの国の国旗には共通
するデザインがみられる。その理由を簡潔に書け。

[　　　　　　　　　　　　　　　　　　　]

A

C

(3) Bの国について次の問いに答えなさい。
①この国で多くの人が信仰している宗教は何か，書け。

[　　　　　　　　　　　]

②右のグラフはBの国で生産がさかん
な農作物の世界の生産高を表してい
る。グラフ中のX，Yにあてはまる
ものとして正しい組み合わせを，次
のア〜エから1つ選べ。

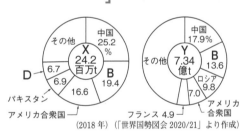

その他
6.7
D
6.9
16.6
パキスタン
アメリカ合衆国
X
24.2
百万t
中国
25.2
％
B
19.4

その他
Y
7.34
億t
中国
17.9%
B
13.6
ロシア
9.8
アメリカ
合衆国
7.0
フランス 4.9

(2018年)（「世界国勢図会 2020/21」より作成）

ア　X−綿花　Y−米　　　　イ　X−綿花　Y−小麦
ウ　X−米　Y−小麦　　　　エ　X−米　　Y−綿花

[　　　　　]

(4) Cの国は，20世紀初めから1970年代にかけて，ヨーロッパ系以外の移民を制限してい
た。この政策を何というか，書け。

[　　　　　　　　　　　　　　]

(5) Dの国の首都は西経45度の経線を標準時子午線としている。この国の9月3日午後5
時に始まるスポーツの試合を衛星生中継で見るとき，日本時間での試合開始日時を午
前・午後をつけて書け。

[9月　　　日　　　　　時]

右の地図を見て，あとの問いに答えなさい。〔(2) 2点，その他各3点　計14点〕

(1) 日本の漁業について次の問いに答えなさい。

①Aの県は海岸線が複雑な形状になっている三陸海岸があり，よい漁場となっている。このような形状の海岸を何というか，書け。

[　　　　　　　　　　　]

②日本の漁獲量が減少しているなか，重要度が増している，養殖と栽培漁業のちがいを簡潔に書け。

[　　　　　　　　　　　　　　　　　　]

(2) 右のグラフは，A，Bの県の農業産出額の内訳を表したもので，グラフ中のP〜Sには米，野菜，果実，畜産のいずれかがあてはまる。Qにあてはまる項目として適当なものを，次のア〜エから1つ選べ。

ア　米　　イ　野菜
ウ　果実　エ　畜産　　[　　　　]

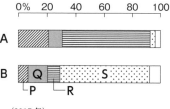

(2017年)
(「データでみる県勢 2020年版」より作成)

(3) Cの県には本州と四国を結ぶ連絡橋がつくられ，人や物のつながりが深まっている。このように都市の間が交通網で結ばれた結果，経路上に小都市が生まれ，大都市に人が移動する現象を何というか，次のア〜エから1つ選べ。

ア　ドーナツ化　　イ　ストロー化　　ウ　ターミナル　　エ　Ｉターン

[　　　　]

(4) 九州地方にはDの県をはじめとして，温泉地が多数ある。右の地図を参考にして，下のグラフはどのような種類の発電方法の都道府県別割合を示しているか，あとのア〜エから1つ選べ。

D 37.8%	秋田県 23.1	鹿児島県 15.7	岩手県 11.4	その他 12.0

(2018年)（「データで見る県勢　2020年版」より作成）

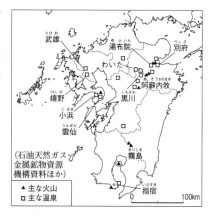

(石油天然ガス
金属鉱物資源
機構資料ほか)

▲主な火山
□主な温泉

ア　火力　　イ　原子力　　ウ　風力　　エ　地熱

[　　　　]

下の年表を見て，あとの問いに答えなさい。〔各3点　計12点〕

年	できごと
1854	日米和親条約が結ばれる。
	ア
1867	a王政復古の大号令が宣言される。
	イ
1889	b大日本帝国憲法が発布される。
	ウ
1914	第一次世界大戦がおこる。
	エ
1929	c世界恐慌がおきる。
	オ
1951	日米安全保障条約が結ばれる。

(1) 下線部aが宣言されるまでにおこった次のできごとを，年代の古いものから順に並べよ。

ア 安政の大獄により吉田松陰らが処刑される。
イ 坂本龍馬らの仲介により薩長同盟が成立する。
ウ 井伊直弼と対立する水戸藩の元藩士たちにより，桜田門外の変がおこる。
エ 大政奉還により260年余り続いた幕府が滅びる。

[　　→　　　→　　　→　　]

(2) 下線部bについて，この憲法発布の翌年には，忠君愛国の道徳を示し，教育の柱とされるものが出された。これを何というか，書け。

[　　　　　　　]

(3) 下線部cについて，次の文のような対策を行った国として正しいものを，あとの**ア～エ**から1つ選べ。

> 本国と植民地との関係を密接にし，貿易を拡大する一方，それ以外の国からの輸入に対する関税を高くするブロック経済を行った。

ア ソ連　　**イ** イギリス　　**ウ** アメリカ　　**エ** 中国

[　　　]

(4) 次のできごとは，年表中の**ア～オ**のうち，どの期間に入るか，1つ選べ。

> 立憲政友会の原敬により初の本格的な政党内閣が発足する。

[　　　]

右の資料は歴史上の人物についてまとめ，年代が古い順に並べたものである。あとの問いに答えなさい。〔各3点　計12点〕

(1) **A**の説明にあてはまる人物名を書け。

[　　　　　　　　　　]

(2) **B**の人物について述べた次の**X**，**Y**の文の正誤を判断し，その組み合わせとして正しいものを，あとの**ア〜エ**から1つ選べ。

X 朝廷にせまって，国ごとに守護を，荘園・公領ごとに地頭を置くことを認めさせた。

Y 御成敗式目（貞永式目）を定め，公平な裁判を行うための基準を明らかにした。

ア X－正　Y－正
イ X－正　Y－誤
ウ X－誤　Y－正
エ X－誤　Y－誤

[　　　　　　]

(3) **C**の人物は次の図のような証明書を使った貿易を行った。なぜこのような証明書を使ったか，簡潔に書け。

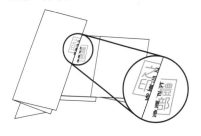

[　　　　　　　　　　　　　　　　　　　　　　　　]

(4) **D**の人物が活躍した時代の文化として正しいものを，次の**ア〜エ**から1つ選べ。
ア 葛飾北斎や歌川広重により優れた風景画が描かれた。
イ 観阿弥・世阿弥の親子により能が大成された。
ウ 松尾芭蕉が俳諧によって自己の内面を表現する新しい作風を生み出した。
エ 滝沢馬琴によって「南総里見八犬伝」などの長編小説が広まった。

[　　　　　　]

A　[　　　　]
邪馬台国の女王。倭の30余りの小さな国々を従え，魏の都に使いを送り，皇帝から「親魏倭王」という称号を受け取った。

B　源頼朝
平氏の滅亡後，源義経と奥州藤原氏も攻め滅ぼし，全国を支配下に置いた。その後，征夷大将軍に任命され，政治制度を整備した。

C　足利義満
足利尊氏の孫で，南北朝の動乱をしずめて統一を実現させた。朝廷の内部にも勢力を広げ太政大臣となって権力をにぎった。

D　徳川綱吉
貨幣にふくまれる金銀の量を減らすことで幕府の収入をふやそうとしたが，物価の上昇を招き，人々の生活は苦しくなった。

右の資料を見て，次の問いに答えなさい。〔各3点　計12点〕

(1) **資料Ⅰ**の傍線部①について，基本的人権の
尊重に関わる日本国憲法の条文に規定され
ている権利として正しくないものを，次の
ア〜エから1つ選べ。

資料Ⅰ
三つの基本原理

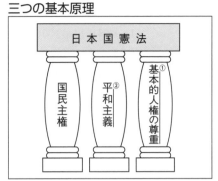

　ア　全ての人は平等な存在であって，平等
な扱いを受ける平等権
　イ　個人が自分の生き方や生活の仕方につ
いて決定できる自己決定権
　ウ　人間らしい豊かな生活を保障する社会
権
　エ　自由に物事を考え，行動することを保障する自由権

[　　　　　]

(2) **資料Ⅰ**の傍線部②について，日本は核兵器を「持たず，作らず，持ちこませず」を掲
げている。これを何というか，書け。

[　　　　　　　　　]

(3) **資料Ⅱ**は，日本の議院内閣制の仕組みを示している。内閣から衆議院を示す**X**の矢印に
あてはまるものとして正しいものを，次の**ア〜エ**から1つ選べ。

資料Ⅱ

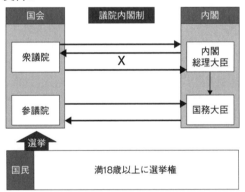

　ア　内閣信任・不信任の決議
　イ　衆議院の解散の決定
　ウ　内閣総理大臣の指名
　エ　国務大臣の任命

[　　　　　]

(4) **資料Ⅲ**は定数7人の比例代表選挙での各党の得票数である。ド
ント方式で各政党に議席を配分すると，**A**党の当選者は何人に
なるか，書け。

[　　　　　]

資料Ⅲ

	得票数
A党	3000
B党	1800
C党	1200
D党	800

太郎さんは，ある郊外の町にケーキ屋を出店し，さらに顧客を獲得するため，新商品の開発をはじめるにあたり資料のような視点で検討することにした。これを読んで，あとの問いに答えなさい。〔各3点　計15点〕

(1) 資料中の検討ポイント**A**に関して，資本主義経済において，利益を目的とする民間企業を何というか，書け。

[　　　　　　　　　　　　　]

検討ポイント
A　利益の確保
B　需要と供給のバランス
C　景気の動向
D　健康と安全・安心
E　環境への配慮

(2) 資料中の検討ポイント**B**に関して，右のグラフは，新商品に使用するイチゴの需要と供給の関係を模式的に表したものである。価格が**P**円のとき，価格はどのように推移するかの説明として正しいものを，次の**ア～エ**から1つ選べ。

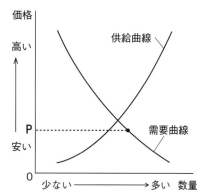

　ア　需要量が供給量を下回り，一般に価格は下落する。
　イ　需要量が供給量を下回り，一般に価格は上昇する。
　ウ　供給量が需要量を下回り，一般に価格は下落する。
　エ　供給量が需要量を下回り，一般に価格は上昇する。

[　　　　]

(3) 資料中の検討ポイント**C**に関して，景気が悪くなった場合，国によってどのような対策が行われるか，簡潔に書け。

[　　　　　　　　　　　　　　　　　　　　　　　　　　　]

(4) 資料中の検討ポイント**D**に関して国や地方公共団体の責務が規定され，国民の消費生活の安定及び向上を目的とした法律を何というか，書け。

[　　　　　　　　　　　　　　　　　]

(5) 資料中の検討ポイント**E**に関して，太郎さんのケーキ屋ではごみを減らすためにマイバッグを持参してもらうことを推奨することにした。このような取り組みを何というか，次の**ア～エ**から1つ選べ。
　ア　リサイクル　　**イ**　リユース　　**ウ**　リデュース　　**エ**　リコール

[　　　　]

下の地図を見て，あとの問いに答えなさい。〔各3点　計18点〕

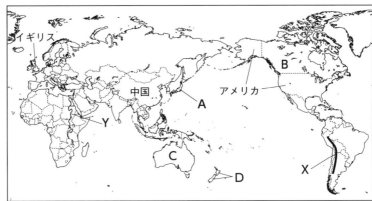

(1) 地図中のXの山脈名とYの河川の名称の組み合わせとして正しいものを，次のア～エから1つ選べ。

ア　X－アパラチア山脈　　Y－ナイル川

イ　X－アパラチア山脈　　Y－アマゾン川

ウ　X－アンデス山脈　　　Y－ナイル川

エ　X－アンデス山脈　　　Y－アマゾン川

[　　　　]

(2) 資料Ⅰは地図中のA～Dの国についての資料であり，それぞれの国土の面積と経済水域を表したものである。イにあてはまる国を，A～Dから1つ選べ。

資料Ⅰ

ア　　　　イ　　　　ウ　　　　エ

領海と排他的経済水域

（「海洋白書」2009年ほかより作成）

[　　　　]

(3) 資料Ⅱは日本の家畜の都道府県別頭（羽）数の順位を表したものであり，X～Zには肉用若鶏，肉用牛，豚のいずれかがあてはまる。XとYにあてはまるものの組み合わせとして正しいものを，次のア～カから1つ選べ。

ア　X－肉用若鶏　Y－豚

イ　X－肉用若鶏　Y－肉用牛

ウ　X－豚　　　　Y－肉用若鶏

エ　X－豚　　　　Y－肉用牛

オ　X－肉用牛　　Y－肉用若鶏

カ　X－肉用牛　　Y－豚

資料Ⅱ

	X	Y	Z
1位	鹿児島	北海道	宮崎
2位	宮崎	鹿児島	鹿児島
3位	北海道	宮崎	岩手
4位	群馬	熊本	青森
5位	千葉	岩手	北海道

（2019年）（「日本国勢図会 2020/21」より作成）

[　　　　]

(4) 地図中に示されている中国は昔から日本とつながりの深い国である。次の**ア〜エ**の日本と中国の関係について述べた文を，年代の古いものから順に並べよ。

ア 聖徳太子によって小野妹子らが遣隋使として派遣された。

イ 宋の通貨である宋銭が日本に持ち込まれた。

ウ 唐の法律にならった大宝律令がつくられた。

エ 朝鮮の支配権を巡って清と対立するようになった。

[　　　　　→　　　　　→　　　　　→　　　　　]

(5) 地図中に示されているアメリカの法曹人口について，**資料Ⅲ**は，人口10万人あたりの裁判官，検察官，弁護士の人数を示した表である。**資料Ⅲ**から読み取れることとして正しいものを，あとの**ア〜エ**から1つ選べ。

資料Ⅲ

	裁判官	検察官	弁護士
アメリカ	10.0人	10.1人	385.4人
ドイツ	25.1	6.7	199.3
フランス	8.5	2.9	95.6
日本	3.0	2.2	29.7

(2016年)（「最高裁判所資料」より作成）

ア ドイツの裁判官の人数は弁護士の9倍以上である。

イ 検察官より裁判官の人数が多いのはアメリカだけである。

ウ 人口10万人あたりの日本の法曹人口はその他の3つの国に比べて少ない。

エ フランスの人口を7000万人，日本の人口を1億3000万人としたとき，検察官の人数は日本の方が少ない。

[　　　　　]

(6) 地図中に示されているイギリスの政治家による次の言葉について，［　　　］にあてはまる語句を書け。

「［　　　］は民主主義の学校である。」

[　　　　　　　　　]

旺文社

中学
総合的研究

三訂版

問題集

社会

解答
解説

旺文社

1 地理編 世界と日本の地域構成

基礎力チェック

問題 ➡ 本冊P.9

解答

1 太平洋　　**2** ユーラシア大陸
3 赤道　　**4** 日付変更線
5 15度　　**6** 東経135度
7 方位　　**8** 国民
9 アジア州　　**10** バチカン市国
11 沖ノ鳥島　　**12** 経済水域
13 北方領土

実践問題

問題 ➡ 本冊P.10

解答

1 (1) b　　(2) イ
(3) 南アメリカ大陸　　(4) ウ
2 (1) 北東　　(2) ウ，カ　　(3) 15 (時間)
3 X ロシア (連邦)　　Y アメリカ (合衆国)
4 (1) エ　　(2) ウ
(3) (例) 日本は，島国で離島が多いため。
(4) 大韓民国〔韓国〕

解説

1

(1) 赤道は，アフリカ大陸のほぼ中央，東南アジアのマレー半島の南端，南アメリカ大陸の北部を通っている。したがってbが正解である。

(2) dは経度0度で，世界の時刻を定める基準となる本初子午線を表している。1884年にワシントンで開かれた会議で，本初子午線はイギリスの首都ロンドン郊外にあるグリニッジ天文台を通ることが決定された。したがって，イが正解である。

(3) Aはブラジル。南アメリカ大陸で最も面積が大きい国である。

6大陸

(4) この地図は緯線と経線が直角に交わるメルカトル図法で描かれている。メルカトル図法では角度が正しく表されているが，面積は高緯度になるほど実際よりも大きく表される。したがって，ウが正解である。

2

(1) この地図は，中心からの距離と方位が正しく表される正距方位図法で描かれている。ニューオーリンズは東京から見て右上に位置しているので，8方位では北東となる。

(2) 中心からの距離が正しく表されているので，ニューオーリンズより外側に位置している都市が，東京から見てニューオーリンズより遠い都市となる。したがって，ウ・カが正解である。

(3) 経度15度で1時間の時差が生じるので，経度の差÷15度で求める。日本の標準時子午線は東経135度，ニューオーリンズの標準時子午線は西経90度だから，(135＋90)÷15＝15より，時差は15時間となる。

ミス注意

> 経度15度につき1時間の時差が生じる。
> 東経と西経で表される2つの地域の時差を計算するには，(東経○度＋西経○度)÷15＝時差。

3

アとイのどちらが面積の大きい国で，どちらが人口の多い国を表しているかを判断する。判断するポイントは第2位の国。第2位にインドが入っているイのほうが，人口の多い国を表していることがわかる。したがって，最も人口が多いZは中国である。また，面積が最も広い国はロシアなので，Xはロシアである。Yは，面積，人口とも第3位になっているので，アメリカである。

4

(1) 地図中のXは，北方領土とよばれる地域で，択捉島，国後島，色丹島，歯舞群島から成り立っている。したがって，エが誤り。エの南鳥島は東京都に属し，日本の最東端の島である。

(2) Yは日本の経済水域を示している。経済水域とは，領海の外側にあり沿岸から200海里 (約370km) 以内の水域。経済水域では水産資源や鉱産資源を沿岸国のものとすることが認められている。したがって，ウが正解である。

ア　日本の主権が及ぶ海は，沿岸から12海里ま

での領海である。

イ 経済水域は，外国船も自由に航行することができる。

エ 日本の経済水域の面積は，日本の国土面積約38万㎢の10倍以上ある。

経済水域の比較

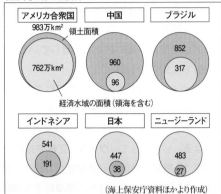

アメリカ合衆国	中国	ブラジル
983万km² 領土面積		852
762万km²	960 / 96	317

経済水域の面積（領海を含む）

インドネシア	日本	ニュージーランド
541 / 191	447 / 38	483 / 27

（海上保安庁資料ほかより作成）

(3) 日本は4つの大きな島と約6800の小さな島々からなる島国である。それぞれの沿岸200海里を合わせると，世界で有数の広大な経済水域をもつことになる。

(4) 日本海に浮かぶ竹島は，島根県に属する島である。しかし，韓国も竹島（韓国では独島）の領有権を主張し，両国間で対立している。

---

2 地理編 / 世界の国々① アジア

基礎力チェック

問題 ➡ 本冊 P.13

解答

1 一人っ子政策　　2 漢民族
3 生産責任制　　　4 ターチン油田
5 経済特区
6 朝鮮民主主義人民共和国
7 アジアNIEs〔新興工業経済地域〕
8 ASEAN〔東南アジア諸国連合〕
9 プランテーション　10 華人
11 カースト制　　　12 イスラム教
13 OPEC〔石油輸出国機構〕

実践問題

問題 ➡ 本冊 P.14

解答

1 (1) 中国 ア　インド キ
　　(2) 三角州（デルタ）
　　(3) ①イ　②イ　③S

2 (1) 東南アジア　(2) ⓒ
　　(3) ①記号 A　国名 タイ
　　　　②X エ　Y ウ

3 (1) B　　　　(2) エ

4 (1) ヒンドゥー教
　　(2) A イ　B ウ　C ア
　　(3)（例）英語が広く使われているから。

5 (1) ア　　　(2) 乾燥帯
　　(3) 湾 ペルシャ湾　記号 イ
　　(4) エ

解説

1

(1) 中国の首都は**ア**にある**ペキン**である。**イ**はシャンハイ，**ウ**はホンコン，**エ**はシーアン。
　　インドの首都は**キ**にあるデリーである。**オ**はコルカタ，**カ**はチェンナイ，**ク**はムンバイ。

(2) 川が海や大きな湖へ流れ込む所に，川が運んできた細かい土砂でうめ立てられた地形を**三角州**という。川が山間部から平野や盆地に出た所に土砂がたまってつくられる扇形の地形を**扇状地**ということも覚えておくこと。

(3) ①オーストラリアの大鑽井盆地で牧羊がさかんなことから，「あ」は羊とわかる。残る豚と牛について，インドでは，ヒンドゥー教で牛肉を食べることは禁じられているが，牛は農耕や酪農に用いられ，さらに神と崇められているため飼育頭数は多い。

②インドの**デカン**高原や北西部でさかんなことから綿花を選ぶ。デカン高原は，別名「黒色綿花土」とよばれるほど綿花の栽培に適したレグール土で土壌が成り立っている。

南アジアの農業地域

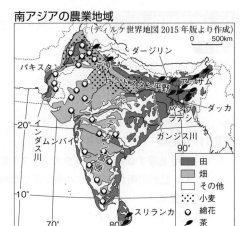

（ディルケ世界地図 2015 年版より作成）

③ P は茶，Q はさとうきび，R はバナナである。国別の順位だけでなく，生産量をふまえて判断するとよい。加えて，さとうきびは**バイオ燃料**の普及とともに生産量が増えていることもおさえておく。

2

(1) A はタイ，B はインドネシア，C はマレーシアである。

アジアの地域区分

(2) **赤道**は，マレー半島の先端の南を通る。アフリカ大陸，東南アジア，南アメリカ大陸で，赤道の通る場所は，必ず覚えておくこと。

(3) ①仏教国で，戦前はこの国だけが独立を保っていたということから，A のタイについて述べた文であることがわかる。B のインドネシア，C のマレーシアは**イスラム教徒**が多い国である。

②X はタイからの輸入品である。タイは米の輸出額が世界 2 位の国だが，えびなど**魚介類**の養殖もさかんで，日本へ多く輸出している。インドネシアとマレーシアは，**液化天然ガス**などの資源が豊富である。

3

(1) 地図中の A は**朝鮮民主主義人民共和国（北朝鮮）**，

B は**大韓民国（韓国）**である。

北朝鮮は山がちで，韓国は平野が多い地形であり，北朝鮮は畑作，韓国は稲作がさかんである。また，工業が発達しているのは韓国である。したがって，地図中の B が正解である。

(2) 機械類の輸出額の総額に占める割合は，機械類の輸出額÷輸出総額× 100 で求めることができる。261648 ÷ 604807 × 100 = 43.2…％だから，機械類の輸出額は総額の 20％以上を占めている。同様に機械類の輸入額に占める割合を求めると，144724 ÷ 535183 × 100 = 27.0…％だから，機械類の輸入額も総額の 20％以上を占めている。したがって，**エ**が正解である。

ア 輸出額が輸入額を上回っているので，この国の貿易額は赤字ではなく黒字である。

イ 輸出額・輸入額のどちらも上位 4 位以内に入っているのは，機械類と石油製品。どちらも輸出額のほうが多い。

ウ プラスチックの輸出額割合は30964÷604807× 100 = 5.11…％だから，15％以上ではない。

4

(1) インドはさまざまな宗教を信仰する人々からなっているが，最も大きな割合を占めているのは，**ヒンドゥー教徒**である。

(2) A 中国が 1 位で，インドやインドネシア，バングラデシュなどアジア諸国が上位を占めていることから，**米**の生産量と考えられる。

B オーストラリア・ブラジル・中国が上位を占めていることから**鉄鉱石**の生産量である。

C 1 位が中国，2 位がインドであることは，A の米の生産量のグラフと共通している。しかし，A のグラフは 3 位以下をアジア諸国が占めているのに対して，C のグラフはアメリカやブラジルが上位であることから，人口の多い国であることがわかる。

(3) インドはかつて**イギリス**が支配していた国なので，英語が準公用語となっている。

5

(1) サウジアラビアは，アジア州の中の西アジアに属している。したがって，**ア**が正解である。

イ サウジアラビアは，大西洋に面していない。

ウ 仙台市の緯度は，北緯 38 度だから，リヤドは仙台市よりずっと南に位置している。

エ 本初子午線より東にあるので，日本と同様に，

西経<ruby>せいけい</ruby>ではなく東経<ruby>とうけい</ruby>である。

(2) おじはリヤドについて,「砂漠の真ん中にある大都市」「一年を通じて雨はほとんど降らなかった」と言っていることから,雨が少ない乾燥帯の気候に属していることがわかる。西アジアや北アフリカなどは,乾燥帯に属する。

(3) アラビア半島とイランの間にある海を**ペルシャ湾**という。湾岸一帯は,油田地帯である。イのバングラデシュは南アジアの国なので,ペルシャ湾沿岸にはない。したがって,**イ**が正解である。

(4) 2076 ÷ 1298 = 1.59…より,輸出総額は輸入総額の 1.5 倍以上である。したがって,**エ**が正解である。

　ア　資料中の 66 は輸出額ではなく,輸出総額に占める原油の輸出額の割合を示している。原油は総額の 66％を占めているから,原油の輸出額は,2076 × 0.66 = 1370.16 億ドルとなる。

　イ　石油製品の輸出額割合と,自動車の輸入額割合は,11％と 14％になっている。しかし,これは割合が近いのであって,実際の輸出額・輸入額が等しいとはいえない。石油製品の輸出額は 2076 × 0.11 = 228.36 億ドル。自動車の輸入額は 1298 × 0.14 = 181.72 億ドル。

　ウ　輸入品目のうち,工業製品は機械類,自動車,鉄鋼があてはまる。この 3 つの割合を合計すると,43％になる。

---

3 地理編 世界の国々②ヨーロッパ・ロシア連邦・アフリカ・オセアニア

基礎力チェック　問題 ➡ 本冊 P.19

解答

1 ライン川　　　　2 偏西風<ruby>へんせいふう</ruby>
3 EU　　　　　　4 ユーロ
5 混合農業　　　　6 イギリス
7 ルール工業地帯　8 ロシア（連邦）
9 サハラ砂漠<ruby>さばく</ruby>　　10 カカオ
11 アパルトヘイト　12 石炭

実践問題　問題 ➡ 本冊 P.20

解答

1 (1) ① EU〔ヨーロッパ連合〕
　　　　② イ　　③ ユーロ　　④ イ
　(2) ① イ
　　　② (例) 年間の気温の変化が小さい

2 (1) A 酪農　　　B 混合農業
　(2) (例) 乾燥する夏にぶどうやオリーブを栽培し,比較的雨が多い冬に小麦などを栽培する農業。
　(3) 記号 b　　　国名 フランス
　(4) イギリス ウ　　　スペイン エ

3 (1) A 高緯度　　　B 針葉樹
　(2) (例) 各月の平均気温が低く,年間を通した寒暖の差が大きい。

4 (1) 砂漠化　　　　(2) エ

5 (1) オセアニア州　(2) アボリジニ
　(3) イギリス　　　(4) ア
　(5) X ア　　Y オ
　(6) (例) かつては貿易相手国はイギリスが 1 位であったが,近年は,日本や中国など太平洋沿岸の国々との貿易が中心である。

解説

1

(1) ① E C（ヨーロッパ共同体）から発展し,1993 年に E U（ヨーロッパ連合）となった。フランスやドイツなどの西ヨーロッパの国々に加え,2004 年以降はポーランドやハンガリーなど東ヨーロッパ諸国も加盟し,2020 年 11 月現在では 27 か国が加盟している。

②加盟国間の人や物の移動を自由にし,政治的・経済的な結びつきを強める政策をとっている。したがって,正解は**イ**である。

③統一通貨を**ユーロ**（E U R O）という。

④「永世中立国」を宣言し,E U に加盟していない国は**スイス**である。したがって,正解は**イ**である。

(2) ①秋田県には,北緯<ruby>ほくい</ruby>40 度の緯線が通る。ヨーロッパでは,北緯 40 度の緯線は地中海付近を通っているので,フランスやドイツ,イギリスなどの国々は,日本よりも高緯度に位置していることになる。

イギリスの沖合には,北大西洋海流という暖流が流れており,その暖流の上の暖かい空気を偏<ruby>へん</ruby>

西風が送っているため，ヨーロッパの国々は高緯度のわりに温暖な気候となっている。したがって，**イ**が正解である。

ヨーロッパと日本の位置関係

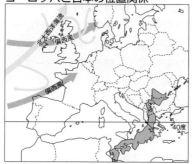

②図から，ロンドンは夏は秋田よりも気温が低く，冬は秋田よりも気温が高いことが読みとれる。このことから，ロンドンの夏と冬の気温差は，秋田に比べて小さいといえる。また，「ロンドンのほうが温暖である」でも正解である。

2

(1) A　乳牛をはじめとする乳用の家畜を飼育して，牛乳やチーズ，バターなどの乳製品を生産する農業は**酪農**。ヨーロッパでは，デンマークやオランダ，イギリスなどでさかんである。

　　B　作物の栽培と家畜の飼育を組み合わせた農業は，**混合農業**。ヨーロッパでは，フランスやドイツなどでさかんな農業である。

(2) Cは地中海沿岸で**地中海性気候**の地域。夏は雨が少なく乾燥するため，乾燥に強い**オリーブやぶどう**などを栽培する，冬は雨が多いので小麦などを栽培する，というように，夏・冬の気候の特色と，それぞれの季節に栽培される作物についてまとめる。

(3) ヨーロッパ最大の農業国はフランスであることから考える。フランスは，小麦，とうもろこしなど穀物の生産量・輸出量がともに世界有数である。したがって，グラフ中の**X**は，地図中の**b**のフランスである。

(4) 金額が一番多い**ア**はドイツである。航空機の割合が高い**イ**はフランス，原油を輸出する**ウ**はイギリス，野菜・果実の割合が高い**エ**はスペイン，衣類の割合が高い**オ**はイタリアである。

3

(1) A　**資料**に「モスクワは……東京と比べて日の光が弱く」と書かれていることに注目する。緯度の高い地域は，緯度の低い地域よりも太陽の光

が弱いので，モスクワのほうが東京よりも緯度が高いことがわかる。ロシア連邦の国土の大部分は日本より高緯度に位置している。

　　B　暖かい地域には**広葉樹**，冬の寒さが厳しい地域には**針葉樹**が生い茂る。日本では，本州の標高が高い地域や北海道に針葉樹が分布している。

(2) 図から，モスクワと東京の夏と冬の気温差を比べる。東京の夏と冬の気温差は約20度だが，モスクワは約30度あることがわかる。したがって，モスクワのほうが寒暖の差が大きいことになる。内陸にあって海の影響を受けにくい地域は，雨が少なく，寒暖の差が大きい気候である。

4

(1) 土地が乾燥して荒れ果て，植物が育たなくなる現象を**砂漠化**という。サハラ砂漠の南縁に広がるサヘル地帯では，砂漠化が深刻化している。

(2) アフリカ大陸に多い国境線は，かつて植民地支配をしていたヨーロッパ諸国が，緯線や経線によって人為的に引いた，まっすぐな国境線である。したがって，**エ**が正解である。言語・民族分布などを無視して国境が定められたため，民族対立による紛争が，しばしば発生している。

5

(1) **A**国は**オーストラリア**である。オーストラリアやニュージーランド，フィジー諸島などの島々は**オセアニア州**に属する。

ミス注意

「オーストラリア大陸」は大陸名だが，「オーストラリア州」とはいわない。

(2) ヨーロッパから人々が移ってくる以前から，オーストラリアに住んでいる先住民を**アボリジニ**という。

(3) オーストラリアの国旗には，**ユニオンジャック**とよばれるイギリスの国旗が描かれている。オーストラリアは，かつてイギリスの植民地であった。現在はイギリス連邦の一員である。

(4) オーストラリアは日本とほぼ同じ経度で日本の真南に位置している。したがって，**ア**が正解である。
　イ　日本の最南端（沖ノ鳥島）は北緯20度。オーストラリアでは，南緯20度はオーストラリア大陸の北部を通っているので，オーストラリアのほうが赤道に近い。したがって，**イ**は誤り。

ウ　経度 15 度で 1 時間の時差が生じる。日本との時差が 9 時間以上ということは，日本との経度差が 135 度以上あることになる。オーストラリアと日本は，経度がほとんど同じであることから，ウは誤り。

エ　オーストラリアと日本は，日付変更線の西に位置している。したがってエは誤り。

(5) X　小麦は，アメリカ，カナダ，オーストラリアからの輸入でほぼ100%を占めている。したがって，Xは小麦があてはまり，アが正解である。

Y　オーストラリアからの輸入が多い鉱産資源には，石炭や鉄鉱石などがある。オーストラリアからの輸入が大きな割合を占め，ブラジル・カナダからも輸入していることから，Yは鉄鉱石で，オが正解である。

(6) オーストラリアはかつてイギリスの植民地であったため，貿易相手国はイギリスが中心であった。現在では，日本やアメリカ，中国など太平洋に面している国々との貿易が中心になっている。

4 地理編 世界の国々③ 南北アメリカ

基礎力チェック

問題 ➡ 本冊 P.25

解答

1 ミシシッピ川	**2** 民族のサラダボウル
3 ヒスパニック	**4** 適地適作
5 小麦	**6** サンベルト
7 シリコンバレー	**8** カナダ
9 アマゾン川	**10** ポルトガル語
11 鉄鉱石	**12** アンデス山脈

問題 ➡ 本冊 P.26

実践問題

解答

1 (1) イ　　(2) A 500　　B 500　　(3) ウ

2 (1) 五大湖　　(2) デトロイト

(3) ①記号　B　　語句　シリコンバレー

②記号　C　　語句　サンベルト

③記号　D　　語句　ニューヨーク

(4) ①A　　②ア

3 (1) A国　カナダ

メキシコ

(2) ウ　　(3) ①フランス　　②ア

(4) 太平洋，大西洋

(5) ①Y

② (例) 原材料を輸入し，工業製品を輸出している。

4 (1) a ア　　b エ　　(2) ア

(3) A ア　　B エ　　C カ　　D ク

(4) ①エ

② (例) アルゼンチンは南半球にあり，日本と季節が逆になるから。

解説

1

(1) 小麦は，カナダとの国境付近やグレートプレーンズ東部などで栽培されている。酪農は大消費地に近い五大湖周辺でさかん。綿花は南部で広く栽培されている。したがって，イが正解である。

(2) 放牧が行われているのは，ロッキー山脈からグレートプレーンズの地域。資料Ⅱから，放牧地帯の年間降水量が 500mm 以下であること，資料Ⅲから放牧地帯の標高は 500m 以上であることが読みとれる。

アメリカの地形

(3) アメリカでは，広い農地で機械化が進んだ農業が行われている。したがってウが誤り。

ア　適地適作について説明しているので，アメリカの農業にあてはまる文である。

イ　とうもろこしや大豆の生産量（2018年）・輸出量（2017年）はアメリカが世界第2位で，正しい文である。アメリカは農産物，特に穀物の生産・輸出がさかんである。

エ　アメリカでは，広大な農場で，大型農業機械を使用して，人手をかけずに大量に作物を生産する企業的農業が行われている。また，アメリカでは，生産や流通，販売などにかかわる大企業が農業で大きな役割を果たしているので，正しい文である。

2

(1) カナダとの国境付近に広がる5つの湖の総称が**五大湖**である。付近でとれる**鉄鉱石**や水運を活用して，工業が発達した。

(2) 五大湖周辺には世界的な自動車工業都市である**デトロイト**がある。五大湖周辺には他にも，鉄鋼業がさかんな**ピッツバーグ**，食品工業がさかんな**シカゴ**などがある。

五大湖周辺の工業都市

(3) ①サンフランシスコ近郊のサンノゼ周辺が**シリコンバレー**である。太平洋側の**北緯37度**付近に位置する。

②メキシコ湾岸の工業地域である。ヒューストンやダラスなどの都市が含まれている。

③ニューヨークやフィラデルフィアなど，古くから発達した都市は，大西洋沿岸に集中している。

アメリカのおもな都市

(4) ①自動車生産台数の1位・2位を争ってきたのは日本とアメリカである。1980年代は日本の優位が続き，1990年代に入るとアメリカの優位が続いた。したがって，**A**がアメリカを示して

いる。

アメリカの生産台数が2009年に大きく落ち込んでいるのは，金融危機がおこり，自動車産業が打撃を受けたため。2000年代から急速に生産が伸びている**B**は中国。**C**は韓国である。

②貿易摩擦は，日本の輸出額が輸入額を上回ったことからおこった。したがって，**ア**が正解である。アメリカ側からみれば，日本との貿易が赤字になったことになる。日本は，アメリカ国内に自動車の生産工場をつくり，現地生産するなど，摩擦を解消するための対策をとった。

3

(1) **A**国はカナダで，広い本土に加え，多くの島々からなっている。また，北アメリカ大陸に位置する国で，カナダ，**B**国のアメリカ合衆国に次いで面積の大きい国はメキシコである。

(2) カナダは高緯度に位置しているため，国土の大部分は冬の寒さが厳しい冷帯や寒帯に属している。したがって，**ウ**が正解である。

(3) ①カナダの**公用語**は，英語とフランス語の2つ。カナダはイギリスに植民地支配されたところがほとんどだが，フランスに支配された**ケベック州**には，フランス語を話す人が多い。

②人口密度は，人口÷面積で求める。37742千人÷9985千km² ＝ 3.779…より，約4人である。カナダは，広い国土面積に日本よりも少ない人数の人々が住んでいるため，人口密度は低い。

ミス注意

人口密度の求め方＝人口÷面積
面積÷人口としないように注意する。

(4) カナダの西には太平洋が，東には大西洋が広がっている。

ミス注意

漢字の表記のちがいに注意しよう。
太平洋は「太」，大西洋は「大」。

(5) ①**X**は自動車，機械類などの工業製品，**Y**は石炭や鉄鉱石などの鉱産資源などがおもな品目である。日本は資源に乏しい国なので，外国からの輸入に多く頼っていることから，**Y**のほうが**A**国から日本への輸出品目を表していることがわかる。

②日本から**A**国への輸出品は，自動車，機械類な

ど工業製品が中心。日本のＡ国からの輸入品は，原材料である石炭・鉄鉱石などの鉱産資源，肉類などの食料が上位を占めている。

4

(1) 南アメリカ大陸は，スペインやポルトガルに支配されていたところである。現在，大部分の国ではスペイン語が公用語となっているが，ブラジルではポルトガル語が公用語である。

(2) サンティアゴは南半球の都市なので，日本と季節が逆になる。したがって，**ア**が正解である。
　イ　夏に高温で雨が少ないことから，北半球の温帯（地中海性気候）のグラフである。
　ウ　年中高温であることから，熱帯のグラフである。
　エ　冬の寒さが厳しいことから，冷帯の気候のグラフである。

(3) Ａ　ブラジルは鉄鉱石の生産量が世界有数である。したがって，**ア**が正解である。
　Ｂ　アマゾン川流域や東南アジアなどで熱帯林の破壊が進行している。したがって，**エ**が正解である。
　Ｃ　ブラジルは，鉱産資源では鉄鉱石の生産量が世界有数，農産物ではコーヒー豆の生産量・輸出量が世界一となっている。したがって，**カ**が正解である。
　Ｄ　20世紀初頭から多くの日本人が移民としてブラジルに渡ったため，現在も子孫である日系ブラジル人が多く住んでいる。したがって，**ク**が正解である。

(4) ①日本，アルゼンチン，イギリス，インド，フランスのうち，アルゼンチンだけが南半球の国である。このことから，北半球の冬に収穫しているのが，アルゼンチンだと考えられる。したがって，**エ**が正解である。
　②アルゼンチンの地球上の位置は，南半球であり，季節は，日本など北半球の国々と逆である。この２点にふれて解答する。

地理編

自然環境からみた世界と日本

基礎力チェック
問題 ➡ 本冊 P.31

解答

1 環太平洋造山帯	**2** ナイル川
3 フォッサマグナ	**4** 日本アルプス
5 越後平野，信濃川	**6** リアス海岸
7 熱帯	**8** 温帯
9 乾燥帯	**10** 日本海側の気候
11 瀬戸内の気候	**12** 冷害

実践問題
問題 ➡ 本冊 P.32

解答

1 (1) アルプス・ヒマラヤ造山帯
　(2) ア
　(3) ①アマゾン　②エ
　　　③a 流域　　b 大西洋

2 (1) 記号 c　　平野名 関東平野
　(2) ①エ
　　　② (例) 長さが短く，流れが急であるという特徴。
　(3) ウ

3 (1) ①Ｃ　温帯　　②地中海性気候
　(2) あ b　　う d　　(3) Ｂ エ　　Ｄ ウ

4 (1) Ｘ　　(2) エ　　千島海流
　(3) Ａ 高山市　Ｂ 富山市　Ｃ 名古屋市
　(4) (例) 夏に北東から吹くやませ。
　(5) (例) 冬と夏のどちらの季節風も，山地にさえぎられるから。
　(6) ア

解説

1

(1) エベレスト山とモンブラン山は，ユーラシア大陸の南部に連なるアルプス・ヒマラヤ造山帯に属する。また，マッキンリー山とアコンカグア山は，環太平洋造山帯に属する。

8

(2) サハラ砂漠は，アフリカ大陸の北部にあるので，アが正解である。イはサウジアラビア付近，ウは赤道付近，エは南アフリカ共和国付近なので誤り。

(3) ①南アメリカ大陸の赤道付近を流れる川は**アマゾン川**である。

②南アメリカ大陸にあるのは**アンデス山脈**なので，エが正解である。

ア 黄河（こうが）は中国を流れる川。ユーラシア大陸にあるので誤り。

イ ヒマラヤ山脈にはエベレスト山が含まれている。ユーラシア大陸にあるので誤り。

ウ ナイル川はエジプトなどを流れる世界一長い川。アフリカ大陸にあるので，誤り。

③**流域面積**は，その川に水が流れ込む範囲のこと。**アマゾン川**は，流域面積が世界一の川で，大西洋に注いでいる。

2

(1) 日本で最も流域面積が広い川は**利根川（とね）**である。利根川は，ｃの**関東平野**を流れている。ａは石狩平野（いしかり）で石狩川が，ｂは仙台平野（せんだい）で北上川（きたかみ）が，ｄは筑紫平野（ちくし）で筑後川（ちくご）が流れている。

(2) ①信濃川は，甲武信ケ岳（こぶしがたけ）を源流に，長野県から新潟県の越後平野（えちご）を流れている。河口が新潟県であることから，ア〜エのうち，イとエのいずれかが正解と考える。略地図から，上流は長野県を流れていることがわかるので，エが正解である

る。信濃川は，上流の長野県では千曲川（ちくま）とよばれている。

②資料より，川の長さと傾斜の両方について述べること。日本は山がちで国土がせまいため，川は短く急な流れになっている。

(3) 三陸海岸（さんりく）南部は，山地が沈降（ちんこう）してできた，出入りの複雑な**リアス海岸**が発達している。リアス海岸は，志摩半島（しま）や福井県の若狭湾沿岸（わかさ），長崎県などでみられる。地図中の**ウ**が志摩半島を示しているので，**ウ**が正解である。

3

(1) ①日本の大部分は，四季の変化がある**温帯**に属する。西ヨーロッパやアメリカ合衆国の南東部なども同じ温帯なので，これらの地域が含まれている**C**が正解である。**A**は**熱帯**，**B**は**乾燥帯**，**D**は**冷帯**，**E**は**寒帯**である。

②夏に雨が少なく乾燥するのは，温帯の中の**地中海性気候**の特色である。温帯は，日本などが含まれる**温暖湿潤気候**，イギリスやフランスなどが含まれる**西岸海洋性気候**，地中海沿岸地域が含まれる地中海性気候に分けることができる。

(2) あは**冷帯**，いは**乾燥帯**，うは**熱帯**，えは南半球の**温帯**である。グラフのうち，ａは６〜８月の気温が低いので，南半球の都市，ｂは冬が低温なので冷帯の都市，ｃは雨がほとんど降っていないので乾燥帯の都市，ｄは気温が年間を通じて高いので熱帯の都市のグラフである。

(3) Bの乾燥帯は雨が少ないので，森林は発達しない。雨がほとんど降らない地域は砂や岩石の砂漠，少し降る地域ではたけの短い草が生育するので，**B**は**エ**があてはまる。Dの冷帯の地域では，針葉樹が生育しているので，**D**は**ウ**があてはまる。

ア こけ類の湿地が見られるのは，**E**の寒帯である。

イ マングローブの森林やさんごしょうは，**A**の熱帯や亜熱帯（あねったい）の暖かい地域で生育している。

4

(1) 日本付近では，夏は太平洋側から南東の**季節風**が，冬は大陸側から北西の季節風が吹く。したがって，**X**が冬の季節風，**Y**が夏の季節風の風向きである。

(2) 親潮は太平洋側を流れる**千島海流**のことなので，**エ**が正解である。**ア**は寒流のリマン海流，**イ**は暖流の対馬海流（つしま），**ウ**は暖流の日本海流（黒潮）である。

(3) 地図上の位置から，富山市は日本海側の気候，高

山市は内陸の気候，名古屋市は太平洋側の気候であると考えられる。Bのグラフは冬に降水量が多いので，日本海側の気候があてはまる。したがって，Bは富山市のグラフ。AとCのグラフを比較すると，Aのほうが冬の気温が低いので，Aが内陸の気候のグラフ，つまり高山市のグラフと考えられる。残るCが太平洋側の気候なので，名古屋市のグラフである。

(4) Zの地域は東北地方の太平洋側。親潮の上を吹く北東風のやませの影響で，夏に低温となり冷害がおこることがある。やませという名前，北東の風で夏に吹くことを明記する。

(5) 瀬戸内地方では，夏の季節風は四国山地に，冬の季節風は中国山地にさえぎられ，乾燥した風となる。夏・冬ともに季節風が山地にさえぎられるということが書かれていればよい。

(6) 台風の進路から，日本海沿岸よりも太平洋沿岸のほうが，台風の被害を受けることが多いので，アが誤り。

---

6 地理編 人口・資源・産業からみた日本

基礎力チェック

問題➡本冊P.37

解答

1 人口爆発
2 名古屋
3 少子高齢社会
4 過疎（化）
5 ペルシャ湾
6 火力発電
7 地球温暖化
8 近郊農業
9 促成栽培
10 栽培漁業
11 太平洋ベルト
12 産業の空洞化

実践問題

解答

1 (1) 人口ピラミッド　エ　　(2) イ
　(3) ①ウ　②ア　　少子高齢化
2 イ
3 (1) エ
　(2) 記号　い　　国名　サウジアラビア
4 (例) 火力発電にくらべると二酸化炭素の排出量が少なく，地球環境への影響が少ない上に原子力発電のように放射性廃棄物の問題などがないため。
5 (例) 鉄鋼工場は臨海部に立地しており，その理由は原料の輸入に便利であるためである。
6 (1) A エ　B イ　C ウ　D ア
　(2) ①ア　　②近郊農業
7 (1) ウ
　(2) エ　(例) 1970年代に多くの国が沿岸から200海里以内を経済水域に設定したため。
　(3) (例) 卵から人工的にふ化させた稚魚や稚貝をある程度まで育てて，海や川に放流し，大きくなってからとる漁業。
8 (1) イ　　　　(2) E　瀬戸内工業地域
　(3) 太平洋ベルト
　(4) ①半導体等電子部品
　　②(例) 1970年の輸出額は鉄鋼などの金属工業の割合が高いが，2019年の輸出額は自動車など機械工業の割合が高い。

解説

1

(1) 人口ピラミッドは，男女別に各年齢層の人口の割合を示したものなので，エが正解である。平均寿命や人口増加率は，人口ピラミッドから読みとることはできないので，アとウはあてはまらない。また，人口密度を求めるには，その国の人口と面積がわからなければならないので，イも人口ピラミッドからは読みとることはできない。

(2) 日本の人口ピラミッドは，富士山型→つりがね型→つぼ型と変化している。Aの人口ピラミッドはつぼ型，Bの人口ピラミッドは富士山型なので，Aのほうが新しいと考えられる。また，日本は出生率が低下しているので，XとYではYのほうが新しい数値であることがわかる。したがって，イが正解である。

(3) 2018年は1950年に比べて，医療の進歩などにより平均寿命が延び，65歳以上の高齢者の割合が大きくなっている。したがって，①は**ウ**があてはまる。また，出生率が低下したため，0～14歳の年少人口の割合が減っているので，②は**ア**があてはまる。このように，年少人口の割合が減って，高齢者の割合が増えることを**少子高齢化**という。

2

最も人口が多い**ア**は，世界の人口の第1位の中国，第2位のインドがあるアジア州である。最も人口が少ない**エ**はオセアニア州で，残る**イ**と**ウ**のどちらかがアフリカ州である。1960年以降，最も人口増加の割合が著しい（いちじるしい）**イ**が正解である。

3

(1) 略地図内において，Aはアメリカ合衆国，Bはブラジル，Cはオーストラリア，Dは中国，Eはマレーシア，Fはインドを示している。
　資料Ⅰを見てみると，エネルギー消費量が4か国の中で最大である**エ**が，1人あたりエネルギー消費量は最小になっている。これは人口が関連していると考えると，**エ**はDの中国となる。また，**ア**はアメリカ合衆国，**イ**は日本，**ウ**はマレーシアである。かつてはアメリカ合衆国がエネルギー消費量，1人あたりエネルギー消費量ともに最大であった。

(2) 石炭の産出量が最も多い国は**中国**なので，選択肢のいにしぼることができる。**あ**を見てみると，Bの**ブラジル**，Cの**オーストラリア**から鉄鉱石とわかる。したがって，**う**が原油で，[　　]には埋蔵（まいぞう）量世界有数の**サウジアラビア**が入る。

4

「火力発電」「原子力発電」の語句指定があることから，これらの発電方法とくらべて，地熱発電や風力発電にはどのような利点があるかについて書くようにする。**環境への影響が少ない**こと，**安全性の面で安心である**ことの二点を漏（も）らさずに記述する。

5

資料Ⅰから工場が**臨海部**に立地していること，資料Ⅱから，鉄鉱石，石炭の**自給率**がほぼ0％であることを読みとる。臨海部に立地することで，船で運ばれる資源を入手しやすいという利点があることを記述する。

6

(1) A　新潟県，北海道，秋田県が生産上位なので**米**。したがって，**エ**が正解である。米は東北地方や

北陸地方で多く生産されている。

B　西日本の和歌山県や愛媛県，静岡県で生産されているから**みかん**。したがって，**イ**が正解である。

C　山梨県，長野県，山形県で生産されているから**ぶどう**。山で囲まれた盆地などで栽培されている。したがって，**ウ**が正解である。

D　九州地方の福岡県，熊本県と大消費地である東京に近い**栃木県**が上位なので**いちご**の生産量である。したがって，**ア**が正解である。

(2) ①②Ｘは千葉県である。大都市周辺の県では，大都市向けの野菜や花を栽培する**近郊農業**がさかんに行われている。したがって，**ア**が正解である。

イ　日本で広大な農地で農業が行われているのは，北海道である。

ウ　高知平野や宮崎平野の野菜の促成栽培。温暖な気候を利用して，**ピーマンやきゅうり**などを他の地域と出荷時期をずらして栽培している。

エ　長野県などの高冷地で行われる，夏の涼しい気候を利用した抑制（よくせい）栽培である。

7

(1) 2015年のグラフの幅が最も広いものが，漁獲（ぎょかく）量が最も多い漁業である。**ウ**の沖合漁業が最も広い。

(2) 1973年をピークに漁獲量が減少しているのは，**エ**の遠洋漁業である。各国が200海里の経済水域を設定したことで，それまで漁業を行っていた水域が外国の経済水域に含まれるようになった。そのため，漁場や漁獲量などを制限されたり，入漁（にゅうぎょ）料などを支払わなければならなくなったりしたために，遠洋漁業は急速に衰退（すいたい）していった。

(3) 「育てる漁業」には，養殖（ようしょく）業と栽培漁業がある。稚魚や稚貝をある程度の大きさになるまで育ててから海や川に放流し，成長したものをとるのが栽培漁業。それに対し，養殖業は，大きくなるまで人工的に育てて出荷する漁業である。

8

(1) Cは**中京（ちゅうきょう）工業地帯**である。自動車工業がさかんであるため，機械工業の割合が最も高い，**イ**のグラフがあてはまる。

A　北九州工業地域を示している。金属や食料品の割合が高いので，グラフは**ウ**があてはまる。

B　阪神（はんしん）工業地帯を示している。金属工業の割合が高いので**エ**のグラフがあてはまる。

D　京浜（けいひん）工業地帯を示している。機械工業の割合

が高い**ア**があてはまる。

(2) 倉敷市は岡山県，呉市は広島県，岩国市は山口県の都市で，これらの都市は瀬戸内工業地域に含まれる。瀬戸内工業地域は地図中の**E**である。**F**は東海工業地域，**G**は北関東工業地域，**H**は京葉工業地域である。

瀬戸内工業地域

(3) 工業地帯や工業地域だけでなく，三大都市圏も含まれ，人口も集中している，太平洋沿岸から九州北部にかけての地域である。

(4) ①地図中の●は，沿岸部だけでなく内陸部にもあり，東北地方や九州にも見られることから，**IC工場**を表していると考えられる。半導体等電子部品はIC（集積回路）を含むので，正解は**半導体等電子部品**である。

　②**資料Ⅱ**から，1970年は鉄鋼，2019年は自動車の割合が高いことがわかる。鉄鋼は金属工業，自動車や半導体等電子部品は機械工業なので，**1970年は鉄鋼など金属工業，2019年は自動車など機械工業の割合が高い**，ということをまとめる。

7 地理編 交通・通信・生活・文化からみた日本

基礎力チェック

問題 ➡ **本冊 P.43**

解答

1	IT	2	自動車
3	加工貿易	4	貿易摩擦
5	成田国際空港	6	オーストラリア
7	原油〔石油〕	8	とうもろこし
9	英語	10	キリスト教
11	イスラム教	12	ヒンドゥー教

実践問題

問題 ➡ **本冊 P.44**

解答

1 (1) ①Ⅰ ウ　Ⅱ ア
　　②B サウジアラビア　C イギリス
　　③（例）A国との貿易は，おもに工業製品を輸出し，原材料や食料を輸入しているのに対し，C国との貿易は，輸出入ともに工業製品が中心である。
(2) ①A　②C　(3) イ
(4) B （例）主要な輸出品は高価で，航空機で運べる小型・軽量な製品が多いから。

2 (1) E　(2) D ヒンドゥー教

3 (1) ①ア 東北新幹線
(2)（例）製品の輸送に便利なため。

4 (1) ヒスパニック
(2) Ⅰ イ・C
　　Ⅱ ウ・A
　　Ⅲ ア・B

解説

1

(1) ①Ⅰは，A〜Dのどの国でも輸出額が上位になっている品目である。日本の輸出は，機械類や自動車が中心であることから，Ⅰは自動車と考えられる。B国からはⅡ以外に石油製品を輸入していることから，B国は**サウジアラビア**である。サウジアラビアからの輸入総額の大部分を占めるⅡは原油である。

②A国からは液化天然ガス，石炭，鉄鉱石を多く輸入しているので，A国は**オーストラリア**。D国からは，鉄鉱石やコーヒーを輸入していることから，D国は**ブラジル**。残るC国は**イギリス**である。

③日本からの輸出品は，A国，C国ともに機械類や自動車などの工業製品が中心で，あまりちがいはみられない。そこで，輸入品のちがいを読みとってまとめる。A国からは，液化天然ガス，石炭，鉄鉱石などの原材料，肉類などの食料の輸入が多くなっている。C国からは，機械類，自動車などの工業製品が多く輸入されている。

(2) 中国との貿易額は，アメリカも日本も年々増加の傾向にあるため，Bは誤り。①②がAかCのどちらかである。中国への輸出額はアメリカより日本のほうが多いので①はA，②はCが正解である。

(3) 2004年以降急速に割合が高まっているBは中国なので，イ・オ・シからA国にあてはまるものを比較して考える。Aはアメリカと貿易総額で2，3位を競っていることからドイツである。したがって，イが正解である。

(4) 船による輸送と航空機による輸送の違いに着目する。船は，輸送時間がかかるが，自動車，原油など重い製品や原料を一度に大量に輸送することができる。航空機は早く輸送することができるが，運賃が高く，また重いものを大量に輸送することはできない。成田国際空港を示すのは，航空機による輸送に適している，半導体等製造装置などの高価で軽い製品である。したがって，Bが正解である。

2

(1) **資料Ⅰ**は，年中高温である東南アジアの熱帯地域に見られる，高床式の風通しをよくした伝統的な住居で，**E**のインドネシアの住居である。**A**はアメリカ，**B**はエジプト，**C**はフランス，**D**はインドを示している。

(2) 地図中で，イギリスが支配していた歴史があるのは，アメリカ，エジプト，インドである。牛を神聖な生き物としている宗教は**ヒンドゥー教**なので，文はインドについて説明していることがわかる。したがって，インドを示す**D**が正解である。インドは民族構成が複雑で，ヒンディー語，英語をはじめ多くの言語が使われている。宗教もさまざまで，約80％の人がヒンドゥー教を信仰しているが，他にも**イスラム教や仏教，キリスト教**などの信者もいる。

ミス注意

インドの宗教→仏教発祥(はっしょう)の国だが，現在最も多くの人が信仰しているのは，ヒンドゥー教。

3

(1) ①青森県の新青森まで延長された新幹線は，東北新幹線であり，地図中の**ア**が正解である。東北新幹線は，1982年に大宮－盛岡間が開通し，その後大宮から上野まで，さらに東京まで開通して，東京－盛岡を結んだ。2002年には，盛岡から八戸(はちのへ)，2010年には八戸から新青森まで延長された。また，北海道では2016年に新青森－新函館北斗(しんはこだてほくと)が北海道新幹線として開業している。

(2) 高速道路網の発達によって，半導体以外にも，自動車や電気機械の工場が高速道路沿いに建てられ，製品がトラック輸送されるようになった。また，高速道路によって全国各地が結ばれ，宅配便など自動車による輸送量が大きく伸びているが，営業用自動車は鉄道による輸送と比べて二酸化炭素の排出量が多く，地球温暖化が加速することが問題視されている。

4

(1) メキシコや中央アメリカ，西インド諸島の国々とアメリカとでは，人々の収入に大きな格差があり，多くの人々が，仕事と高い収入を求めてアメリカに移住してくる。

(2) 地図中のⅠは冷帯（亜寒帯）のロシア，Ⅱは乾燥帯のサウジアラビア，Ⅲは高山気候のペルー。

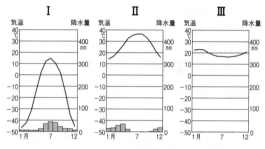

（「理科年表 2020年版」より作成）

8 地理編 / 都道府県のようす① 北東部・中央部

基礎力チェック　　問題➡ **本冊P.48**

解答

1	アイヌ	2	奥羽山脈(おうう)
3	リアス海岸	4	仙台市(せんだい)
5	利根川(とね)	6	成田国際空港
7	輪中(わじゅう)	8	越後平野(えちご)
9	琵琶湖(びわこ)	10	紀伊山地(きい)
11	阪神工業地帯(はんしん)	12	明石市(あかし)

解答

1 (1) ア　　(2) ウ　　(3) アイヌ
　　(4) イ　　(5) 石狩川
2 (1) ①ⓐ 白神山地　②ⓒ 奥羽山脈
　　(2) (例) 暖流と寒流がぶつかる潮目 (潮境) が
　　　　あるから。
　　(3) イ　　(4) ①A　②C
　　(5) 記号 D　　県庁所在地名 盛岡市
3 (1) 番号 ⑤　　県名 三重県
　　　　番号 ⑥　　県名 滋賀県
　　(2) オ
　　(3) ①イ
　　　　② (例) 温暖な気候で, 水はけのよい土地。
　　(4) 中部地方 ④
　　　　近畿地方 ③
4 (1) ア　　(2) ⓓ　　(3) イ
　　(4) ⓘ　　三重県　　(5) 3

解説

1

(1) 北方領土は, 択捉島, 国後島, 色丹島, 歯舞群島
からなる。北海道に近い X は国後島である。Y 地
点がある島は択捉島である。択捉島は日本最北端
に位置し, その緯度は北緯 45 度 33 分であるこ
とから, Y 地点は北緯 45 度である。したがって,
アが正解である。

北方領土

(2) 乳用牛の飼育頭数は, 北海道や熊本県, 岩手県,
関東地方の県などが多い。したがって, ウが正解
である。アは青森県の割合が半分以上を占めてい
るのでりんご, イは新潟県や北海道, 東北地方の
県が上位を占めているので米, エは和歌山県, 愛
媛県など西日本の県の生産量が多いのでみかんの
生産割合を表している。

(3) 北海道の先住民はアイヌ。古くから北海道に住み,
コンブやサケなどの採集・狩猟を中心とする生活
をしていた。

(4) 2008 年 7 月に, 北海道で洞爺湖サミットが開催

された。したがって, イが正解である。洞爺湖の
近くには, 何度も噴火をおこしている有珠山があ
る。
アの摩周湖, エのサロマ湖は同じ北海道にある湖
である。ウの十和田湖は青森県と秋田県にまた
がっている湖である。

(5) 日本で 3 番目に長い川は石狩川である。

2

(1) ⓐは白神山地, ⓑは出羽山地, ⓒは奥羽山脈, ⓓ
は北上高地である。
　①世界自然遺産に登録されているのはⓐの白神山
　　地である。白神山地は, 青森県と秋田県の県境
　　にある。
　②東北地方を太平洋側と日本海側に分ける山脈は
　　ⓒの奥羽山脈である。

(2) X は三陸海岸である。三陸海岸の沖合いでは, 暖
流の日本海流 (黒潮) と寒流の千島海流 (親潮) が
ぶつかっている。暖流と寒流がぶつかるところを
潮目 (潮境) といい, プランクトンが豊富でよい漁
場となっている。三陸海岸では, わかめやほたて
貝などの養殖もさかんに行われている。

(3) 東北地方は, 北陸地方とともに「日本の穀倉地帯」
とよばれている。イの米が正解である。

(4) ①②地図中の A は青森県, B は秋田県, C は山形
県, D は岩手県, E は宮城県, F は福島県である。
りんごの生産の上位は, 青森県, 長野県, 岩手県。
青森県は, 全国の生産量の半分以上を占めている。
したがって, 地図中の A が正解である。
さくらんぼは, 山形県で生産がさかんで, 山形県
は全国の生産量の 7 割以上を占めている。したが
って, 地図中の C が正解である。

(5) 東北地方で県名と県庁所在地名が異なるのは, D
の岩手県 (盛岡市) と E の宮城県 (仙台市) である。
全国の都道府県の面積は, 北海道, 岩手県, 福島
県の順に大きい。岩手県の盛岡市では南部鉄器の
生産が古くから行われている。したがって, D で,
盛岡市が正解である。

3

(1) 近畿地方は兵庫県, 京都府, 滋賀県, 大阪府, 奈
良県, 和歌山県, 三重県で, ①～⑥の県のうち中
部地方に接しているのは, 愛知県・岐阜県と接し
ている三重県, 岐阜県・福井県と接している滋賀
県である。

(2) 富山県, 岐阜県, 長野県, 新潟県にまたがってい

る飛騨山脈である。

(3) ①写真の農作物は茶である。アは田，ウは針葉樹林，エは広葉樹林の地図記号。
　　②茶は温暖で，台地などの水はけのよい土地でさかんに栽培され，生産の上位は，静岡県，鹿児島県，三重県などである。

(4) ①は鉄道による旅客輸送の多さから関東地方，④は高い製造品出荷額等から中京工業地帯がある中部地方，⑤は広い面積や高い農業産出額，対して低い製造品出荷額等と少ない旅客輸送から東北地方となる。残る2地方は鉄道による旅客輸送をもとに，②が中国・四国地方，③が近畿地方と推察できる。

4

(1) 東経135度は日本の標準時間を決める経線で，兵庫県明石市を通っている。この経線が通る国は，ロシア，インドネシア，オーストラリア。したがって，アが正解である。インドや韓国は日本より西にあり，インドはほぼ東経70〜90度の範囲，韓国はほぼ東経125〜130度の範囲である。

(2) 断面図の左端に注目する。平野ではなくわりと標高が高く描かれていることから，山脈になっていることがわかる。ⓐ，ⓑは大阪平野が左端にくるので不適切。ⓒは和歌山平野が左端にくるので不適切。したがって，ⓓの，紀伊山地沿いに引かれた矢印の断面図である。

(3) 地図中のBは京都府，Cは大阪府，Dは和歌山県。京都には，平安時代から江戸時代まで都がおかれていた。アの「天下の台所」とよばれていて，面積が全国で香川県に次いで小さいのは大阪府。ウのみかんやかきの生産量が多いのは和歌山県。

(4) ⓐは滋賀県，ⓘは三重県，ⓤは奈良県，ⓔは兵庫県。琵琶湖は滋賀県の面積のおよそ6分の1を占めているので，湖沼・河川の面積が広いbは滋賀県。bとともに海面漁業生産量がないcは内陸の奈良県と考えられる。残るaとdのうち，人口が多いdは兵庫県，aは中京工業地帯に含まれる三重県。

(5) それぞれの県庁所在地は，滋賀県が大津市，三重県が津市，奈良県が奈良市，兵庫県が神戸市なので，奈良県以外の3つの県があてはまる。

ミス注意

【都道府県名と都道府県庁所在地名が異なるところ】
- ●北海道（札幌市）
- ●東北地方：岩手県（盛岡市），宮城県（仙台市）
- ●関東地方：茨城県（水戸市），栃木県（宇都宮市），群馬県（前橋市），埼玉県（さいたま市），神奈川県（横浜市）
- ●中部地方：山梨県（甲府市），愛知県（名古屋市），石川県（金沢市）
- ●近畿地方：三重県（津市），滋賀県（大津市），兵庫県（神戸市）
- ●中国地方：島根県（松江市）
- ●四国地方：香川県（高松市），愛媛県（松山市）
- ●九州地方：沖縄県（那覇市）

9 地理編 ／ 都道府県のようす② 南西部

基礎力チェック　　　問題 ➡ 本冊 P.54

解答

1	石見銀山遺跡	2	季節風〔モンスーン〕
3	広島市	4	本州四国連絡橋
5	瀬戸内海	6	日本海流〔黒潮〕
7	C 高知平野　D 宮崎平野		
8	阿蘇山	9	シラス台地
10	北九州工業地域	11	IC
12	沖縄県		

実践問題　　　問題 ➡ 本冊 P.55

解答

1 (1) 記号 A　名称 中国山地　(2) ウ
(3) ①瀬戸内工業地域
　　② (例) 化学工業がさかんである。
(4) A ⓖ　　B ⓘ

2 (1) ①イ　②エ　(2) 促成栽培　(3) イ

3 (1) ①福岡市　②エ
(2) ①リアス海岸　②過疎地域
(3) ウ　(4) 対馬
(5) 鹿児島県　(6) 3
(7) (例) ICは小さくて軽く高価なため，航空機や高速道路で輸送しても採算がとれるから。

4 A (例) 気温が高いこと　B 沖縄

1

(1) 地図中のAは中国山地，Bは讃岐山脈，Cは四国山地。冬に降水量が多いのは日本海側（山陰）の気候である。また，中国山地はなだらかな山地で，四国山地は険しい山地である。したがって，Aの中国山地が正解である。

(2) 広島県は瀬戸内海に面した県で，地図中のⓓである。広島市は，中国・四国地方の中枢都市である。徳島県は四国の東側にある県で，地図中のⓗである。したがって，ウが正解である。

(3) ①瀬戸内海沿岸に発達したのは，瀬戸内工業地域である。交通の便がよいことや，埋め立て地など工業用地が得やすかったことなどが発達要因である。

②グラフから，瀬戸内工業地域は，全国の工業製品出荷額の割合に比べて，特に化学工業の占める割合が高いことが読みとれる。岡山県倉敷市（水島）や山口県の周南市，岩国市などに石油化学コンビナートが広がっている。

(4) みかんは，和歌山県，静岡県，愛媛県と九州地方の県で多く生産されている。したがってAは地図中ⓔの愛媛県である。ピーマンは，高知県で生産がさかんである。したがってBは地図中ⓘの高知県である。

2

(1) ①Aは香川県に広がる讃岐平野である。したがって，イが正解である。

②地形図中のXはため池を示している。讃岐平野を含む瀬戸内海沿岸地域は，夏と冬の季節風が山地にさえぎられ，年間を通じて温暖で雨が少ない気候である。そのため，水不足によるひでりの害がおこりやすい。讃岐平野には，大きな川が近くにないこともあって，古くからため池がつくられている。

ミス注意

日本海側の気候：冬に降水量が多い。
瀬戸内海沿岸の気候：温暖で雨が少ない。

(2) 地図中のBは高知平野である。高知平野の沖合いには，暖流の日本海流（黒潮）が流れているため，冬も温暖な気候である。この温暖な気候や，ビニルハウスなどの施設を利用して，ピーマンやきゅうりなどの出荷時期を早める促成栽培が行われて

いる。九州地方の宮崎平野でもさかん。

(3) ↓の起点付近には，鳥取砂丘が広がっている。したがって，Aは砂浜海岸である。昭和63（1988）年に開通したのは，児島・坂出ルートにかけられた瀬戸大橋である。よってBは瀬戸大橋である。したがって，イが正解である。しまなみ海道は，尾道・今治ルートを結んでいる。

3

(1) A県は福岡県である。
①博多は福岡市東部にある，福岡市の中心地区。

②福岡県で発達した工業地域は，北九州工業地域である。明治時代に八幡製鉄所が設立されて，鉄鋼業を中心に発達した。したがって，エが正解である。1960年代からエネルギーの中心が石炭から石油に移っていくと，北九州工業地域の地位は低下していった。アとイは中京工業地帯について，ウは京浜工業地帯について述べている。

(2) ①リアス海岸は，三陸海岸南部，福井県の若狭湾沿岸，長崎県などに発達している。
②過疎とは逆に人口が増加して交通渋滞や騒音などが問題となることを，過密という。

(3) Cは宮崎県で，ピーマンの促成栽培がさかんだという特徴がある。したがって，ピーマンの収穫量が多いウが宮崎県である。表のアは牛肉の生産量が多いことからDの鹿児島県である。残るイとエのうち，漁獲量が多いイはBの長崎県，米の生産量が多いエはAの福岡県があてはまる。

(4) 九州と朝鮮半島の間に位置するXは対馬である。日本海流（黒潮）から分かれ日本海へ入る海流を対馬海流という。

(5) 世界自然遺産に登録されているのは屋久島，日本に初めて鉄砲がもたらされ，ロケット打ち上げ施設があるのは種子島である。これらはそれぞれ鹿児島県に属している。

(6) 九州地方にあるのは8つの県で，9つではない。

最も高い山は屋久島にあり，阿蘇山の中ではない。東シナ海から日本海に向けて流れている対馬海流は暖流であり，寒流ではない。したがって，誤っているものは3つである。

(7) ＩＣ（集積回路）は軽くて高価なので，高速道路や飛行機を利用して輸送しても採算が合う。このため，九州各地の空港や高速道路沿いには，ＩＣ工場が進出している。

4

資料Ⅱ中のＸ県の県庁所在地の年平均気温は23.1℃となっている。資料Ⅲの各都市の年平均気温と比べると，Ｘ県の県庁所在地は気温が高いことがわかる。

10 地理編 身近な地域の調査

基礎力チェック
問題 ➡ 本冊P.60

解答
1 縮尺		**2** 北西	
3 等高線		**4** 急	
5 10m			
6 A 畑		B 果樹園	
C 病院		D 博物館〔美術館〕	
7 扇状地		**8** 三角州	
9 聞きとり調査		**10** 折れ線グラフ	

実践問題
問題 ➡ 本冊P.61

解答
1 (1) ①a ア　　b ア　　②イ
(2) ①南西　　②北東
(3) エ　　(4) 文献調査
2 (1) ア
(2) 記号 A
理由 (例) Aの方が等高線の間隔がせまいから。
(3) エ
3 (1) 博物館〔美術館〕　　(2) エ
4 (1) ウ　　(2) エ　　(3) 1250 (m)
(4) 扇状地　　(5) ウ
5 (1) A 田〔水田〕　　B 果樹園
(2) ウ　　(3) エ　　(4) ア　　(5) 1 (㎢)

解 説

1
(1) ①道沿いの の地図記号は田（水田）を表している。 は広葉樹林を表している。畑の地図記号は である。針葉樹林の地図記号は である。

②道沿いに ⊕ の地図記号がある。したがって，イが正解である。
寺院の地図記号は 卍，病院の地図記号は ⊞，図書館の地図記号は ⊞。

(2) ①黒島港から見ると，番岳は南と西の間の方角になる。
②番岳から見ると，神社は北と東の間の方角になる。

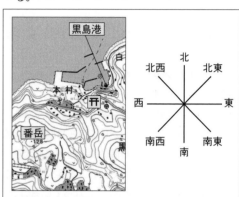

(3) Ａ地点の標高は134.3 m。この地形図は2万5千分の1の縮尺なので，等高線は10 mおきに引かれており，Ｂ地点の近くに50 mの等高線が引かれている。そこから数えて2本目の等高線にＢ地点があるので，Ｂ地点の標高は70 mになる。
134.3 m－70 m＝64.3 m。
したがって，エが正解である。

(4) 図書館などの文献によって調査する方法を文献調査という。調査の方法には，他に聞きとり調査，野外調査などがある。

2
(1) 正法寺川は，地形図中では北西から南東にかけてえがかれている。川の流れる向きを考えるときは，どちらが標高が高いか読みとる。図中にある165，175，195の標高を表す数字を見ていくと，川の南東のほうが北西よりも標高が高いことがわかる。したがって川は，南東から北西に向かって流れているので，アが正解である。

(2) 等高線は，標高だけでなく，土地の起伏のようすも表すことができる。等高線の間隔が広いところ

よりも，等高線の間隔がせまいところのほうが高さの変化がはげしいので，傾斜が急になっている。

(3) 上荻野戸（かみおぎの と）周辺には，果樹園の地図記号がたくさんあることから，この地域では果物栽培がさかんであることが読みとれる。したがって，**エ**が正解である。

3

(1) 博物館（美術館）を表す血の地図記号は 2002 年に決められた比較的新しい地図記号である。

(2) 寺院の地図記号は卍で，神社の地図記号は鳥居である。神社の数よりも寺院の数のほうが多い。したがって，**エ**が正解である。
  ア 旧円徳院庭園（きゅうえんとくいん）の南にある血の地図記号は，図書館ではなく博物館（美術館）。図書館の地図記号は凸。
  イ 図書館より南では，妙法院（みょうほういん）の北に郵便局⊖がある。
  ウ 地形図中に交番 X も消防署 Y もある。

4

(1) 2 つの地点の間に最も多くの等高線があるところが，高低差が最も大きい。**T－U**間の等高線が最も多いので，**T－U**間の高低差が最も大きい。したがって，**ウ**が正解である。2 万 5 千分の 1 の地形図で等高線は 10 m おきになっているので，**T－U**間の高低差は約 100 m ある。

(2) 地形図の D の範囲には，病院⊞も工場☼もある。したがって，**エ**が正解である。
  ア 川は標高の高いところから低いところに流れる。②の付近の標高は約 80 m，①の付近の標高は 100 m 以上あるので，川は①から②に向かって流れている。
  イ B の範囲には田（水田）の地図記号がある。果樹園の地図記号である。
  ウ C 地点から見ると，おうみなかしょう駅は南西の方角。

(3) 実際の距離（きょり）は，地図上の長さ×縮尺の分母で求める。2 万 5 千分の 1 の地形図上で 5 cm の長さの実際の距離は，5 cm × 25000 = 125000 cm = 1250 m となる。

(4) 河川が山地から平地に流れ出たところにできる地形を扇状地という。

(5) 数値の変化のようすを表すには，折れ線グラフが適している。円グラフや帯グラフは，全体に占める割合を表したいときに適している。

したがって，**ウ**が正解である。

さまざまなグラフ

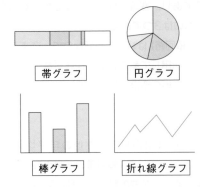

帯グラフ　円グラフ

棒グラフ　折れ線グラフ

5

(1) X には田（水田）の地図記号，Y には果樹園の地図記号がある。

(2) 川の流れは標高が高い方から低い方へと流れる。地形図中の標高を示す 503，450，400.8 から，川の南東のほうが北西よりも標高が高いことがわかる。よって小川川は左上に向かって流れている。地図の上は北になるので，左上は北西である。したがって，**ウ**が正解である。
  ア 馬場平にある〇は町・村役場であって市役所ではない。
  イ 伊久間には寺院の地図記号卍もある。
  エ 天竜川に沿って道路が通っているが，鉄道は通っていない。

ミス注意

市役所の地図記号…◎
町・村役場の地図記号…〇

(3) 老人ホームを示す地図記号は⛫で，2006 年に決められた新しい地図記号である。建物の中につえのマークがあることから，**エ**が正解である。

(4) 地形図で P－Q を見ると，P 地点と Q 地点はほぼ平らな地形である。しかし伊久間のところで等高線の間隔がせまくなっていることから，傾斜が急になっていることがわかる。等高線の数字より，P 地点より Q 地点のほうが標高が高く，間に傾斜が急になっている地域のある断面図を選ぶ。したがって，**ア**が正解である。

(5) 2 万 5 千分の 1 の地形図なので，地形図上の 4 cm は 1 km である。1 辺 1 km の正方形の土地の面積は 1（km）× 1（km）= 1（km²）である。

問題 ➡ 本冊 P.67

1

歴史編

文明のおこりと日本

基礎力チェック

解答

1 旧石器時代	2 インダス文明
3 象形文字	4 秦
5 シルクロード〔絹の道〕	
6 たて穴（式）住居	7 貝塚
8 弥生土器	9 吉野ヶ里遺跡
10 卑弥呼	11 大王
12 大仙〔大山〕古墳	13 はにわ
14 渡来人	

実践問題
問題 ➡ 本冊 P.68

解答

1 (1) 記号 イ　文明 メソポタミア文明
(2) 甲骨文字
(3) 国名 秦　人物名 始皇帝
(4) (例) 土地が肥えており，農耕が発達したため。

2 (1) イ　(2) 北京原人

3 (1) 土偶
(例) 豊かな恵みを願ったり，まじないをしたりするために使用された。
(2) ア　(3) イ
(4) ア　(5) 旧石器時代

4 (1) A たて穴（式）　B 高床（式）倉庫
(2) 石包丁　(例) 稲穂をつみとるため。
(3) ウ
(4) (例) 外敵を防ぐため。

5 (1) ア　(2) ウ　(3) 卑弥呼
(4) ア
(5) 『魏志』倭人伝・ウ

6 (1) A 大和〔ヤマト〕　B 大王
(2) 前方後円墳　(3) ウ
(4) 渡来人　(5) ウ

7 A 記号 イ　国名・地名 百済
B 記号 エ　国名・地名 加羅（任那）
C 記号 ア　国名・地名 高句麗
D 記号 ウ　国名・地名 新羅

解説

1

(1) チグリス川とユーフラテス川の流域を示しているのはイであり，そこで発達した文明はメソポタミア文明である。
アはナイル川流域に発達したエジプト文明，ウはインダス川流域に発達したインダス文明，エは黄河流域に発達した中国文明である。

(2) 地図中のエの地域に栄えた国とは殷のことである。殷では，動物の骨や亀の甲羅に甲骨文字が書かれた。

(3) 中国では，紀元前221年に秦の始皇帝が中国を統一した。

(4) 大河の流域に発達したということからは，まず，水に恵まれているということがわかる。水に恵まれていれば土地が肥えるので，定住して農耕生活が可能であり，文明が生まれる，と考える。

2

(1) 人類は，およそ700万年前に出現した。直立二足歩行をするようになった最初の人類は，アフリカで発見されたサヘラントロプス・チャデンシスである。したがってイが正解である。

(2) 北京原人は，1927年，約50万年前の北京の地層から発見された。

3

(1) 土偶は，粘土を焼いてつくった土製の人形で，女性の形をしたものが多い。魔よけや食物の豊かさを祈るために使われたと考えられている。

(2) イは古墳時代の大和政権について，ウは弥生時代の社会のようすについて，エは縄文時代以前の旧石器時代についての説明である。したがってアが正解である。

(3) (4) イの三内丸山遺跡は縄文時代の遺跡で，青森県にある。したがってイの三内丸山遺跡，青森県青森市を指す地図中のアが正解である。アの岩宿遺跡は旧石器時代の遺跡で，群馬県，ウの吉野ヶ里遺跡は弥生時代の遺跡で，佐賀県，エの登呂遺跡は弥生時代の遺跡で，静岡県にそれぞれある。

ミス注意

旧石器時代の遺跡…岩宿遺跡（群馬県）
縄文時代の遺跡…三内丸山遺跡（青森県）
弥生時代の遺跡…吉野ヶ里遺跡（佐賀県），登呂遺跡（静岡県），板付遺跡（福岡県）

(5) 1946年，群馬県岩宿の関東ローム層の中から，約3万年前の石器が発見された。この石器の発見により，日本には縄文時代以前には人がいなかったというそれまでの定説がくつがえされた。

4

(1) A 縄文時代以降，人々は地面を掘り下げ，屋根をふいたたて穴住居に暮らしていた。

B 高床倉庫は，湿気を防ぐために床を高くしてあり，はしごをかけて出入りした。

(2) イラストは石包丁とよばれる石器である。稲から稲穂の部分をつみとるのに使われていた。

(3) ア・イの銅剣・銅矛は青銅器でできた刀である。ウの銅鐸は青銅器でできたつりがね状のものである。エの銅鏡は青銅でつくられた鏡である。
したがってウの銅鐸が正解である。銅鐸などの青銅器は，おもに祭りのための道具として用いられた。

(4) 厳重にまわりを囲っているということから考える。農耕社会の成立にともない，貧富や身分の差が生まれるとともに，蓄積された生産物をめぐる争いが始まったため，外敵から身を守る必要があった。

5

(1) 後漢は，25年～220年の中国の王朝なので，アが正解である。
奴国の王は，後漢の皇帝である光武帝から金印を授けられたとされている。金印の表面には，「漢委（倭）奴国王」と刻まれ，このことから，倭が後漢に仕えるという関係にあったとされている。
イの秦は紀元前221年に始皇帝が建てた中国初の統一国家，ウの隋は589年～618年に中国を統一した王朝，エの唐は618年～907年に中国を統一した王朝である。

(2) 金印は，福岡県の博多湾にある志賀島で発見された。このことから，奴国は九州地方にあったのではないかとされる。

(3) 『魏志』倭人伝に，女性の卑弥呼を王に立てたことが記載されている。

(4) 大王は大和政権時代の王のよび名である。したがって，アが正解である。
イ・ウ・エ 卑弥呼がまじないによって政治を行っていたこと，魏の都に使いを送り，皇帝から「親魏倭王」の称号と，金印，銅鏡100枚を授けられたこと，30あまりの小国をしたがえていたことが

中国の歴史書『魏志』倭人伝に記載されている。

(5) このころ中国は，三国時代で，魏・呉・蜀に分かれていた。

3世紀の東アジア

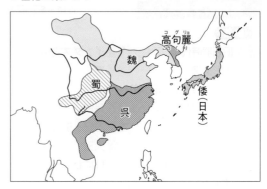

ミス注意

奴国の王…後漢の皇帝から金印を授けられた。
　　　　　→この金印が志賀島で発見された。
卑弥呼…魏の皇帝から金印を授けられた。

6

(1) 大和政権は，大王が中心となり，奈良盆地を中心とする大和地方の豪族が連合して成立した。

(2) 前部が方形，後部が円形の古墳を前方後円墳という。

(3) 大仙（大山）古墳は大阪府堺市にある。したがってウが正解である。

(4) (5) 渡来人は大陸のすぐれた文化や技術を伝えたほか，朝廷の記録や財政の仕事にもたずさわった。ウの漢字は渡来人が日本に伝えた。これにより朝廷の記録も残されるようになった。したがって，ウが正解である。
アの稲作は，紀元前4世紀ごろに大陸から伝えられた。イのガラスは，南蛮貿易で，ヨーロッパから伝えられた。エの朱子学は，宋の時代に大成された儒学の一派で，日本には，鎌倉時代に禅僧によって伝えられた。

7

A 日本と結んで新羅や高句麗と対抗したが，7世紀後半に唐・新羅の連合軍に滅ぼされた。

B 6世紀に新羅に統合された。

C 7世紀後半に唐・新羅の連合軍に滅ぼされた。

D 7世紀後半に百済を攻め，663年には百済を援助した日本軍を白村江の戦いで破った。

4世紀末の朝鮮半島

高句麗
好太王碑
丸都(集安)
漢城(ソウル)
熊津(公州)
百済
加羅(任那)
新羅
金城(慶州)

---

2 古代の日本

歴史編

基礎力チェック

問題 ➡ 本冊 P.73

解答

1 十七条の憲法		**2** 法隆寺	
3 大化の改新		**4** 大宝律令	
5 班田収授法		**6** 調	
7 聖武天皇		**8** 墾田永年私財法	
9 『万葉集』		**10** 最澄	
11 鑑真		**12** 摂関政治	
13 紫式部			

実践問題

問題 ➡ 本冊 P.74

解答

1 (1)①推古天皇

　②(例)家柄にとらわれず，才能や功績のある人物を役人にとりたてるため。

　③(例)(わが国最初の)仏教をもとにした文化(がおこったこと。)

　④ウ

(2)①a 蘇我　b 壬申　c 天武

　②(例)豪族の支配から，国家の直接の支配に変えようとした。

　③百済　記号 ウ

2 (1)A 国司　B 郡司　C 6

(2)ア　(3)5

(4)班田収授法　(5)エ　(6)荘園

3 (1)①『万葉集』　②防人

(2)①藤原道長

---

②(例)娘を天皇のきさきにして，生まれた子を天皇に即位させるという方法。

(3)①イ　②エ

4 (1)A

(2)①長安

　②(例)仏教によって国家を守るため。

　③ア　④『風土記』

(3)①桓武　②イ→エ→ア→ウ

解説

1

(1)①聖徳太子は，おばである推古天皇の摂政として政治の実権をにぎった。

②それまでの官職は，氏や姓によって決められていた。それを改め，個人の才能や功績によって官職につけ，人材登用をはかることを目的に冠位十二階の制度が設けられた。

③資料の十七条の憲法の2番目に着目する。「あつく三宝を敬え。三宝とは仏・法・僧なり。」という部分から聖徳太子が仏教を保護していたことがわかる。聖徳太子が活躍していたころの文化を飛鳥文化といい，法隆寺，法隆寺釈迦三尊像などがその代表。

④聖徳太子が小野妹子を中国につかわしたのは607年である。隋は6世紀の末から7世紀前半まで続いた王朝なので，ウが正解である。

アの秦は，中国初の統一国家で紀元前3世紀の王朝，イの漢は紀元前3世紀〜紀元3世紀までの王朝(ただし紀元8年〜23年は新)，エの唐は7世紀から10世紀初頭まで続いた王朝である。

(2)①大化の改新は645年に中大兄皇子(後の天智天皇)と中臣鎌足が中心となっておこした改革である。それまで独裁的な政治を行っていた蘇我氏を倒し，天皇中心の政治をおしすすめた。天智天皇の死後，天智天皇の弟の大海人皇子と天智天皇の子の大友皇子があとつぎをめぐって争い，大海人皇子が勝利し，天武天皇となった。この争いを壬申の乱という。

②大化の改新では公地公民をめざしていた。土地や人民を朝廷が直接支配することを公地公民という。

③日本は百済を救援するために朝鮮半島に大軍をおくった。地図中のアは唐，イは高句麗，ウは百済，エは新羅である。したがって正解はウで

ある。朝鮮半島では，新羅が唐と結んで百済や高句麗を滅ぼした。日本は朝鮮に大軍をおくったが唐と新羅の連合軍に敗れた。これを白村江の戦いという。

2

(1) 大宝律令のもとで，地方は多くの国に区分され，さらに国はいくつかの郡に分けられた。それぞれには国司と郡司がおかれ，政治を行った。
　C　班田収授法についての説明の部分である。6年ごとに戸籍がつくられ，これにもとづいて6歳以上の人々に口分田が与えられた。

ミス注意！！

班田収授法…6歳以上のすべての人々に口分田を与える。
墾田永年私財法…土地の永久私有を認める。

(2) 田地にかかる税を租といい，収穫の約3%の稲をおさめた。したがってアが正解である。
イの庸は，労役のかわりに麻布などをおさめる税，ウの調は，おもに絹や糸，海産物などの特産品をおさめる税，エの雑徭は男子にかけられた労役である。

(3) 戸籍から6歳以上の人数を数えればよい。

(4) 班田収授法についての説明である。6年ごとに戸籍がつくられ，これにもとづいて人々には口分田が与えられ，課税対象が明確になった。

(5) 資料は743年に出された墾田永年私財法の一部である。農民にとって税や労役の負担は重かったことから，逃亡する者も多くなり，荒廃する口分田が増えた。また，人口の増加などにより口分田が不足するようになった。したがってエが正解である。

(6) 墾田永年私財法により貴族たちは私有地を広げていった。この私有地を荘園という。このため，公地公民制は崩れ，荘園は平安時代に各地に広まった。

3

(1) ①『万葉集』は，770年ごろにつくられた歌集である。『万葉集』には天皇，貴族，農民，防人などのおよそ4500首の歌が収められており，万葉がなが用いられている。有名な歌人には，柿本人麻呂，山上憶良，大伴家持がいる。
②九州北部の警備にあたった兵士を防人という。防人は，東国の兵士に課せられた兵役で，諸国の兵士のなかから選ばれ，3年交代で北九州の防備にあたった。

(2) ①この歌は，藤原道長が，娘が皇后になる日によんだ歌である。
②藤原道長は，4人の娘を次々に天皇のきさきにし，その生んだ子を天皇の位につけて，自らが天皇の祖父（外祖父）となり，勢力をのばしていった。

(3) ①資料Cは10円硬貨に描かれている，藤原頼通によって建てられた平等院鳳凰堂である。したがって，イが正解である。
アの延暦寺は，最澄が比叡山に建てたもので，ここから天台宗を広めていった。
ウの金剛峯寺は，空海が和歌山県の高野山に建てたもので，ここから真言宗を広めていった。
エの法隆寺金堂は飛鳥時代に聖徳太子が建立した。
②①が建立されたころの文化は国風文化である。
国風文化では，かな文字をつかった『源氏物語』が書かれたり，寝殿造の邸宅がつくられたりした。したがってBとDが国風文化についての説明であり，エが正解である。
Aは天平文化について，Cは鎌倉文化についての説明である。

4

(1) Aは平城京，Bは平安京についての文である。図中の「東大寺」から，この図が平城京の図であると判断できる。

(2) ①平城京は，唐の都長安にならって710年につくられた。広い道路によってごばんの目のように整然と区画されていた。
②当時，政治情勢が不安定であり，また，ききんや疫病が発生するなど，社会的不安がまん延していた。仏教を厚く信仰していた聖武天皇は，仏教の力によって国家の安定をはかろうとした。
③聖武天皇のころに栄えた文化を天平文化という。したがって，アが正解である。イの国風文化は平安時代の中ごろ，ウの飛鳥文化は聖徳太子が活躍したころ，エの南蛮文化は16世紀中ごろの文化である。
④713年，朝廷が諸国に命じてつくらせた地理書を『風土記』という。『風土記』には，その国の自然や産物，伝説などが記されていた。

(3) ①平安京に遷都したのは桓武天皇である。
②ア　藤原氏の全盛期は11世紀の前半である。
　イ　坂上田村麻呂が征夷大将軍に任命されたのは8世紀の終わりである。

ウ 奥州藤原氏が中尊寺金色堂を建立したのは12世紀の前半である。

エ 平将門の乱は935年，藤原純友の乱は939年におきた。したがって，イ→エ→ア→ウの順になる。

---

3 歴史編　中世の日本

基礎力チェック
問題 ➡ 本冊 P.79

解答
1 院政
2 平清盛
3 源頼朝
4 執権
5 承久の乱
6 御成敗式目〔貞永式目〕
7 元寇
8 建武の新政
9 勘合〔日明〕貿易
10 惣
11 応仁の乱
12 下剋上
13 書院造

実践問題
問題 ➡ 本冊 P.80

解答
1 (1) 平将門　　(2) エ　　(3) ①ウ　　②ア
2 (1) (例) 戦いがおこると，一族を率いて出陣した〔戦いがおこると，命をかけて戦った〕。

(2) ア
3 (1) 執権
(2) ①北条政子
②(例) 幕府は，京都に六波羅探題を設置し朝廷を監視するとともに，東日本の御家人を新たな地頭としておくことで，西日本に支配を広げた。
(3) ①北条泰時
②(例) 公平な裁判を行うための基準〔裁判の基準〕。
4 (1) ①元寇　　②ウ　　③イ
④A 徳政令　　B 悪党
(2) イ
(3) ①金剛力士像
②(例) 武士の気風を反映した〔武士の好みに合った〕，質素で力強い文化。
5 (1) A 後醍醐天皇　　B 足利尊氏
(2) (例) 公家中心の政治を行ったから。
(3) 管領
(4) ①勘合貿易

---

②(例) 正式な貿易船と倭寇を区別するため〔正式な貿易船であることを証明するため〕。
③ウ
(5) イ

解説

1

(1) 平将門は豪族で，935年に下総国（千葉県と茨城県の一部）で乱をおこし，一時，「新皇」と名乗った。

(2) 院政は1086年，白河天皇が位を退き，上皇になって始めた。したがって，エが正解である。
ア 桓武天皇は794年に平安京に都を移した。
イ 後三条天皇は，白河天皇の父で，摂関政治を行っていた藤原氏を抑えて自ら政治を行った。
ウ 聖武天皇は奈良時代に東大寺を建てた。

(3) ①1159年におこった平治の乱で，平清盛が源義朝を倒し，これにより源氏の勢力は衰え，平氏が勢力をのばして清盛が政権をにぎることになった。したがって，ウが正解である。
ア 壬申の乱は，飛鳥時代に天智天皇の死後，皇位をめぐりおこった争い。
イ 保元の乱は，上皇と天皇の対立に藤原氏一族の争いが結びつき，1156年におこった争い。
エ 白村江の戦いは，663年におこった，日本と唐・新羅連合軍との戦い。
②太政大臣は，律令制度において最高の官職。平清盛が太政大臣になるまでは，平安時代は政治の実権と直接には関係しないものとなっていた。

2

(1) 御恩とは，将軍が家来となった御家人の領地を保護し，功績に応じて新たに領地を与えることをいう。これに対して奉公とは，平時は御家人が京都や鎌倉の警備を行い，戦いがおこると一族を率いて出陣して将軍に忠誠をつくすことをいう。

(2) 守護は国ごとにおかれ，軍事や警察をつかさどった。したがってアが正解である。
イは地頭について，ウは承久の乱後におかれた六波羅探題について，エは鎌倉幕府におかれた問注所についての説明である。

ミス注意

守護…国ごとにおかれ，御家人の統率などを行う。
地頭…荘園や公領ごとにおかれ，その管理などを
　　　行う。

3

(1) 執権は，本来は将軍を補佐する役職。源頼朝の死後，北条時政が政所の長官になり，執権とよばれた。その後，代々，北条氏が執権となり，政治の実権をにぎった。このような政治を執権政治という。

(2) ①資料は承久の乱のとき，北条政子が鎌倉の御家人たちに，源頼朝の御恩を説き，結束をうったえたものである。政子は北条時政の娘で，頼朝の妻であった。
　　②朝廷の権力の回復をめざして1221年におこされた乱が承久の乱である。承久の乱で，後鳥羽上皇が，執権の北条義時をうつ命令を出したが，朝廷方につく武士は少なく，幕府の大軍に敗れた。その後幕府は，京都に六波羅探題をおき，朝廷の監視や西国武士の支配にあたらせた。

(3) ①御成敗式目を定めた北条泰時は，義時の子で，鎌倉幕府の第3代執権である。
　　②御成敗式目は，武家社会の最初の法律で，長く武士の法律の手本となった。

4

(1) ①③元のフビライ＝ハンは，日本をしたがえようとして，たびたび使者を日本に送った。しかし，執権の北条時宗がこれを拒否したため，元の大軍が日本に襲来した。2度にわたる元の襲来を元寇という。
　　②資料の左側の弓矢をもっているのが元軍，右側の馬に乗っているのが日本の武士である。元軍は集団戦法や「てつはう」（火薬をつめたもの）というすぐれた火器などで日本の武士を苦しめたが，文永の役，弘安の役の2回とも退却した。
　　④A　徳政令は，借金を帳消しにする法律のこと。分割相続や元寇で生活が苦しくなった御家人を救済するために出された。
　　　　分国法は，戦国大名が領国を治めるために定めた法令である。
　　　　B　悪党とは，幕府の支配に従わない武士たちのこと。悪党は集団で荘園に侵入したり，寺社の宝物をうばったりした。
　　　　倭寇は，室町時代に朝鮮・中国の沿岸をおそっ

た海賊のこと。

(2) 浄土宗を開いた法然は「南無阿弥陀仏」を唱えれば，だれでも極楽浄土に行けると説いた。したがってイが正解である。
　　ア　空海は，平安時代に真言宗を広めた。
　　ウ　道元は，鎌倉時代に禅宗の曹洞宗を広めた。
　　エ　親鸞は，鎌倉時代に法然の教えをさらに進め，浄土真宗を広めた。

(3) ①資料は，東大寺南大門の両わきにおかれた金剛力士像である。作者は運慶・快慶ら。
　　②金剛力士像は，東大寺を守る木造の仁王像で，写実的で力強さが強調されている。

5

(1) 建武の新政は，後醍醐天皇が足利尊氏らの協力によって鎌倉幕府を倒したのちに行った政治である。建武の新政がくずれたのち，足利尊氏は征夷大将軍となり，京都に幕府を開いた。

(2) 鎌倉幕府を実質的に倒したのは，足利尊氏や新田義貞などの武士たちであったが，後醍醐天皇は公家を重視したため，武士たちのなかに不満が生まれた。

(3) 管領は鎌倉幕府の執権にあたる役職で，将軍を助けて幕政全般にたずさわった。

(4) ①割札（合い札，割符）の証明書のことを勘合という。日明貿易は，勘合を用いたので勘合貿易ともよばれる。貿易船は文字の半分が記された札を持参し，中国にある他の半分と照合して，正式な貿易船であることの確認を受けた。
　　②南北朝の内乱のころから，倭寇とよばれる武装集団が朝鮮・中国の沿岸をおそっていたため，明は室町幕府にその取りしまりを求めていた。足利義満はこれにこたえるとともに，明と国交を開き，正式な貿易を始めた。
　　③足利義満が建てたのは金閣で，ウが正解である。金閣は，京都の北山にある。1層が寝殿造風の阿弥陀堂，2層が観音殿，3層が禅宗様の仏殿という三層構造になっている。
　　ア　平等院鳳凰堂は，平安時代，藤原頼通が京都の宇治に建てた阿弥陀堂。
　　イ　中尊寺金色堂は，平安時代，奥州藤原氏が平泉（岩手県）に建てた阿弥陀堂。
　　エ　銀閣は，足利義政が京都の東山に建てた。下層に書院造，上層に禅宗様の仏殿の様式を取り入れている。

ミス注意

金閣…足利義満が京都の北山に建てた。
銀閣…足利義政が京都の東山に建てた。

(5) 応仁の乱は，将軍足利義政の後継争いや管領家の
あとつぎ争いに，有力な守護大名である細川氏と
山名氏の勢力争いがからんでおこった。諸国の守
護大名も東・西両軍に分かれ，京都を中心に11
年間も戦いが続いた。また，旗は室町時代にお
こった一向一揆に関連するものである。したがっ
て，イが正解である。加賀（石川県）では守護大名
をたおして約100年にわたって自治が行われた。
アは江戸時代中ごろにおこった百姓一揆，ウは明
治時代はじめにおこった徴兵反対の一揆，エは江
戸時代末におこった世直し一揆について述べてい
る。

4 歴史編 天下統一と幕藩体制の成立

基礎力チェック
問題 ➡ **本冊 P.85**

解答

1 十字軍
2 宗教改革
3 ポルトガル
4 フランシスコ・ザビエル
5 南蛮貿易
6 長篠の戦い
7 楽市・楽座
8 刀狩
9 千利休
10 武家諸法度
11 参勤交代
12 出島
13 蔵屋敷

実践問題
問題 ➡ **本冊 P.86**

解答

1 (1) ①イ
　　　②（例）香辛料などのアジアの産物を手に
　　　　入れるため。
　(2) ア　　(3) ア　　(4) エ
2 (1) イ　　(2) イ
　(3) ア
　　　（例）鉄砲を効果的に使った戦い方〔鉄砲を
　　　有効に活用した戦い方〕。
　(4) ①ウ　　②楽市・楽座
　(5) 本能寺　　(6) ウ
3 (1)（例）百姓の一揆を防ぐため〔百姓の一揆を
　　　防ぎ，耕作に専念させるため〕。

(2) オ→ア→エ
(3)（例）検地帳には，土地を実際に耕作してい
　　る百姓が記録され，公家や寺社は，持って
　　いた土地の権利を失った。
(4) 兵農分離　　(5) 朝鮮
(6) エ　　(7) ウ
4 (1) A 親藩や譜代大名　　B 外様大名
　(2)（例）将軍と大名の主従関係を確認するた
　　　め。
　(3) A 朱印状　　B 東南アジア
　(4) ①出島　　②ア　　(5) イ

解説

1

(1) ①新航路 A は，大西洋から南アメリカの南端をま
　　わり，太平洋を横断して世界を一周しているの
　　で，イのマゼラン一行が正解である。
　　　アのバスコ・ダ・ガマは，アフリカ南端の喜望
　　峰をまわり，インド航路を発見した。
　　　ウのマルコ・ポーロは，『東方見聞録』で日本
　　を黄金の島として，ヨーロッパに紹介した。
　　　エのコロンブスは，大西洋を横断し，西インド
　　諸島に到達した。

ミス注意

バスコ・ダ・ガマ…インド航路発見
コロンブス…西インド諸島到達
マゼラン一行…世界一周達成

　　②当時，アジアとの貿易はイスラム商人の手にに
　　ぎられていた。そのため，ポルトガルやスペイ
　　ンは，香辛料や絹織物などのアジアの産物を直
　　接手に入れるため，アジアへ行く航路を求めた。

(2) 文中の空欄にあてはまるのは，種子島である。
　　1543年，中国船が暴風のため，種子島に漂着し
　　た。このとき，乗っていたポルトガル人によって
　　鉄砲が日本に伝えられた。イは屋久島，ウは奄美
　　大島，エは沖縄島である。

(3) フランシスコ・ザビエルは，イエズス会の宣教師
　　である。イエズス会は宗教改革後，カトリック教
　　会の勢力の立て直しを図るため，アジアやアメリ
　　カ大陸に宣教師を派遣し，海外での布教活動に努
　　めていた。したがってアが正解である。

(4) 南蛮貿易では，中国産の生糸・絹織物や，鉄砲・
　　火薬などが輸入された。日本からのおもな輸出品

は銀であった。したがって**エ**が正解である。

2

(1) 桶狭間の戦いは，織田信長と今川義元との戦いである。信長が勝ち，こののち勢力を強めるきっかけとなった。

(2) 足利義昭は，室町幕府15代将軍で，最後の将軍である。したがって**イ**が正解である。
足利義昭は，1568年，織田信長の援助によって将軍となったが，1573年に京都から追放された。これにより，室町幕府は滅んだ。

(3) 長篠の戦いは，織田信長・徳川家康連合軍と武田勝頼軍との戦い。鉄砲を活用した織田方が勝利した。資料の**ア**の部分の軍団は鉄砲を使用しているので，**ア**が織田方であることがわかる。信長は川岸に柵を設け，そこから大量の鉄砲で一斉射撃をあびせかけて，当時，最強といわれた武田の騎馬軍団を壊滅させた。

(4) ①安土城は，織田信長が近江 (滋賀県) に築いた，五層七重の天守閣をもつ雄大な城であった。したがって地図中の**ウ**が正解である。
②楽市・楽座は，市場の税を免除する (楽市) とともに，座も廃止 (楽座) して，だれでも自由に商工業を営めるようにした政策。織田信長は，城下町を繁栄させ，領国の経済を発展させるためにこれを行った。

(5) 明智光秀が，京都の本能寺で織田信長をおそったできごとを**本能寺の変**という。天下統一のため，中国地方の毛利氏攻めの出陣の途中であった織田信長は，宿泊中の本能寺で家臣の明智光秀に攻められ自害した。

(6) 織田信長は，キリスト教を保護し，比叡山延暦寺，一向一揆など仏教勢力を弾圧した。したがって**ウ**が正解である。**ア**のキリスト教を，織田信長は保護した。**イ**の関所を，織田信長は廃止した。**エ**の朝鮮出兵は豊臣秀吉の政策である。

3

(1) 資料は，**刀狩令**。豊臣秀吉は，一揆を防ぐために，百姓や寺から武器を取り上げた。

(2) 刀狩令は1588年に出された。**ア**は1840年，**イ**は1206年，**ウ**は1429年，**エ**は1920年，**オ**は1789年。したがって刀狩令より後の時代におこったのは，**ア**と**エ**と**オ**である。

(3) 太閤検地は，土地と百姓を直接支配し，年貢を確実に取り立てるために行われた。これにより，荘園制は消滅した。

(4) 太閤検地と刀狩によって，武士と百姓を区別する**兵農分離**が進み，武士が支配する社会のしくみが整えられた。

(5) 豊臣秀吉は，国内統一を成し遂げた後，明の征服をめざした。そこで朝鮮に対して，日本に服従し，ともに明と戦うことを要求した。ところが，朝鮮はこれを拒否したため，豊臣秀吉は，大軍を朝鮮に派遣した。日本の侵略に朝鮮の民衆が激しく抵抗し，日本軍の苦戦が続き，引き上げた。
朝鮮への2度の侵略を，**文禄の役・慶長の役**という。

(6) 織田信長や豊臣秀吉が活躍していたころの文化を**桃山文化**といい，**下剋上**で力をのばした大名や豪商らの力を背景に，豪華で雄大な文化が栄えた。したがって**エ**が正解である。**ア**は平安時代の国風文化について，**イ**は室町時代の文化について，**ウ**は鎌倉時代の文化についての説明。

(7) **ア**の歌川広重，**イ**の葛飾北斎，**エ**の喜多川歌麿はいずれも江戸時代に活躍した画家である。したがって**ウ**の狩野永徳が正解である。狩野永徳は，安土城・大坂城などのふすま絵や屏風絵を描いた。

4

(1) 徳川幕府は大名を，徳川氏の一門である**親藩**，古くから徳川氏の家臣であった**譜代大名**，関ヶ原の戦いの前後から徳川氏にしたがった**外様大名**の3つに分けた。資料を見ると，関東，中部，近畿などの重要な所には御三家である「徳川」や親藩が，親藩のまわりには，「本多」「稲葉」「保科」といった，古くからの家臣である譜代大名が配置されていることがわかる。また，関ヶ原の戦い前後に徳川氏にしたがった「島津」「毛利」「伊達」らの有力な外様大名は，九州，中国，東北などの遠隔地に配置されていることがわかる。

(2) 資料は**武家諸法度**で，下線部は参勤交代について示している。大名は原則として1年おきに江戸と

領地に交互に住むことが義務づけられ，妻子は江戸に住むことが強制された。大名が江戸に来ることは将軍に従うことを意味し，将軍と大名との主従関係を確認するために，参勤交代の制度がつくられた。

(3) A　江戸時代初期に行われた貿易は，朱印船貿易である。朱印状とは渡航許可状のことで，朱印状を与えられた船を朱印船という。豊臣秀吉によって奨励され，徳川家康にも受けつがれた。勘合は，室町時代，明との貿易に際し，倭寇と正式な貿易船とを区別するために用いられた証明書のことである。

B　日本町とは，17世紀初めに東南アジア各地にできた日本人居留地。とくにアユタヤ（現在のタイにある都市）やマニラ（現在のフィリピンにある都市）などに多くの日本人が住んだ。

(4) ①出島は，長崎港内につくられた人工島で，オランダ商館がおかれた。

②アの朝鮮とは，対馬藩を通じて国交が結ばれていた。将軍の代がわりごとに朝鮮から通信使が来日した。したがってアが正解である。

イの琉球王国は，薩摩藩に属していた。

ウの中国は，オランダと共に貿易が認められていた。

エのイギリスは，1623年に平戸のイギリス商館を閉じ，関係は途絶えた。

(5) イは室町時代についての説明である。したがってイが誤りである。

5　歴史編　幕藩体制の展開と動揺

基礎力チェック

問題 ➡ 本冊 P.91

解答

1	徳川綱吉	2	享保の改革
3	公事方御定書	4	元禄文化
5	近松門左衛門	6	百姓一揆
7	寛政の改革	8	異国船打払令〔外国船打払令〕
9	大塩平八郎	10	天保の改革
11	本居宣長	12	『解体新書』
13	化政文化	14	寺子屋

実践問題

問題 ➡ 本冊 P.92

解答

1 (1) A　徳川綱吉　　B　新井白石　　(2) エ

(3) ①エ

②(例) 新田開発を行った〔新田開発の奨励〕。

③目安箱

2 (1) 松平定信

(2) (例) 農村に倉を設けて米を蓄えさせた。

(3) (例) わいろがさかんになった。

(4) ①株仲間　　②A 打ちこわし　　B 天明

(5) (例) ききんによって減った年貢収納高を増やすことができるから。

(6) イ

3 (1) ロシア　　(2) 異国船打払令〔外国船打払令〕

(3) ウ

4 (1) A　大塩平八郎　　B　天保の改革

(2) ウ　　　(3) 水野忠邦　　(4) イ

5 (1) ①ウ　　②元禄文化　　③ウ

④浮世草子

(2) ①エ　　②ア

(3) (例) 天皇をうやまう思想。

解説

1

(1) A　江戸幕府5代将軍は徳川綱吉である。徳川綱吉は，儒学を重んじ文治政治を行った。

B　新井白石は朱子学者。将軍の権威を高めるとともに，身分の上下を重んじる朱子学に基づく政治を行った。

(2) 徳川綱吉は，極端な動物愛護を命じた生類憐みの令を出して，「犬公方」とよばれていた。したがって，エが正解である。

綱吉は，儒学や仏教を重んじるあまり，寺院建設に多額の費用をかけるなど幕府の財政は苦しくなった。そのため，幕府は質を落とした貨幣を大量に発行した。しかし，物価の上昇を招き，人々の生活は苦しくなった。

アは徳川吉宗の享保の改革，イは松平定信の寛政の改革，ウは田沼意次の政治について述べた文。

(3) ①徳川吉宗は，財政を立て直し，幕府の支配体制をひきしめるために，享保の改革を行った。したがって，エが正解である。

②資料からは，耕地面積が拡大していることが読みとれる。これは，享保の改革で奨励された新

田開発の影響である。新田開発を行うと，米の生産量が増加し，年貢収入を増やすことができる。

③徳川吉宗は，目安箱を設置し，庶民の意見を政治に反映させた。目安箱に入れられた意見に基づき，貧しい病人を治療するための小石川養生所が設置されたほか，江戸の町火消の制度などが整えられた。

2

資料は，寛政の改革の際によまれた狂歌である。松平定信の改革があまりにも厳しすぎたため，むしろ，その前に政治を行っていた田沼意次の，わいろなどで腐敗した政治のほうがよかったと皮肉っている。

(1) 松平定信は，白河藩（福島県）の藩主で，老中となり寛政の改革を行った。

(2) 松平定信は，ききんや凶作に備えて各地に穀倉を設けて米を蓄えさせた。これを囲米という。

(3) 寛政の改革の前に老中だったのは田沼意次である。田沼の政治では，政治と大商人との結びつきが強まり，わいろがさかんになって政治が乱れた。資料中の「濁り」から，「わいろ」をさしていることがわかる。

(4) ①田沼意次は，株仲間を結ぶことを積極的に進めて，税収入を増やそうとした。株仲間とは，商人がつくった同業者団体のことで，幕府や藩に税をおさめる一方，営業の独占を図った。
②都市の貧しい民衆がおこした暴動を打ちこわしといい，おもに米屋や金融業者などを集団で襲った。資料を見ると，天明のききんのとき，打ちこわしの件数が最も多いことがわかる。天明のききんは，1782〜87年におこったききんで，洪水や火山の噴火，冷害などにより，各地で凶作が続いた。

(5) 幕府の収入源の多くは年貢であったことをもとに，グラフより，寛政の改革前におきた天明のききんで大幅に年貢の収納高が減少していることが読み取れる。

(6) 寛政の改革は1787年〜93年に行われた。アは1917年，イは1789年，ウは1492年，エは1517年。したがってイが正解である。

3

(1) 大黒屋光太夫らが漂着したのはロシアである。1792年に根室に来航したロシアの使節ラクスマ

ンは，幕府の役人と会い，通商を求めたが，鎖国を理由に拒否された。

(2) 日本に接近する外国船の追撃を命じた命令は異国船打払令で，1825年に出された。欧米諸国の日本への接近に対して，幕府は鎖国を守ろうとしたが，1842年，アヘン戦争で清がイギリスにやぶれたことを知ると，打払令をやめた。

(3) 幕府の対外政策を批判した人物をとらえて処罰した事件を蛮社の獄という。この事件で処罰されたのは蘭学者の高野長英，渡辺崋山らで，ウが正解である。

4

(1) A　もと大坂町奉行所の役人で陽明学者の大塩平八郎は，1837年，大塩の乱をおこした。
B　1841年に始まった天保の改革は，老中水野忠邦が行った。

ミス注意！

享保の改革…8代将軍徳川吉宗
寛政の改革…老中松平定信
天保の改革…老中水野忠邦

(2) 大塩の乱は大坂でおこった。したがってウが正解である。

(3) 水野忠邦は内外からの圧力にゆれる幕政を立て直すため，天保の改革を行った。

(4) イの，株仲間の結成を奨励したのは田沼意次の政策である。天保の改革を行った水野忠邦は，米をはじめとする諸物価の上昇の原因は，株仲間が商品の流通を独占しているからだと判断して株仲間の解散を命じた。したがってイが正解である。

5

(1) ①作品Aは，菱川師宣の「見返り美人図」である。したがってウが正解である。
ア　狩野永徳は，桃山文化において，障壁画を描いた。
イ　尾形光琳は，菱川師宣と同じころに装飾画を描いた。
エ　喜多川歌麿は，化政文化において，美人画を描いた。
②③元禄文化は，17世紀末から18世紀初めにかけて，上方を中心に栄えた。
④井原西鶴の代表作には，『日本永代蔵』や『世間胸算用』などがある。

(2) 作品Bは，葛飾北斎の「富嶽三十六景」のうち「神

奈川沖浪裏」である。

①十返舎一九の代表作は『東海道中膝栗毛』であり，いずれも五街道のうち，東海道に関係している。したがって東海道を示すエが正解である。アは江戸と白河を結ぶ奥州道中，イは江戸から浦和・塩尻・妻籠を通り京都に向かう中山道，ウは江戸から甲府を通り，下諏訪で中山道に合流する甲州道中である。

②錦絵は，多色刷りの木版画で，この技法により浮世絵が大量に刷られるようになり，人々の間にいっそう広まった。

イの水墨画は，室町時代に雪舟によって大成された墨で描いた絵画である。ウの絵巻物は，挿絵をそえて巻物になった物語である。エの大和絵は，平安時代以降に，日本の風景や年中行事などを題材に描かれた絵画で，中国の唐絵に対してこうよばれる。

(3) 国学は，儒教・仏教が伝わる以前の日本古来の精神に帰ることを主張したものである。古い時代の思想や精神を尊ぶことが説かれると，幕府政治への批判が高まり，古来の天皇を中心とする政治を求める尊王思想と結びついて，外国を排除するという幕末の攘夷運動に影響を与えた。

6 歴史編 欧米諸国のアジア進出と日本の開国

基礎力チェック

問題 ➡ 本冊 P.97

解答

1 『権利の章典』　　2 ワシントン

3 フランス革命　　4 奴隷解放宣言

5 南京条約　　6 太平天国の乱

7 ペリー　　8 日米修好通商条約

9 桜田門外の変　　10 尊王攘夷運動

11 薩長同盟　　12 大政奉還

13 戊辰戦争

実践問題

問題 ➡ 本冊 P.98

解答

1 (1) A 名誉　　B ワット

(2) ①産業革命　　②世界の工場

　　③資本主義

(3) ウ

---

(4) ①宣言 人権宣言　　語句 平等

②ナポレオン

③ (例) 革命が広がるのを防ぐため〔革命の影響をおそれたため〕。

2 (1) 三角貿易　　(2) 清　　(3) ア

(4) アヘン戦争　　(5) エ

(6) ①あ 洪秀全　　い 太平天国

②(例) アヘン戦争の賠償金の支払いのために，農民たちに重税をかけるという政策。

3 (1) ①ア，エ　　②ウ

(2) ①ウ　　②井伊直弼

③尊王攘夷運動

④・(例) 日本に関税自主権がないこと。

・(例) アメリカに領事裁判権〔治外法権〕を認めたこと。

⑤エ

4 (1) ①A イ　　B ウ

②(例) 南北戦争が行われていたから。

(2) イ

(3) (例) 朝廷に政権を返すこと。

(4) C→B→D→A

解説

1

(1) A イギリスでは，清教徒革命の指導者であったクロムウェルの死後，国王の専制的な政治が復活した。そのため議会は，国王を追放し，オランダから新たな国王をむかえた。この革命は流血なく行われたため，名誉革命といい，翌年に議会は『権利の章典』を出し，この結果，イギリスの議会政治の基礎が固まった。

ミス注意

清教徒革命…1640 (1642) 年におこった，イギリスの清教徒を中心とした市民革命

名誉革命…1688年におこった，イギリスの市民革命

B ワットは，18世紀はじめに実用化された蒸気力によるポンプを改良し性能のよい蒸気機関をつくった。こののち，スチーブンソンが蒸気機関車を発明し，公共の鉄道による輸送が始まった。

(2) ①② 18世紀のイギリスでは，インドの良質な綿布に対抗するために，紡績機や織機があいついで発明・改良された。また，改良された蒸気機関が動力として用いられ，生産力が高まった。この結果，それまでの手工業から機械による大

量生産が行われるようになり，社会や生活に大きな変化がおこった。このことを産業革命といい，イギリスは，「世界の工場」とよばれた。

③産業革命後，資本主義にもとづく社会が確立し，資本家と労働者が社会の中心となり，両階級の対立が生まれた。

(3) アメリカ合衆国初代大統領はワシントンである。したがってウが正解である。アのウィルソンは，国際連盟の設立を提唱した大統領，イのリンカン（リンカーン）は，奴隷解放宣言を行った大統領，エのF.ルーズベルトは，世界恐慌に対して，ニューディール政策を実施した大統領である。

(4) ①フランス革命が始まったのちに国民議会が発表した宣言を人権宣言という。人権宣言は，人間の自由・平等，国民主権，言論の自由，私有財産の不可侵などを主張し，新しい市民社会の原理を示している。

②革命後の混乱のなかで，軍人であったナポレオンは人々の支持を集め皇帝となった。

③イギリスなどの国々は，革命の影響をおそれてフランスを攻めた。

2

(1)～(3) イギリスは，清から多くの茶や絹を輸入していたが，その支払いのために銀が不足するようになった。そこで，イギリスは，綿製品などの工業製品をインドへ売り込み，インドでつくらせたアヘンを清に密貿易で売り込んだ。このような三か国での貿易を三角貿易という。

(4) 三角貿易の結果，銀が流出するようになった清政府がアヘンの密貿易を取りしまったことから，イギリスが清を攻撃し，アヘン戦争が始まった。

(5) アヘン戦争の結果，結ばれた条約は南京条約である。戦争にやぶれた清はイギリスに多額の賠償金を支払うとともに，香港をゆずることなどが取り決められた。したがって，エの香港が正解である。

(6) ①②文章は，太平天国の乱についての説明である。アヘン戦争の多額の賠償金と戦費のために，清政府から重税をかけられた農民たちの不満は高まっていった。このような中で，洪秀全が反乱をおこし，太平天国を建国した。洪秀全は，キリスト教の影響を受け，人はみな上帝（神）のもとに平等であると主張したことから，農民の支持を得た。

3

(1) ①ペリー来航の翌年に結ばれた条約とは，日米和

親条約のことである。この条約では，下田・函館の２港を開き，食料・水・石炭などを供給することなどが取り決められた。

②ペリーの来航は1853年である。アは1857～59年，イは1858年，ウは1789年，エは1851年のできごとである。したがって，同じ時期ではないのはウである。

(2) ①②日米修好通商条約は，アメリカの総領事ハリスが貿易の開始を求めたことから，幕府の大老井伊直弼が朝廷の許可を得ないまま結んだ条約である。

ミス注意

日米和親条約…ペリーとの間で1854年に結んだ。下田・函館の２港を開港。
日米修好通商条約…ハリスとの間で1858年に結んだ。函館・新潟・神奈川（横浜）・兵庫（神戸）・長崎の５港を開港。

③開国に反対した大名や公家を処罰した事件を安政の大獄という。安政の大獄のあと，急速に尊王攘夷運動が広まっていった。尊王攘夷運動とは，天皇を敬う尊王論と，外国との貿易に反対し，外国勢力を追い払おうとする攘夷論が結びついた反幕府運動である。

④日米修好通商条約は２つの点で不平等な条約であった。１つめは関税自主権がないこと。関税自主権とは，輸入品にかける関税の税率を自主的に決めることができる権利のことである。もう１つは領事裁判権（治外法権）を認めたこと。領事裁判権とは，日本に住む外国人が罪をおかしても，その国の領事によって裁判を受ける権利のことである。

⑤開国によって安い綿製品が大量に輸入されたため，国内の綿織物業は大きな打撃を受けた。また，日本からは生糸や茶などがさかんに輸出され品不足となり，値上がりがおきた。また，米などの日常品も値上がりした。したがってエは誤り。

4

(1) ①貿易が始まると，外国から毛織物，綿織物，武器などの工業製品が輸入され，日本からは生糸，茶，海産物などの原材料が輸出されるようになった。

②日米修好通商条約が結ばれたのは1858年。南

北戦争は1861年に始まり1865年に終わった。その間，アメリカでは南北に分かれて戦いが続けられていたため，工業もふるわず，貿易できる状況ではなかった。

(2) 砲台は長州藩の下関にあった。長州藩は，1863年，下関海峡を通るアメリカ，フランス，オランダ船を砲撃した。これに対して，翌年，イギリスを加えた4か国の連合艦隊が下関を砲撃して砲台を占領した。これが四国艦隊下関砲撃事件である。

(3) 大政奉還により，260年あまり続いた江戸幕府は滅亡した。

(4) A 戊辰戦争のことであり，1868〜69年のできごと。
B 薩長同盟のことであり，1866年に結ばれた。
C 生麦事件のことであり，1862年におこった。これをきっかけとして薩英戦争がおこった。
D 1867年のできごと。大政奉還後も徳川慶喜は天皇のもとで政治の実権を維持しようとしていたことから，朝廷によって出された。
したがって，C→B→D→Aの順番になる。

---

7 歴史編 明治政府の成立と国際社会の中の日本

基礎力チェック
問題 ➡ 本冊 P.103

解答
1 五箇条の御誓文
2 廃藩置県
3 地租改正
4 岩倉具視
5 文明開化
6 西南戦争
7 板垣退助
8 伊藤博文
9 下関条約
10 三国干渉
11 ポーツマス条約
12 八幡製鉄所
13 韓国併合

実践問題
問題 ➡ 本冊 P.104

解答
1 (1) ①エ ②イ (2) 四民平等
(3) ①ウ ②徴兵令
2 (1) A オ B ウ
(2) (例) 不平等条約を改正するため〔不平等条約の改正を交渉するため〕。
(3) ①殖産興業 ②イ ③学制
(4) イ

3 (1) ①エ ②A 士族 B 西郷隆盛
(2) ①エ ②ア (3) イ
(4) (例) 君主権が強いという特徴。
(5) イ (6) c→a→d→e→b

4 (1) ア
(2) ① 『学問のすゝめ』〔『学問のすすめ』〕
②エ

5 (1) a 下関 b ポーツマス
(2) ①ウ ②ア ③三国干渉
(3) ① (例) ヨーロッパ諸国や日本が中国に進出していたから。
②日英同盟 ③ウ

6 (1) A 孫文 B 韓国
(2) (例) 日本は，不平等な条約を改正して，欧米諸国と対等な関係を築こうとしたため。
(3) ①X・b ②Z・a

解説

1

(1) ①資料は五箇条の御誓文である。これは，戊辰戦争の最中の1868年に，明治天皇が神に誓うという形で示されたものである。資料は，「広く意見を聞いて政治を行うこと」，「身分の上下にかかわりなく協力して国をおさめていくこと」について書かれている部分である。
ウの「国会」は日本国憲法（1946年公布）に定められたもの。
②五箇条の御誓文が1868年，イのアメリカの南北戦争は1861〜65年でほぼ同じ時期である。アの義和団事件は1899〜1900年のできごとである。ウの独裁政治の始まりは1922年である。エのナポレオンが皇帝の地位についたのは1804年である。

(2) 四民平等は，明治政府による新しい身分制度についての基本方針で，江戸時代の封建的な士農工商の身分制度をなくし，天皇のもとに国民を1つにまとめようとした。

(3) ①地租改正は，土地の所有者に地券を発行し，地価の3％を現金で納めさせるようにしたものである。それまで米などの年貢を財源としていた政府が，豊作・凶作にかかわりなく安定した収入を確保することを目的として実施した。
②徴兵令は，富国強兵の一環として，欧米諸国に負けない強力な軍隊をつくるために制定され

た。これにより，士族を中心とした軍隊にかわり，国民を基礎にした全国統一の近代的な軍隊制度が整った。

2

(1) A 岩倉具視を大使とする使節団が，1871年欧米に向けて出発した。岩倉具視は，公家出身で倒幕運動の中心人物の1人。明治新政府では，右大臣となり諸改革に努めた。

B 初代内閣総理大臣は伊藤博文である。伊藤博文は，大久保利通の死後政府の最高指導者となった。

(2) 岩倉使節団は，幕府からひきついだ不平等条約の改正を大きな目的としていた。しかし，欧米諸国は日本の国力が弱いことを理由に，条約改正の交渉にはまったく応じなかった。このように使節団は条約改正には失敗したが，欧米の進んだ政治や産業，文化に直接ふれたことにより，国力の充実が必要であると痛感し，その後，日本の近代化がおし進められることになった。

(3) ①明治政府は，近代産業の保護・育成により，先進国に追いつこうとした。これを殖産興業という。

②富岡製糸場は，群馬県富岡に建てられた。フランスの機械を輸入し，技術者をまねいて士族の子女などに技術を習得させた。これにより，最も重要な輸出品であった生糸の増産と品質改良が進んだ。

③近代国家をつくるため，国民に広く教育を普及させることを目的として学制を公布した。小学校教育を重視し，国民皆学をめざした。しかし，授業料を支払ってまで子どもを学校に出すことをきらう者も多く，当初の就学率は低かった。

(4) 江華島事件とは，1875年，日本の軍隊がソウル付近の江華島において無断で演習や測量を行ったため，砲撃されたことから武力衝突した事件。日本は軍事力を背景にして，翌年，朝鮮に不利な日朝修好条規を結ばせ開国させた。

3

(1) ①②西南戦争は，鹿児島の士族らが西郷隆盛を中心としておこした反乱で，士族の反乱の中で最も大規模なものであった。これ以降，士族の武力による反抗はなくなり，言論による反政府運動が展開されるようになった。

(2) ①②当時，衆議院議員の選挙権は，満25歳以上で，

直接国税15円以上を納める男子に限られていたため，有権者は全人口の約1％にすぎなかった。

(3) 板垣退助は，まず故郷の高知で立志社を結成し，その後，自由党を結成した。

1873年に，征韓論が受け入れられず，西郷隆盛らとともに政府を去った板垣退助は，1874年，民撰議院設立の建白書を政府に提出して自由民権運動の口火を切った。高知で設立した立志社は，自由民権運動の中心になり，1880年に国会期成同盟に発展した。

(4) 大日本帝国憲法第1条には「大日本帝国ハ…天皇之ヲ統治ス」とあり，君主である天皇の権力が強いことがわかる。伊藤博文は君主権の強いドイツ（プロイセン）の憲法が，天皇制を中心とする日本の実情にあっていると考えた。

(5) 国会が「国権の最高機関である」と位置づけられたのは，現在の日本国憲法においてである。大日本帝国憲法のもとでは，主権は天皇にあり，また，帝国議会は天皇の協賛機関であったため，帝国議会の権限は現在の国会よりも弱かった。したがって，イが誤り。

(6) aは1877年，bは1890年，cは1874年，dは1885年，eは1889年である。したがってc→a→d→e→bという順番になる。

4

(1) 近代化をめざす政策により，欧米の文化がさかんに取り入れられた。これを文明開化という。人力車が走ったり，新聞・雑誌の発行，太陽暦の採用，郵便制度の整備などが行われた。したがって，アが正解である。

イ 明治時代になり，太陰暦から太陽暦に改められた。

ウ ラジオ放送が開始されたのは大正時代の1925年。

エ 明治時代になると，飛脚制度にかわって郵便制度が整えられた。

(2) ①②資料は福沢諭吉が書いた『学問のすゝめ』で，「万人は万人皆同じ位にして」とあることから，人間が平等であることなどが説かれている。

5

(1) a 日清戦争の講和条約として結ばれた条約は，下関条約である。

b 日露戦争の講和条約として結ばれた条約は，ポーツマス条約である。

ミス注意

日清戦争の講和条約…下関条約
日露戦争の講和条約…ポーツマス条約

(2) ①日清戦争の引き金となったのは，**ウ**の**甲午農民戦争**である。甲午農民戦争は，朝鮮でおこった**東学**（キリスト教に対抗しようとする学問）を信仰する団体や農民の反乱である。外国勢力の進出と政府に対する不満からおこった。この反乱をしずめるために朝鮮政府が清に出兵を求め，日本も出兵した。しかし，反乱がしずまったあとも，日清両国は軍隊を引きあげずに対立していたことから，日清戦争が始まった。

②下関条約では，**遼東半島**を日本にゆずることが決められた。遼東半島の位置は**ア**である。**イ**は山東半島，**ウ**は朝鮮半島である。

③日本の勢力拡大をおそれたロシアはフランス，ドイツとともに，日本に遼東半島を清に返すよう要求した。これを**三国干渉**という。

朝鮮半島と中国

(3) ①資料から，日本とヨーロッパ諸国が中国の広い範囲に勢力をのばしていることがわかる。

中国では，ヨーロッパ諸国や日本の進出が強まり，安い外国製品の輸入による国内産業の衰えや天災などによって人々が苦しめられていた。そこで，民間宗教を信仰する義和団が中心となり，「**扶清滅洋**」（清を助け，外国を滅ぼす）というスローガンをかかげ，外国人を追い払おうとする反乱をおこした（**義和団事件**）。これに対して，ロシアや日本などが軍隊を送り，反乱をしずめたが，事件後もロシアは満州を占領し，朝鮮にも勢力をのばそうとして日本と対立した。

②日本は朝鮮・満州をめぐってロシアと対立し，イギリスはバルカンや東アジアをめぐってロシアと対立していた。日本は，このようにロシア

の進出に対して同じ利害をもつイギリスと日英同盟を結んだ。

③日本は，日本海海戦でロシア艦隊をやぶった。したがって**ウ**が誤り。

6

(1) A 三民主義を唱えたのは**孫文**。孫文は，**辛亥革命**ののちに成立した中華民国の臨時大総統となった。

B 日本が韓国を支配したことを**韓国併合**という。日本は，朝鮮人に姓名を日本風に変えさせるなど，日本への**同化**政策を進めた。

(2) **ノルマントン号事件**において，当時日本は，領事裁判権（治外法権）を認めていたため，日本人乗客を水死させたイギリス人船長の罪について日本は裁けなかった。このことから，領事裁判権（治外法権）の撤廃を求める声が高まった。そして，1894年に**陸奥宗光**がイギリスとの交渉で領事裁判権（治外法権）の撤廃に成功し，1911年に**小村寿太郎**がアメリカとの交渉で関税自主権の回復に成功し，条約改正が完全に達成された。

(3) ①日本の経済は，日清戦争後に軽工業での産業革命を迎えた。1880年代には紡績業の大工場がつくられ，綿糸は輸出が輸入を上回るようになった。したがって綿糸は，「産業革命により生産量が増大し」たので，説明文**X**があてはまる。グラフについては，説明文**X**中の「日清戦争以降は急速に輸出量が増大」から，日清戦争が終わった1895年以降に輸出が増えている**b**である。

②生糸は，幕末から開国後の殖産興業を支えた重要な輸出品であった。したがって「開国以来，重要な輸出品であった」ので，説明文**Z**があてはまる。グラフについては，説明文**Z**中の「1880年代，1890年代においてもわが国の輸出の中心であった」ことから**a**である。

説明文**Y**は，「福岡県の官営工場」が八幡製鉄所であることから，鉄類の説明であることがわかる。八幡製鉄所の開業は日清戦争後の1901年なので，グラフは**c**である。

基礎力チェック

問題 ➡ 本冊 P.111

解答

1	サラエボ事件	**2**	レーニン
3	二十一か条の要求	**4**	ベルサイユ条約
5	国際連盟	**6**	ウィルソン(大統領)
7	三・一独立運動	**8**	ガンジー
9	吉野作造	**10**	米騒動
11	原敬	**12**	25(歳以上)
13	治安維持法	**14**	平塚らいてう

実践問題

問題 ➡ 本冊 P.112

解答

1 (1) A ドイツ　　B イギリス　　(2) ウ
(3) (例) オーストリアの皇太子夫妻がサラエボ
でセルビア人青年に暗殺された事件。
(4) アメリカ
(5) ①日英同盟
②名称 二十一か条の要求
A エ　　B ウ
③ (例) 第一次世界大戦の影響により,日
本の輸出額が輸入額を上回っている。

2 (1) ①イ　　②イ,ウ,エ
(2) ①エ
② (例) 第一次世界大戦の反省に立ち,世界
平和を守るため。

3 (1) A 暴力　　B 服従　　(2) エ

4 (1) ア　　(2) ウ
(3) 平塚らいてう〔雷鳥〕　　(4) ウ

5 (1) ① (例) シベリア出兵を見こした商人の米の
買い占めによって米価が上昇したこと。
② (例) 内閣を構成する大臣のうち,外務,
陸軍,海軍以外の大臣が,衆議院で多数
をしめる立憲政友会の党員だから。
(2) ウ
(3) (例) 国際協調が重視され,軍事費(の割合)
が減少した

解説

1

(1) A　ドイツは,強国である隣国フランスに対抗す
るため,1882年にイタリア・オーストリアと
の間で軍事同盟である**三国同盟**を結んだ。

B　ドイツの勢力拡大をおそれたイギリスとロシ
アは,フランスとともに**三国協商**を成立させた。
三国同盟を包囲する体制となり,植民地や勢力
範囲をめぐってきびしく対立した。

ミス注意

> 三国同盟…ドイツ,イタリア,オーストリア
> 三国協商…イギリス,ロシア,フランス

(2) 民族紛争が続いていたのは,**バルカン半島**である
ので,**ウ**が正解である。バルカン半島は,そこへ
の進出をめざすオーストリア・ロシアの対立や,
半島の諸民族の独立運動などにより,戦争がおこ
る危険性が高かった。そのため,「**ヨーロッパの
火薬庫**」とよばれていた。

(3) 第一次世界大戦のきっかけとなった事件とは,
1914年におこった**サラエボ事件**である。この事
件をきっかけに,オーストリアがセルビアに宣戦
した後,ドイツなどの同盟国がオーストリア側に
つき,イギリス,フランス,ロシアなどの連合国
(三国協商)がセルビア側について,戦争は世界中
に広がり**第一次世界大戦**が始まった。

(4) アメリカは1917年4月連合国側に加わった。ド
イツは敵国・中立国の区別なく,無制限にすべて
の船舶への攻撃を行っていた。これに対してドイ
ツへの批判を強めたアメリカは,ドイツに宣戦布
告して参戦した。

(5) ①日本は,朝鮮・満州に南下するロシアに対抗す
るため,1902年に**日英同盟**を結び,この同盟を
理由に連合国側に立ち参戦した。これは,中国
への権益を拡大することが目的で,日本軍はド
イツの拠点であった山東半島の青島を攻撃した。
②資料は,日本政府が中国政府に出した**二十一か
条の要求**の一部である。この中で,日本は中国
に対して,**山東省**におけるドイツの権益を日本
が引きつぐこと,日露戦争で獲得した**南満州**
の権益の期限を延長することなどを要求し,軍
事力を背景に要求の大部分を認めさせた。した
がって**エ・ウ**が正解である。
③Xの時期が第一次世界大戦にあたると判別でき
るかがポイント。第一次世界大戦による日本の
好景気は**大戦景気**といわれる。連合国やその植
民地,アメリカへの工業製品の輸出が大幅に増
える一方,大戦で欧米からの輸入が止まったこ
とから,鉄鋼や造船などの重化学工業が成長し

た。しかし，好況で物価が上がり，民衆の生活
は苦しくなった。

2

(1) ①第一次世界大戦の講和会議とは，フランスで開
かれた**パリ講和会議**のことである。第一次世界
大戦が終わった翌1919年，パリに連合国の代
表が集まって開かれた。この会議で，国際平和
のための機構として**国際連盟**の設立が決議され，
敗戦国ドイツに対する制裁項目が決められた。
②パリ講和会議にもとづき連合国とドイツとの間
で結ばれた条約は，**ベルサイユ条約**である。こ
の条約によりドイツは本国の領土を削減され，
すべての植民地を失った。また，軍備が制限さ
れ，多額の賠償金を支払うことになった。した
がって正解は，**イ・ウ・エ**である。

(2) ①**国際連盟**は，提唱国であるアメリカが議会の反
対で参加できなかったうえ，当初は，ドイツや
ソ連は加盟が除外されていた。したがって，**エ**
が正解である。

　　ア　本部はスイスの**ジュネーブ**に置かれていた
ので誤り。

　　イ　アメリカの**ウィルソン大統領**の提案にもと
づいて設立されたので誤り。

　　ウ　イギリス，フランス，イタリア，日本の4
か国が常任理事国となったので誤り。

②**国際連盟**は，第一次世界大戦の反省にもとづき，
世界平和を守るための国際機構として設立され
た。しかし，強制力をもたなかったため，世界
平和を保つためには力不足であった。

3

(1) 写真の人物は，**ガンジー**である。ガンジーは暴力
からは何も生まれないとして**非暴力・不服従**の方
針を唱え，イギリスに対して完全な自治を求める
運動を指導した。

(2) 1919年に中国でおこった運動は**五・四運動**であ
る。したがって，**エ**が正解である。中国はパリ講
和会議で，日本の二十一か条の要求の取り消しを
求めたが，取り消しは認められず，中国における
ドイツの権益を日本が引きつぐことになった。こ
のため，民衆の反日感情が爆発して反日運動がお
こり，さらに帝国主義の侵略に反対する国民運動
へと発展した。これが五・四運動である。

ミス注意 /

五・四運動…中国でおこった民族運動

三・一独立運動…朝鮮でおこった独立運動

4

(1) **大正デモクラシー**とは，大正時代におこった民主
主義を求める動きをいう。**吉野作造**は，「普通選挙
によって民意を政治に反映させるべきである」とい
う**民本主義**を唱えた。したがって，**ア**が正解である。

(2) 米騒動がおこったのは1918年で大正時代，発行
部数100万部をこえる新聞の出現も大正時代であ
る。したがって，**ウ**が正解である。
アと**イ**は明治時代，**エ**は昭和時代（戦後）につい
ての説明である。

(3) **青鞜社**を設立した**平塚らいてう（雷鳥）**は，女性の
解放をめざした。

(4) 自由民権運動は，明治時代におこったできごとで
ある。したがって，**ウ**が誤り。

5

(1) ①**シベリア出兵**を見こした商人が米の買い占めを
したため，米価が急上昇した。このため，富山
県の漁村の主婦たちが米の安売りを求めて米屋
におしかけるという事件がおこった。この動き
はたちまち各地に広がり，全国的な民衆運動に
なった。これを**米騒動**という。
②**資料Ⅰ**は原敬内閣を構成する大臣の所属政党な
どを示したものであり，これを見ると，外務大
臣，陸軍大臣，海軍大臣以外は**立憲政友会**に所
属していることがわかる。**資料Ⅱ**は原内閣がつ
くられたときの衆議院の政党別議員数を示した
ものであり，立憲政友会の議員がいちばん多い
ことがわかる。このように，**政党内閣**とは，議
会で多数をしめる政党の党員によって組織され
る内閣のことをいう。

(2) 1890年の第1回衆議院議員総選挙のとき以来，
一定額以上の国税を納める者だけが選挙権をもつ
制限選挙が行われていた。しかし，1925年に成
立した**普通選挙法**により，これまであった納税額
による制限はなくなり，25歳以上のすべての男子
が選挙権をもつこととなった。このため，第16
回の衆議院議員選挙の有権者数は，第15回選挙
の約4倍になった。したがって，**ウ**が正解である。
アは1919年，**イ**は1900年，**エ**は1945年。

(3) 1921〜22年のワシントン会議で，主力艦の保有

を制限する海軍軍縮条約が結ばれたことも，軍事費の減少を促した。グラフは，1920年以降は歳出総額が変わらない一方，軍事費は1920年をピークに減少を示す。

---

9 歴史編 第二次世界大戦と日本

基礎力チェック

問題 ➡ 本冊 P.117

解答

1	世界恐慌	2	ニューディール政策
3	ブロック経済政策	4	ヒトラー
5	満州事変	6	国際連盟
7	五・一五事件	8	日中戦争
9	国家総動員法	10	ポーランド
11	日独伊三国同盟	12	太平洋戦争
13	広島市	14	ポツダム宣言

実践問題

問題 ➡ 本冊 P.118

解答

1　(1) ニューヨーク
　　(2) ニューディール〔新規まき直し〕政策
　　(3) (例)本国と植民地の間の貿易を増やす一方，外国の商品をしめだす〔外国の商品に対しては関税を高くする〕ブロック経済政策を実施した。
　　(4) エ
　　(5) 国名 ソビエト連邦〔ソ連〕
　　　　指導者 スターリン
　　(6) A ヒトラー　　B ファシズム
2　(1) ①エ　　②南満州鉄道　　③ウ
　　　　④ (例)日本は国際連盟を脱退し，国際的に孤立していった。
　　(2) ①五・一五事件　　②A エ　　B ア
3　(1) 都市 ア　　位置 b
　　(2) 国家総動員法
　　(3) A 蔣介石　　B 毛沢東
　　(4) (例)すべての政党が解散し，大政翼賛会が結成され，議会は形だけのものになった〔議会は無力になった〕。
4　(1) ①エ　　②独ソ不可侵条約
　　　　③A ドイツ　　B ポーランド
　　　　　C フランス
　　(2) ①記号 ウ　　国 フランス

---

　　　　②ア，エ
　　(3) 太平洋戦争　　(4) ウ　　(5) エ
　　(6) イ→ア→オ→エ→ウ

解説

1

(1) アメリカは，第一次世界大戦後，世界経済の中心になっていたが，1929年，**ニューヨークの株式市場**の株価が突然，大暴落した。これをきっかけに，銀行・会社の倒産があいつぎ，失業者が急増した。この経済の混乱は世界中に広がったことから，**世界恐慌**という。

(2) 世界恐慌に対してアメリカの**ルーズベルト大統領**が行った**ニューディール政策**は，公共事業などをおこして失業者をなくし，国民の購買力（ものを買う力）を高めることを目的とした政策である。これによってアメリカは，経済の復興に成功した。

(3) 世界恐慌への対策として，多くの植民地をもっていたイギリスは**ブロック経済政策**をとった。これは，本国とインドなどの植民地との結びつきを強め，植民地の商品には関税を安くし，ほかの国の商品には高い関税をかけるというものである。フランスも同様の政策を実施した。

(4) 世界恐慌が始まった年は1929年，普通選挙法の成立は1925年のできごとで，**エ**が正解である。**ア**は1918年，**イ**は第二次世界大戦後の1951年，**ウ**は日露戦争後の1905年のできごとである。

(5) 当時，ソ連では**スターリン**を指導者として，五か年計画などの計画経済をすすめていたため，世界恐慌の影響をほとんど受けなかった。

(6) A **ナチス**を率いていたのは**ヒトラー**である。ヒトラーが党首となって，ドイツに重い負担を課したベルサイユ条約の破棄などを主張し，勢力をのばした。また，軍備を増強して対外侵略を進め，1939年には**ポーランドに侵攻**し，第二次世界大戦を引きおこした。

　　B ナチスが行った軍国主義的な独裁政治のことを**ファシズム**という。

2

(1) ①②日本では，世界恐慌後，経済の混乱を大陸進出によって打開しようとする動きが軍部を中心におこっていた。1931年，満州の日本軍（関東軍）が，奉天郊外の柳条湖で**南満州鉄道**を爆破した。日本軍はこれを中国軍のしわざだとして

中国との戦いを始め，満州の主要部を占領した。このできごとを**満州事変**という。したがって，①は，**エ**が正解である。

③満州を占領した日本は，翌年，清朝最後の皇帝である溥儀を元首とする**満州国**をつくった。国の実権は軍部を中心とする日本がにぎり，日本人が経済を支配した。

満州国

④資料には「総会勧告書を採択」などと書かれている。総会とは国際連盟総会のことで，国際連盟総会で勧告案が承認されたことがわかる。

満州国の建国については，アメリカを中心に各国からの反発もあり，中国は日本の侵略を国際連盟に訴えた。そこで，国際連盟は**リットン調査団**を送って調査したのち，満州国の建国を認めず，日本軍の撤退を要求する勧告案を総会で決定した。日本はこれに応じず，1933年に国際連盟を脱退し，国際的に孤立することになった。

(2) ①②Ⅰ **五・一五事件**についての説明である。海軍将校らの中に，政党政治に不満をもち軍事政権をめざす動きが高まり，1932年，海軍将校の一団が犬養毅首相を暗殺した。これによって1924年以来続いていた政党内閣の時代は終わった。

Ⅱ **二・二六事件**についての説明である。国家主義者の影響を受けた陸軍将校らの中に，軍事政権をめざす動きが高まり，1936年，陸軍将校らが首相官邸や警視庁などを襲い，高橋是清蔵相を殺害した。これ以降，軍部の発言力は強まっていった。

ミス注意

五・一五事件…1932年，海軍将校らが犬養毅首相を暗殺
二・二六事件…1936年，陸軍将校らが蔵相らを殺害

3

(1) **日中戦争**は1937年，北京郊外の盧溝橋で日本軍が中国軍と衝突して始まった。したがって**ア**が正解である。

(2) **国家総動員法**は，戦争の長期化に備え，総力をあげて戦争に取り組むために定められた。これにより，政府は議会の承認を得ずに，自由に国民や物資を動員できるようになった。

(3) 中国国内では，国民党の**蔣介石**と，中国共産党の**毛沢東**とが対立し，内戦が続いていたが，共同して抗日民族統一戦線を結成し，日本軍と戦うようになった。

(4) 日中戦争が長期化すると，すべての政党が解散し，**大政翼賛会**という組織にまとめられた。政党のほか，婦人会・町内会・隣組までもその支配下に入れられた。大政翼賛会の総裁は首相，全国の支部長は知事がなり，国民を統制して，戦争に協力させる役割を果たした。

4

(1) ①ドイツは，地図中の**エ**のイタリアと軍事同盟を結んだ。

②**X**国はソ連であり，ドイツは1939年にソ連と**独ソ不可侵条約**を結んだ。

③1939年，ドイツは宣戦布告なしに突然ポーランドに侵攻を開始した。これに対し，ポーランドを支援するイギリスとフランスはドイツに宣戦して，**第二次世界大戦**が始まった。

(2) ①**ウ**はインドシナ。1940年9月，フランス本国がドイツに降伏したことをきっかけに，日本軍はフランス領インドシナに進駐した。

②戦争の長期化による物資不足に悩んだ日本は，東南アジアへの進出により，石油やゴム，ボーキサイトなどの資源の獲得をめざした。また，戦争の目的は，アジアから欧米の勢力を追い出しアジアの諸民族だけで栄えようとする「**大東亜共栄圏**」の建設にあるとした。したがって，**ア・エ**が正解である。

(3) 「対米交渉」「アメリカ・イギリスと戦闘状態」という語句から，太平洋戦争の開戦を伝える記事であることがわかる。1941年4月から，日米関係の改善のため，日本とアメリカとの間で交渉が続けられていた。しかし，交渉は進展せず，同年10月には陸軍大臣だった東条英機が首相となり，開戦は決定的となった。12月8日に海軍はハワイの

真珠湾を奇襲し，同時に陸軍はイギリス領マレー半島に上陸して太平洋戦争が始まった。

(4) ソ連の対日参戦が決定されたのはヤルタ会談である。したがって，**ウ**が正解である。

(5) 1945年3月アメリカ軍は沖縄に上陸し激しい戦闘をくり広げた。したがって，**エ**の沖縄が正解である。

(6) アは8月6日，イは5月，ウは8月14日，エは8月9日，オは8月8日のできごとである。したがって，**イ→ア→オ→エ→ウ**という順番になる。

---

10 歴史編 現代の日本と世界

基礎力チェック
問題 ➡ **本冊 P.123**

解答

1 農地改革　　**2** 日本国憲法

3 サンフランシスコ平和条約

4 日米安全保障条約　　**5** 日ソ共同宣言

6 日中平和友好条約　　**7** 朝鮮戦争

8 石油危機〔石油ショック，オイルショック〕

9 非核三原則　　**10** 国際連合

11 安全保障理事会

12 冷戦〔冷たい戦争，東西冷戦〕

13 アジア・アフリカ会議　　**14** ドイツ

実践問題
問題 ➡ **本冊 P.124**

解答

1 (1) ①農地改革　　②ウ
　　③ (例) 小作農が減少して，自作農が増えた。

(2) ・(例) 選挙権の年齢制限が，25歳以上から20歳以上に引き下げられた。
　　・(例) 男性のみだった選挙権が，女性にも認められた。

(3) ウ　　(4) 教育基本法

2 (1) ①エ　　②ウ，カ

(2) ①冷戦〔冷たい戦争，東西冷戦〕　　②ウ
　　③ (北緯) 38 (度線)　　④ア

3 (1) (例) 独立を回復した。
　　県名 沖縄県

(2) イ　　(3) エ

(4) 日米安全保障条約　　(5) ウ

4 (1) ア　　(2) イ

(3) (例) 原油の輸入価格が値上がりし，経済成

長率の高い時代が終わった。

(4) ウ

5 (1) ①ア　　②自衛隊

(2) ウ→ (ア) →イ→エ

6 (1) (例) アフリカ州では，植民地の支配から解放され，独立した国が多かったから。

(2) ① (例) ベルリンの壁の崩壊。
　　② (例) 冷戦が終わり，ソ連が解体された。

解説

1

(1) ①「自作農家」「小作農家」についてのグラフなので，農地改革ということがわかる。政府は，地主の土地を強制的に買い上げ，小作人に安い値段で売り渡した。それまでの封建的な地主・小作制度を改め，自作農を増やし，農村の民主化をはかることを目的として実施された。

②③グラフ中，農地改革によって急激に増加しているアが自作，急激に減少しているウが小作である。グラフから，1930年に比べて1950年には自作農の占める割合は約2倍に増え，小作農の占める割合はおよそ5分の1に減ったことが読みとれる。

(2) すでに大正時代の1925年に施行された普通選挙法により，納税額による資格条件が撤廃され，25歳以上のすべての男子に選挙権が与えられていたが，女性には選挙権が与えられていなかった。戦後の民主化の中で，選挙法が改正され，20歳以上のすべての男女に選挙権が認められることになった。このことを，「年齢」「男女」という2つの点から述べる。

(3) 1947年，労働者を保護する労働基準法が制定された。したがって，ウが正解である。
アの治安維持法は，社会主義運動の取りしまりのために1925年に制定された。イの教育勅語が制定されたのは，明治時代の1890年である。エの財閥は民主化政策により解体された。

(4) 教育基本法により，民主的な教育の原則が明らかにされ，男女共学，小・中9年間の義務教育などが示された。

2

(1) ①国際連合の主要機関である安全保障理事会の常任理事国には拒否権が与えられた。したがって，エが正解である。

ア　国際連合の本部はアメリカのニューヨークにある。

イ・ウ　国際連合での決議は多数決によって行われ，また，侵略を行った国に対する武力制裁も認められている。

②安全保障理事会の常任理事国は，アメリカ，イギリス，フランス，ロシア，中国の5か国である。

(2) ①図は，アメリカを中心とする西側諸国とソ連を中心とする東側諸国の対立を示しているため，冷戦（冷たい戦争）である。

②ワルシャワ条約機構（ＷＴＯ）は，ソ連や東欧諸国の東側諸国の国々によってつくられた軍事組織である。したがって，ウが誤りである。

ミス注意

> アメリカ中心の西側諸国…北大西洋条約機構
> （ＮＡＴＯ）
> ソ連中心の東側諸国…ワルシャワ条約機構
> （ＷＴＯ）

③第二次世界大戦後，日本の植民地支配から解放された朝鮮では，北緯38度線を境として，南部はアメリカ，北部はソ連に占領された。この対立を反映して，1948年，南部にはアメリカの援助を受けて大韓民国（韓国）が，北部にはソ連の援助を受けて朝鮮民主主義人民共和国（北朝鮮）が成立した。

④中華人民共和国成立時の主席は毛沢東である。したがって，アが正解である。

日中戦争以来，国民政府と中国共産党は協力して日本と戦ったが，第二次世界大戦後，再び対立するようになった。中国共産党は，土地改革を進めて農民の支持を集め，国民政府をやぶって毛沢東を主席とする中華人民共和国をつくった。これに対して，ウの蔣介石率いる国民政府は台湾に逃れた。イの孫文は1911年におこった辛亥革命の指導者，エのネルーは，1954年に中国の周恩来首相とともに平和五原則を発表したインドの首相である。

3

(1) 資料の「戦争状態は……終了する」，「占領軍は，すみやかに撤退する」という文から，連合国による占領政策が終了し，日本は独立を回復したことがわかる。1951年，アメリカはサンフランシスコで講和会議を開き，日本はアメリカなど48か国

との間にサンフランシスコ平和条約を結んだ。

また，サンフランシスコ平和条約では，沖縄や小笠原諸島などをアメリカの統治下におくこととされた。このため，沖縄県は1972年に返還されるまで，小笠原諸島は1968年に返還されるまで，アメリカの統治下にあった。

(2) 日本はサンフランシスコ平和条約を48か国と結んだ。その中には，ソ連や中国は含まれていなかった。したがって，イが正解である。

(3) 朝鮮戦争がおこると，アメリカは第二次世界大戦についての日本との講和を急いだ。これには，アメリカが日本を独立させ，西側陣営の強力な一員にしようとするねらいがあった。

(4) サンフランシスコ平和条約と同時に，日本とアメリカとの間で結ばれた条約は，日米安全保障条約である。これにより，日本に対する武力攻撃を防ぎ，東アジアの平和を維持するという理由で，アメリカが引き続き軍隊を日本に駐留させ，軍事基地を利用することが決められた。

(5) 日ソ共同宣言は，日本とソ連が国交を回復した宣言で，1956年に発表された。これにより，ソ連は日本の国際連合加盟を支持した。

4

(1) 朝鮮戦争が始まると，日本本土や沖縄の米軍基地に国連軍の最前線基地がおかれ，アメリカは大量の軍需物資を日本に発注した。このため，日本は特需景気とよばれる好景気となり，経済復興が早まった。したがって，アが正解である。

イは1937年におこった日中戦争中，ウは明治時代後半，エは1918年におこった米騒動についての説明である。

(2) 「所得倍増計画」とは，10年間でＧＮＰ（国民総生産）と1人あたりの国民所得を2倍にするという計画である。

アは1978年，イは東京オリンピック開催年の1964年，ウは大正時代，エは平成時代についての説明である。したがってイが正解である。

(3) グラフ1から第四次中東戦争の1973年以降，経済成長率が低くなっていることがわかる。また，グラフ2から1974年以降，原油輸入価格が急騰していることがわかる。

第四次中東戦争がおこったとき，アラブの産油国は原油の生産制限や原油価格の値上げを行った。これにより，世界各国の経済は大きな打撃を受け

た。これを石油危機（石油ショック，オイルショック）という。日本では，石油危機により，約20年続いていた高度経済成長が終わった。

(4) 年表中Dは，1950年〜1973年を指している。アメリカがベトナム戦争に介入したのは1965年である。したがって，**ウ**が正解である。
アは1989年，イは1993年，エは1991年のできごとである。

5

(1) ①警察予備隊は，1950年にGHQの指令でつくられた。1950年というのは朝鮮戦争がおこった年であり，日本の防衛を強化するという理由で警察予備隊がつくられた。
②警察予備隊はしだいに強化され，1952年に保安隊，1954年から現在の自衛隊となった。

(2) アは1956年，イは1965年，ウは1951年，エは1978年のできごとである。したがって，**ウ→ア→イ→エ**の順番となる。

6

(1) 表中のおもな新加盟国の多くがアフリカの国であることを読み取り，これらの国が独立したという記述をおり込む。
また，アジアやアフリカでは，植民地支配を行ってきたヨーロッパ諸国が第二次世界大戦によって国力を弱め，独立運動が活発化し，1960年はアフリカの多くの植民地が独立を果たしたため「**アフリカの年**」といわれる。しかし，紛争や飢餓に苦しむ国も多く，発展途上国と先進工業国との経済格差問題である南北問題が残されている。

(2) 資料を見ると，1985年当時のドイツは「東ドイツ」「西ドイツ」に分けられているが，1995年当時のドイツは統一されていることがわかる。
①1989年，ベルリンを東西にへだてていた壁が撤去された。
②①ののちに開かれた米ソ首脳会議で冷戦の終結が発表され，1991年には**ソ連が解体**された。

基礎力チェック　　問題 ➡ 本冊 P.131

解答

1 高度経済成長　**2** 電気洗濯機
3 自動車　**4** バブル経済
5 核家族世帯　**6** 少子高齢社会
7 男女共同参画社会基本法
8 ユニバーサルデザイン
9 マスメディア　**10** 情報（化）社会
11 グローバル化　**12** 合意

実践問題　　問題 ➡ 本冊 P.132

解答

1 (1) 少子高齢　　(2) ウ
(3) ア

2 (1) ウ
(2) ユニバーサルデザイン

3 (例) 結婚や出産のために退職したが，育児が終わって再就職する人が多いから。（34字）

4 (1) 男女共同参画社会基本法
(2) ①・(例) 町村から市へ移住したから。
・(例) 町村が合併して市になったから。
②高度経済成長
③エ
④石油危機
(3) 核家族

5 (1) (例) 異なる文化を互いに尊重しようとすること。
(2) イ
(3) (例) 伝えられた情報を，さまざまな角度から批判的に読み取ること。

6 (1) ①対立　②合意
(2) (例) 効率的で公正な解決方法であるかに気をつける。

解説

1

(1) 子どもの割合が減り，65歳以上の人口の割合が増えた社会を少子高齢社会という。

(2) フランスは1930年すぎに10％で，15％になったのは1995年ごろ。日本は2030年には高齢者の割合が30％をこえている状態になる。

(3) 人口ピラミッドは経済が発展するにつれて，富士

山型（1935年・**イ**）→つりがね型（1960年・**ウ**）→つぼ型（2019年・**ア**）と変化していく。

2

(1) **資料2**は，65歳以上人口に占める「一人暮らし」「夫婦のみ」などの項目の割合を示しているのであって，各項目の人口そのものではないことに注意する。各項目の人口を調べるときは，**資料1**からその年度の65歳以上人口を調べ，65歳以上人口×割合で求めなければならない。

2005年は2600万人の65歳以上人口のうち，一人暮らしと夫婦のみの割合の合計が約52％だから，2600万人×0.52＝1352万人より，1200万人をこえる。したがって，**ウ**が正解である。

ア 1990年から2015年までの5年ごとの65歳以上の人口は，増え続けている。

イ 2015年の「子ども夫婦と同居」の65歳以上人口は，3300万人×0.13＝429万人。2000年の「子ども夫婦と同居」の65歳以上人口は，2200万人×0.29＝638万人で，半数以下になっていない。

エ 2005年の「夫婦のみ」の65歳以上人口は2600万人×0.36＝936万人，1995年の「子ども夫婦と同居」の65歳以上人口は1800万人×0.36＝648万人だから，同じではない。

(2) 年齢や障がいの有無に関係なく，すべての人に使いやすくつくられた施設や商品のデザインのことを**ユニバーサルデザイン**という。またすべての人が利用しやすいように，物理的な障壁や，心理的な障壁をのぞいた状態のことを**バリアフリー**という。

3

働いている女性の割合が減っているのは，20歳代後半から30歳代前半あたりであることを**グラフ**から読みとる。この時期は，多くの女性が結婚，出産し，また子どもが小さく育児が忙しい時期であることから，結婚・出産・育児が仕事を離れる原因になっていると考えられる。働く女性の割合はこの時期のあとにしだいに増加していることから，子どもが大きくなるにしたがって，再び働き始める女性の割合が大きいと読みとることができる。

このように，日本では女性は結婚，出産で一度退職し，育児が一段落したころに復職することが多いため，働いている女性の年齢別の就業割合はM字型になる。

4

(1) 男女の区別なく，個人として能力を生かすことが

できる社会づくりのために，**男女共同参画社会基本法**が1999年に施行された。これは，男女共同参画社会を実現するために，仕事と子育て・介護が両立できる環境づくりをめざした法律である。

ミス注意

・**男女共同参画社会基本法**…男女の区別なく，個人として能力を生かすことができる社会をめざした法律。
・**男女雇用機会均等法**…採用や昇進などにおける男女の差別を禁じている法律。

(2) ①高度経済成長の時代に都市への人口集中がおこったことを述べる。加えて，**グラフ2**の町村数が減り，市数が増加しているデータにもとづき，町村の合併が行われたと述べる。

②1950年代後半から1973年の**石油危機**まで続いた急速な経済成長を**高度経済成長**という。

③株価や地価が急激に上昇したのは，1980年代後半から始まったバブル経済のときのこと。したがって，**エ**が誤りである。

ア インスタント食品や冷凍食品は，1970年代に冷凍冷蔵庫や電子レンジが普及していくと，広く利用されるようになっていった。

イ ファミリーレストランやファストフード店は，1970年代に日本に登場し，各地に広がっていった。

ウ 東京オリンピックは1964年に開催された。

④高度経済成長は，1973年に中東の石油産出国が原油価格を大幅に値上げしたことによっておきた石油危機によって終わった。

(3) **核家族世帯**とは，夫婦のみ，もしくは親と未婚の子どもで構成される世帯のことをいう。

5

(1) 私たちが暮らす現在の社会には，平和と文化のほかにもさまざまな課題があるが，これらの課題の解決には「**持続可能性**」という視点が必要であるとされている。

(2) **イ**はプリペイドカードや**電子マネー**の説明である。したがって，**イ**が誤りである。

海外旅行の際やインターネットショッピングなどでも**クレジットカード**を使うことが多くなっている。クレジットカードを使うと，手もとの現金や銀行口座の預金がなくても買い物ができて便利であるが，便利な分，慎重に計画的に使う必要があ

る。

(3) マスメディアの情報は「意見や立場が反映される場合がある」点，インターネットの情報は「誤りや不正確な情報も多く見られる」点に着目し，答えを述べる。

6

(1) 対立と合意，効率と公正についての概念(がいねん)を問う問題である。①は，チャンネル争いや騒音問題とあることから，「対立」，②は対立を乗り越えて至るものであるから「合意」があてはまることがわかる。

(2) 合意に至る際には，なんらかの解決策を講じることになるが，その解決策に無駄が多かったり，公平性を欠いたりしていては，みんなが納得する結果にはならない。効率的で公正な解決策を模索する必要がある。

---

2 公民編　人権の尊重と日本国憲法

基礎力チェック

問題 ➡ 本冊 P.137

解答

1 ロック
2 ワイマール憲法
3 1947 (年) 5 (月) 3 (日)
4 国民主権
5 第9条
6 経済活動の自由
7 性別
8 社会権
9 生存権
10 団結権
11 公共の福祉
12 個人情報保護法
13 勤労

実践問題

問題 ➡ 本冊 P.138

解答

1 (1) イ　　(2) エ　　(3) イ　　(4) エ
2 (1) A 天皇　　B 法律　　C 公布(こうふ)　　D 施行(しこう)
　　E 象徴(しょうちょう)
　(2) 貴族院
　(3) イ　　(4) c 文化の日　　d 憲法記念日
　(5) ①最高法規(ほうき)
　　　②A ウ　　B イ　　C エ
3 (1) A ア　　B イ　　C オ
　(2) ①第9条　　②交戦権の否認
　　　③核兵器(かく)を持たず，つくらず，持ち込ませず
　　　④自衛隊
　　　⑤条約 日米安全保障条約

都道府県名 沖縄県
　(3) a ア　　b イ　　c ウ
　(4) ①エ　　②内閣
4 (1) エ　　(2) 男女
5 (1) ①ア　　②ウ　　③イ
　　　④ウ　　⑤イ　　⑥ウ
　(2) ①健康で文化的な最低限度の生活
　　　②労働基準法
　　　③ (例) 労働組合が，労働条件について使用者と対等に交渉する権利。
　　　④教育基本法
　(3) ① (a) 18歳以上　　(b) エ
　　　②請願権(せいがん)
6 (1) 語句 情報公開　　人権 知る権利
　(2) A氏 表現の自由
　　　B氏 プライバシー権 (プライバシーの権利)
　　　理由 (例) 公共の福祉の観点から，B氏のプライバシー権を侵害することは許されないため。
　(3) ①自己決定権
　　　②インフォームド・コンセント
　(4) 環境権　　(5) ウ・エ

解説

1

(1) A 市民革命とは，商工業者などの市民が中心となり，自由や平等を求めておこした革命のことである。

　　B フランス革命中に出されたのは人権宣言である。人権宣言は，「自由」や「平等」といった基本的人権の尊重や，国民主権などの原則を宣言したものである。

　　C ワイマール憲法は，世界で初めて社会権を保障した憲法として知られている。

(2) フランス革命に影響を与えたのは，『社会契約論』を著(あらわ)したルソーである。ルソーは，人間は生まれながらにして自由・平等であることを説き，国民主権の考え方を明らかにした。

ミス注意！

> ルソー…国民主権を唱(とな)え，フランス革命に影響を及ぼす。
> モンテスキュー…三権分立を唱え，アメリカ合衆国憲法に影響を及ぼす。

(3) イはワイマール憲法第151条であり，社会権につ

いて述べている。したがって，正解は**イ**である。

ア 人権宣言の冒頭部分であり，人間は生まれながらにして自由で平等であると述べている。

ウ 日本国憲法の前文であり，国民主権について述べている。

エ アメリカ独立宣言の冒頭部分であり，個人の自由や権利について述べている。

(4) 国際連合が1948年に採択したのは世界人権宣言である。これを具体化したのが**イ**の国際人権規約，さらに内容を細かくしたのが**ア**の子どもの権利条約と**ウ**の女子差別撤廃条約である。

2

(1) **A** 大日本帝国憲法では，主権者は天皇であり，天皇は司法・立法・行政に関する統治権を一手ににぎっていた。

B 当時の国民は，「天皇の民」という意味から「臣民」とよばれていた。人権保障は天皇から与えられるかたちであり，さらに，「法律ノ範囲内ニ於テ」という条件がつけられ，法律によって制限された。

C・D 日本国憲法は，1946年11月3日に公布され，この憲法の定めによって，公布から6か月後の1947年5月3日に施行された。公布とは，広く国民に知らせること，施行とは，その法が実際に効力をもち，法にもとづいて政治が行われることをいう。

E 日本国憲法では，天皇は「日本国の象徴であり，日本国民統合の象徴」とされた。

(2) 大日本帝国憲法の下では，天皇の協賛機関（天皇に同意する機関）として衆議院と貴族院があった。そして，衆議院議員のみが国民の選挙によって選ばれていた。

(3) 日本は，GHQ（連合国軍総司令部）の指示により，憲法改正作業に着手した。連合国軍最高司令官マッカーサーの指示を受けた改正案が，帝国議会で慎重に審議・修正されたうえで議決され，日本国憲法として公布された。したがって，正解は**イ**である。**ア**は大日本帝国憲法，**ウ**は第二次世界大戦（太平洋戦争）の講和条約であるサンフランシスコ平和条約，**エ**は日露戦争の講和条約であるポーツマス条約についての説明である。

(4) **c** 日本国憲法が平和と文化を尊重していることから，「文化の日」とされた。

d 日本国憲法が施行されたことを記念して，「憲法記念日」とされた。

(5) ①国のあり方を定めるきまりごとには，国会が制定する法律や，内閣が制定する政令などの命令がある。日本国憲法はそれらの中で，最も優先される最高のきまりごとであり，法律などは憲法に反してはならないとされている。そのため，日本国憲法は国の最高法規とよばれ，改正するには，厳格な手続きが必要である。

②憲法改正は，提案→発議→国民投票→公布，という手続きによって行われる。発議には衆議院，参議院両方で総議員の3分の2以上の賛成が，国民投票では過半数の賛成が必要である。法律が国会で両議院の出席議員の過半数の賛成で成立することと比べると，厳格であるとわかる。

3

(1) 日本では国民主権にもとづいた，議会制民主政治が行われている。主権をもった国民に信託されて政治が行われ，その権威は国民にもとづき，その権力を行使するのは選挙によって選ばれた国会議員などであり，その結果は国民自身が得ることになる。

(2) ①日本国憲法は，前文における恒久平和の念願を受けて，第9条で戦争の放棄，戦力の不保持，交戦権の否認について定めている。これは，日本国憲法の三大原理のうち，平和主義を具体的に示したものである。

②第9条1項は「戦争の放棄」について定めており，2項の「陸海空軍その他の戦力は，これを保持しない」の部分が「戦力の不保持」，「国の交戦権は，これを認めない」の部分が「交戦権の否認」について定めている。

③非核三原則は，日本の核に対する基本原則を示すことばである。「持たず」は核兵器の非所有，「つくらず」は核兵器の非製造，「持ち込ませず」は核兵器の不搬入という意味である。

④自衛隊は，他国の侵略から国土を守り，必要に応じて公共の秩序を維持することを任務としている。

⑤1951年，サンフランシスコ平和条約と同時に調印された日米安全保障条約により，アメリカ軍が日本の安全保障のために駐留することが認められた。沖縄県は沖縄本島の約15％がアメリカ軍基地になっている。

(3) **a** 基本的人権は人間が生まれながらにしてもっ

ている権利であり，日本国憲法では「侵すこと
のできない永久の権利」として定め，これを保
障している。

b　その一方で，国民の責任として，憲法が保障
する自由および権利は，国民の不断の努力で保
持し，つねに，公共の福祉のために利用する責
任を負うとしている。

c　個人の尊重についての条文である。

(4) ①エの条約の承認は，国会の仕事である。

②天皇は，内閣の助言と承認にもとづいて，形式
的・儀礼的な国事行為を行う。

4

(1) 日本国憲法第14条は，「法の下の平等」について
規定した条文である。戦前の日本には華族という
特権階級や男女差別が存在した。このため，日本
国憲法は，人種・信条・性別・社会的身分または
門地などにより，不合理な差別を受けないという
法の下の平等を宣言している。

(2) 男女雇用機会均等法は，職業生活における男女平
等を保障するため1985年に制定された。

5

(1) アの「生命・身体の自由」は，不当に身体活動を
拘束されない自由をいう。イの「精神の自由」は，
国民の精神活動に国家が干渉しないことを保障す
るものであり，ウの「経済活動の自由」は，国民
の経済活動に国家が介入しないことを保障するも
のである。それぞれ次のように分類される。

① 「生命・身体の自由」のうち，「逮捕に対する保障」
にあてはまる。（第33条）

② 「経済活動の自由」のうち，「居住の自由」に
あてはまる。（第22条）

③ 「精神の自由」のうち，「信教の自由」にあて
はまる。（第20条）

④ 「経済活動の自由」のうち，「職業選択の自由」
にあてはまる。（第22条）

⑤ 「精神の自由」のうち，「学問の自由」にあて
はまる。（第23条）

⑥ 「経済活動の自由」のうち，「財産権の保障」に
あてはまる。（第29条）

(2) ①生存権は，社会権の中心をなすもので，日本国
憲法第25条1項に規定されている。

②労働基準法，労働組合法，労働関係調整法は労
働三法とよばれ，労働基本権や労働者の保護に
ついて，具体的に定めている。

労働三法

労働基準法	労働条件の最低基準を規定
労働組合法	労働者が団結して労働組合を結成し，団体交渉などを行うことを保障
労働関係調整法	労働争議を予防・解決することが目的

③団体交渉権とは，労働組合が賃金や労働時間な
どの労働条件について，使用者と交渉・協議を
行う権利のことをいう。交渉にもとづき労働協
約を結ぶことになる。使用者が正当な理由なく
労働組合との団体交渉を拒否した場合は，不当
労働行為となる。労働三権のうち，団結権は労
働組合を結成したり，これに加入したりする権
利，団体行動権は，労働者が労働条件について
の要求を実現するために，ストライキなどを行
う権利をいう。

④教育基本法は，義務教育を9年間とし，「国又は
地方公共団体の設置する学校における義務教育
については，授業料を徴収しない。」と定めて
いる。

(3) ①(a)選挙権は満18歳以上の男女に与えられてい
る。選挙権の年齢制限については，公職選挙
法に定められている。

(b)弾劾裁判は，ふさわしくないと思われる裁判
官に対して，国会が行う裁判である。したがっ
てエが誤りである。

②請願権は，国や地方公共団体に自分の希望を述
べることができる権利で，述べたことによって
差別されないことも憲法によって保障されてい
る（第16条）。

6

(1) 行政がもっている情報を開示するよう要求できる
のは，地方公共団体の情報公開制度や国が定めた
情報公開法による。これは，新しい人権の1つで
ある「知る権利」を保障するためのものである。

(2) 「小説を書いた」A氏が主張する権利は，「表現の
自由」である。これに対して，B氏は「人に知ら
れたくないことが書かれている」として訴えてい
ることから，B氏が主張する権利は，新しい人権
の1つである「プライバシーの権利」である。「プ
ライバシーの権利」は個人の私生活についての情
報を他人に知られないようにする権利と自己に関
する情報を自分で管理する権利からなる。

判決では，B氏の主張した「プライバシーの権利」
が認められ，A氏の主張した「表現の自由」が制

限を受けたということになる。

「公共の福祉」とは，社会全体の利益という意味をもち，国民は自分の自由や権利を濫用して，他人の自由や権利を侵したり，社会に迷惑をかけたりしてはならないとされている。

これらのことから，今回の判決では，A氏は「表現の自由」という権利はもっているものの，B氏の「プライバシーの権利」と比べた場合，B氏の権利を守る必要がある，という判決が下されたことになる。

(3) ①自己決定権とは，自分の生き方や生活について，本人が自由に決定できる権利のことをいう。臓器提供意思表示カードへの記入はその例である。

②医療を受ける際に，じゅうぶんな説明と情報を得て理解したうえで治療方針に同意することをインフォームド・コンセントという。

(4) 環境権は，経済発展による公害など，生活環境の破壊に対して環境を守る権利が主張されるようになり発達した権利である。大規模な開発を行うときには事前に環境アセスメント（環境影響評価）を行うことなどが企業には義務づけられている。

(5) 日本国憲法で定められている国民の義務は，勤労の義務，納税の義務，保護する子女に普通教育を受けさせる義務の3つである。ウは納税の義務，エは普通教育を受けさせる義務の具体的な例である。

3 公民編　民主政治① 選挙・地方自治

基礎力チェック

問題 ➡ 本冊 P.145

解答

1 平等選挙　　　　2 小選挙区制
3 比例代表制　　　4 公職選挙法
5 与党　　　　　　6 マニフェスト
7 地方公共団体〔地方自治体〕
8 知事
9 民主主義　　　　10 条例
11 直接請求権　　　12 オンブズ（マン）制度

実践問題

問題 ➡ 本冊 P.146

解答

1 (1) ①A ウ　　B イ　　C ア　　D エ

②ウ
(2) ①小選挙区　　②a ア　　b イ　　c ウ
(3) 間接民主制〔代議制〕
(4) 国民主権
(5) 公職選挙法

2 (1) ア
(2) ①与党　②マニフェスト
　③政権　連立政権
　ねらい（例）国会の議席の過半数を獲得すること。
(3) （例）実際に投票に参加する

3 (1) ア　　(2) ①直接請求権　②エ
(3) A ア　B イ　C エ　D ウ
(4) 150（人）

4 (1) イ　(2) ア

5 (1) 条例　(2) ア　(3) エ

解説

1

(1) ①選挙権は憲法第15条3項で「公務員の選挙については，成年者による普通選挙を保障する。」と保障されており，現在18歳以上のすべての国民に選挙権が認められている。このような選挙を普通選挙といい，ほかに1人1票の平等選挙，議員を直接選出する直接選挙，無記名で投票を行う秘密選挙という原則がある。

②日本で初めての選挙が行われたのは1890年だったが，このとき選挙権が与えられたのは直接国税を15円以上納める25歳以上の男子のみであった。その後，選挙権は拡大されていったが，成年したすべての男女に選挙権が与えられたのは第二次世界大戦後の1945年である。

(2) ①小選挙区制は，1つの選挙区から得票数が一番多かった1名だけが当選する選挙制度。資料II中の内容にある，政権は安定しやすいが，死票が多いというのは1名だけが当選することから生まれる特徴である。

②大選挙区制は，1つの選挙区から複数名が当選する選挙制度。死票が少ない。比例代表制は政党などに投票し，得票数に応じて議席を配分する制度。民意に近い形で議席が配分される。

(3) 民主政治は国民の意思にもとづく政治で，その実現のために代表者を選挙で選ぶ制度を間接民主制（代議制）という。

(4) 日本国憲法の三大原則は，**国民主権，平和主義，基本的人権の尊重**である。このうち，国の政治のあり方を決める国民主権にもとづいて，政治は行われている。

(5) 日本の選挙制度やしくみは，**公職選挙法**で制定されており，運営は**選挙管理委員会**によって行われている。

2

(1) 現在の衆議院議員選挙は**小選挙区比例代表並立制**をとっている。1票の価値は1つの選挙区内にいる有権者の数が多いほど低くなっている。図を見ると，衆議院議員一人あたりの有権者数は東京13区が48万人に近いのに対し，鳥取1区は24万人程度である。このことから，1票の格差は約2倍になっているといえる。

(2) ①政権を担当している政党を**与党**，それ以外の政党を**野党**という。
②近年，各政党は選挙の際に，政権を獲得した際に実行する具体的な政策や数値目標，期限などを明らかにした**マニフェスト**を作成することが多くなっている。
③**連立政権**とは，1つの政党だけで国会の議席の過半数を占めることができないときなどに，複数の政党が協力して内閣を組閣することである。議席数が少ない政党同士が結びつくことによって，政権を担うことが可能となる。

(3) **資料**からは，多くの人が国政に民意が反映されていないと感じていることが読みとれる。民意を反映するためには，政治家が国民の声を聞くことと，国民が国政に対し自分の意見を発言することの両方が大切である。民意を反映させる方法として，投票に行くことのほか，**請願や世論の形成**などがあげられる。

3

(1) 地方自治はその地域の住民が自分たちで地域にあった政治を行う身近な政治であることから，「**民主主義の学校**」といわれる。

(2) ①直接請求権は，有権者の一定の割合の署名を集め，指定機関に請求することができる住民の権利である。
②**オンブズ（オンブズマン）**とは，行政が正しく行われているかを監視したり，住民などの苦情を処理したりする人のことである。スウェーデンではじめて導入された。日本では，1990年に

川崎市（神奈川県）がはじめて導入し，その後，ほかの地方公共団体でも取り入れる動きが出てきている。

(3) 条例の制定・改廃請求の請求先は首長，監査請求の請求先は監査委員，議会の解散・首長や議員の解職請求の請求先は選挙管理委員会。それぞれの違いを押さえておく。

(4) 条例の制定の請求に必要な署名数は有権者数の50分の1であることから，

$$7500 \times \frac{1}{50} = 150 \,(\text{人}) \,\text{である。}$$

4

(1) 都道府県知事の被選挙権は**30**歳以上，市町村長の被選挙権は**25**歳以上になっている。地方議会議員の被選挙権は，都道府県・市町村ともに**25**歳以上。選挙権はいずれも**18**歳以上である。

(2) 地方議会議員の任期は**4年**で，首長の不信任が可決したときや住民からの直接請求による解職がある。したがって，正解は**ア**である。

5

(1) 地方議会は，地方公共団体独自の法である**条例**を定めることができる。条例は，地方公共団体が法律の範囲内で自由に制定することができ，それぞれの地域の特色に沿って，住民の身近な生活に関わるさまざまな条例が制定されている。

(2) **X**について，住民が地方公共団体の政策について投票で賛成や反対の意見を示すものであり，その結果にかならずしも従う必要はないが，地域の政治に大きな影響を与えることもある。
Yについて，1995年に発生した阪神・淡路大震災のときに多くのボランティアが被災地を訪れ，これがきっかけとなって，1998年に特定非営利活動促進法（NPO法）が制定された。

(3) **ア**の違憲審査権を行使するのは裁判所，**イ**の国債を売買し景気を調整するのは日本銀行，**ウ**の諸外国と条約を結ぶのは内閣である。

4 民主政治②
公民編
国会・内閣・裁判所

基礎力チェック

問題 → 本冊 P.151

解答

1 立法
2 二院制〔両院制〕
3 常会〔通常国会〕
4 衆議院の優越
5 内閣総理大臣の指名
6 行政
7 閣議
8 三審制
9 最高裁判所
10 刑事裁判
11 裁判員制度
12 三権分立
13 弾劾裁判

実践問題

問題 → 本冊 P.152

解答

1 (1) A 二院〔両院〕　　B （例）予算の議決
　　 C 裁判官
　(2) ウ
　(3) X イ　　Y エ　　(4) イ
　(5) （例）任期が短く，解散がある
　(6) 1 カ　　4 ア
　(7) ①予算　　②62人以上
　　　③（参院院の）緊急集会　　(8) エ
　(9) （例）少数意見を尊重すること。

2 (1) A 行政　B 国会　C 天皇　D 国会議員
　(2) ①政令　　②エ
　(3) 国会議員
　(4) ①a 財務省　　　　b 外務省
　　　 c 農林水産省　　d 文部科学省
　　　②（国家）公務員
　(5) 議院内閣制
　(6) ①行政改革　　②独立行政法人

3 (1) A オ　　B イ
　(2) ①C 内閣　　D 天皇
　　　②弾劾裁判所　　③国民審査

4 (1) ①上告
　　　②制度　三審制
　　　　理由　（例）裁判を慎重に行い，人権を守
　　　　るため。
　(2) （例）法律などが憲法に違反していないかど
　　　うかを判断する最終的な権限をもっている
　　　ため。
　(3) ①検察官　　②黙秘権
　　　③制度　裁判員制度　　位置　ア

④a オ　　b ア　　c イ
(4) X 時間　　Y 弁護士
5 (1) A 内閣総理大臣の指名　　B 衆議院
　　 C 司法
　(2) c
　(3) （例）権力を分散させて，濫用されるのを防
　　　ぐため。

解説

1

(1) A　日本の国会は，衆議院と参議院の2つの院か
らなる二院制をとっている。二院制は違った視
点からものごとを見ることができるため，審
議を慎重に行うことができるが，意見が合わな
いと政治が不安定になりやすいという欠点もあ
る。

B　衆議院の優越は，他に条約の承認，内閣総理
大臣の指名などでも認められている。

C　裁判官の弾劾裁判や，国政調査権，憲法改正
の発議などには衆議院の優越は認められていな
い。これらの権限は，衆議院と参議院に平等に
認められている。

(2) 条例は地方公共団体で制定され，その地方公共団
体のみに適用される。国会の議決などは必要とし
ない。したがってウが正解。アの憲法の改正は国
会が発議する。イの法律は国会が制定する。エの
条約は内閣が締結するが国会の承認を必要とする。

(3) 衆議院の定数は比例代表選出176人，小選挙区選
出289人の465人になっている。参議院の定数は
比例代表選出100人，選挙区選出148人の248人。

(4) 法律の制定の際，先に衆議院で法案が可決され，
参議院で否決された場合，再度衆議院で出席議員
の3分の2以上の賛成で可決されれば，法律とし
て成立する。

(5) 衆議院は任期が4年で解散があり，任期6年で解
散がない参議院より民意が反映されやすいと考え
られているため，衆議院の優越が認められている。

(6) 法律案をつくることができるのは，カの内閣と国
会議員である。成立した法律を公布するのはアの
天皇。法律案の議決を行うのは本会議，委員会の
場で意見を述べるのは公聴会である。

委員会…政策の分野ごとに少人数で集まって，本
　　　　会議前に内容を審議する。
公聴会…委員会の際などに，外部の関係者や学識
　　　　経験者から意見を聞く。
本会議…実際に国会の場で審議を行う。

(7) ①常会は毎年1回1月に召集され，予算の審議を
　　　行うことになっている。会期は150日間。
　　②臨時会が開かれるのは，内閣が必要と認めたと
　　　きか，どちらかの議院の総議員の4分の1以上
　　　の要求があったときである。この場合だと，参
　　　議院の総議員数は(100人＋148人＝)248人で，
　　　その4分の1以上の人数であることから248÷
　　　4＝62となり，62人以上の要求が必要となる。
　　③衆議院の解散中に急に議決を必要とするような
　　　できごとがおこった場合，参議院のみで開かれ
　　　る国会を緊急集会という。
　　　次の国会が開かれたとき，10日以内に衆議院の
　　　同意がないと，緊急集会での議決は無効になる。

(8) 衆議院と参議院で内閣総理大臣の指名が異なった
　　場合は，衆議院の指名した人物が内閣総理大臣に
　　なる。したがって，エが誤りである。

(9) 多数決を行うときは，多数派の意見だからといっ
　　てすぐに決定するのではなく，少数派の意見も聞
　　いて，じっくりと話し合いをすることが必要であ
　　る。多数派の意見だからといって正しいとは限ら
　　ない。

2

(1) A　政治を行う行政権は内閣に属している。
　　B〜D　内閣を構成するのは内閣総理大臣と国務
　　大臣で，組閣を担当するのは内閣総理大臣である。
　　内閣総理大臣は，国会が指名し，天皇が任命する。
　　国務大臣は内閣総理大臣が任命する。国務大臣の
　　過半数は国会議員でなければならない。

(2) ①内閣は憲法・法律の範囲内で政令を定めること
　　　ができる。
　　②問責決議では総辞職する必要はない。したがっ
　　　て，エが誤りである。

(3) 内閣総理大臣は国会議員のなかから国会の議決に
　　よって指名することになっている。また，任命は
　　天皇が行う。

(4) ①内閣にはその下に，1府13省庁からなる組織が
　　　あり，それぞれが専門分野に関わる行政を行っ

ている。各省庁の長は国務大臣がつとめている。
　　②これらの省庁で働く人々は公務員とよばれ，「す
　　　べて公務員は，全体の奉仕者であって，一部の
　　　奉仕者ではない。」(日本国憲法第15条2項)と
　　　定められている。

(5) 「内閣は，行政権の行使について，国会に対し連
　　帯して責任を負ふ。」(日本国憲法第66条3項)と
　　定められ，議院内閣制によって，内閣は国会の信
　　任のうえになりたっている。

(6) ①「小さな政府」をめざして民営化や規制緩和を
　　　進め，公務員の数を減らすなど，行政改革が進
　　　められている。
　　②行政改革の一環として，公共サービスを担って
　　　いるため完全な民営化は進めづらいが，国が直
　　　接実施する必要のないものについて，独立行政
　　　法人として国からの切り離しが行われた。

3

(1) 裁判を行う司法権は，最高裁判所と下級裁判所か
　　らなる裁判所がもっている。司法権の独立を守る
　　ために，「すべて裁判官は，その良心に従ひ独立
　　してその職権を行ひ，この憲法及び法律にのみ拘
　　束される。」(日本国憲法第76条3項)と定められ
　　ているように，裁判官の独立は保障されている。

(2) ①最高裁判所長官の指名は内閣が行い，任命は天
　　　皇が行う。その他裁判官の任命は内閣が行う。
　　　下級裁判所の裁判官は，最高裁判所が指名した
　　　名簿にもとづいて内閣が任命する。
　　②③弾劾裁判所は，その裁判官が裁判官としてふ
　　　さわしくないとされた場合に国会が開くもので，
　　　すべての裁判官が対象となっている。一方，国
　　　民審査は最高裁判所の裁判官のみが対象である。

4

(1) ①②日本では1つの訴えにつき3回まで裁判を求
　　　めることができる。これを三審制といい，第一
　　　審を不服として第二審を求めることを控訴，第
　　　二審を不服として第三審を求めることを上告と
　　　いう。このようなしくみをとるのは，裁判を慎
　　　重に行うことによって，人権が侵害されるのを
　　　防ぐためである。

(2) 裁判所は法律や政令が憲法に違反していないかど
　　うかを調べる違憲立法審査権をもっている。その
　　なかで，最高裁判所が出す判断は最終的な決定と
　　なるため，最高裁判所を「憲法の番人」とよぶこ
　　とがある。

(3) ①刑事裁判は，検察官が被疑者を被告人として起訴することから始まる。

　②被告人には，黙秘権や，弁護人を頼んで助けを求める権利などがある。これは，被告人に対する人権尊重が配慮されているからである。

　③裁判員制度は 2009 年 5 月からスタートした，国民が一部の刑事裁判に参加する制度である。国民の一般的な感覚を司法に取り入れることが目的の 1 つである。

　④民事裁判は人と人との間の争いを裁くものである。訴えた人を原告，訴えられた人を被告とよぶ。裁判になる前に話し合い（調停）を行い，和解することもある。

(4) 日本の裁判はわかりづらく，時間と費用がかかるため，もっと利用しやすい司法制度にするための司法制度改革が進められている。裁判員制度もこの改革の一環である。

5

(1) 国会から内閣に対する働きかけは，内閣不信任の決議と内閣総理大臣の指名，内閣から国会への働きかけは衆議院の解散である。裁判所がもっている国の権力は司法権である。日本は国の権力を立法権（国会），行政権（内閣），司法権（裁判所）の 3 つに分ける三権分立のしくみをとっている。

(2) 下線部は法律が憲法に違反しているという判断で，裁判所から国会に対する違憲立法審査権の行使にあたる。

(3) 国の権力が 1 か所に集中すると，抑制が働かず，人権が侵害されるといった問題がおきる可能性があるため，権力を 3 つに分ける三権分立によって，その濫用を防ぐねらいがある。

基礎力チェック 　問題 ➡ 本冊 P.159

解 答

1 消費支出 　　2 クーリング・オフ制度

3 製造物責任〔ＰＬ〕法

4 均衡価格 　　5 寡占

6 公共料金 　　7 独占禁止法

8 公正取引委員会 　　9 配当〔配当金〕

10 株主総会 　　11 労働基準法

12 金融 　　13 日本銀行

14 為替相場〔為替レート〕

実践問題 　問題 ➡ 本冊 P.160

解 答

1 (1) 累進課税

　(2) ア 　　(3) エ

　(4) ア 　老年人口が増加するので増える

　　　 イ 　生産年齢人口が減少するので大きくなる

2 (1) ア

　(2) （例）国民の生活に大きな影響を与えるから。

　(3) ①イ

　　　② （例）価格の自由競争がなくなり，少数の企業が一方的に価格を決めるようになるから。

　(4) 独占禁止法

3 (1) ①小売 　　②ウ 　　(2) イ

　(3) ①A 株主 　　B 配当〔配当金〕

　　　②株主総会

　(4) 多国籍企業

4 (1) ア

　(2) ①男女雇用機会均等法

　　　② （例）女性の就業者数は増加しているが，女性の正規労働者の割合は減少している。

　(3) ウ

5 (1) 景気変動 　　(2) イ

6 (1) ①日本

　　　② （例）政府の資金の預け入れを受け入れたり，取り扱いを行ったりする。

　(2) ウ

　(3) ①a ア 　　b 管理通貨制度 　　②金融政策

    (4) 利子〔利息〕
7 (1) ①為替相場　②イ
   (2) エ　　(3) ①(例)外国の方が賃金が安いから。
      ②産業の空洞化

解説

1

(1) 所得税や相続税には，所得が多くなればなるほど
　　高い税率を適用する**累進課税**の方法がとられてい
　　る。

所得税の累進課税

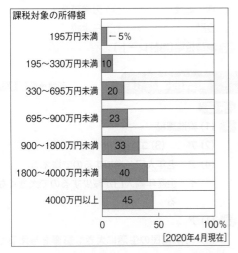

(2) **イ**は組合員の共同出資で，国や地方公共団体が出
　　資もしくは運営していないため，公企業とはいえ
　　ない。**ウ**は個人企業，**エ**は法人企業で私企業とな
　　る。
　　　資本主義経済でも，全ての企業が利潤を目的とし
　　ているわけではない。水道やガス，公立病院など
　　は利潤目的ではなく公共の目的のために活動し，
　　国や地方公共団体が資金を出して運営をする**公企
　　業**とよばれる。それに対し，利潤を目的とする民
　　間企業は**私企業**とよばれる。

(3) 政府が歳入や歳出を通じて景気を安定させようと
　　する政策を**財政政策**という。**好景気（好況）**のと
　　きには公共投資を減らして企業の仕事を減らした
　　り，増税をして企業や家計の消費を減らして，景
　　気をおさえる。また，日本銀行は，物価の変動を
　　おさえ，景気の安定化を図るために**金融政策**を行
　　う。

(4) 近年，老年人口が増加しており，医療や年金など
　　に給付される社会保障給付費も増えている。一方，
　　社会保障給付費を負担する15〜64歳の生産年齢

人口の割合は減少しているため，1人あたりの経
費の負担は大きくなる。

2

(1) **需要量**とは，消費者が購入しようとする量，**供給量**
　　とは生産者が販売しようとする量のことである。
　　価格が**A**のとき，供給量は需要量に比べて次の図
　　の**X**の分だけ多いので，価格は下降する。
　　　価格が下がると，需要量は増えるので，結果とし
　　て価格は需要量と供給量が一致する**均衡価格**で落
　　ち着く。

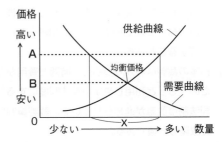

(2) 電気・ガス・水道，鉄道などの価格は**公共料金**と
　　よばれ，自由競争のもとで価格が決定されると国
　　民生活に大きな影響を与えることになる。そのた
　　め，国や地方公共団体が価格を決定したり，認可
　　したりするようになっている。

(3) ①**寡占**とは，少数の大企業が生産や販売市場を支
　　配する状態をいう。資料を見ると，「上位1社」「上
　　位3社」「上位5社」ともに市場全体に占める割
　　合が最も高い**イ**が，寡占の状態が進んでいると
　　いえる。
　　②少数の企業によって市場が支配されるようにな
　　ると，価格の自由な競争がなくなる。すると，
　　商品の価格は市場を支配している少数の企業が
　　一方的に決定するようになることから，不当に
　　高くなり，下がりにくくなる。このようにして
　　決定される価格のことを管理価格という。

(4) 価格が下がりにくくなるなど，消費者にとって不
　　利益にならないようにするために，**独占禁止法**が
　　制定された。この法律は，企業間の公正で自由な
　　競争を確保することによって，国民の利益を守る
　　ことを目的としている。また，その目的を実現す
　　るための運用機関として**公正取引委員会**が設置さ
　　れている。

3

(1) ①商品が生産者から消費者に販売されるまでの道
　　すじを流通という。商品の流通に携わる仕事を
　　商業といい，**卸売業**と小売業に大きく分けられ

る。商店，スーパーマーケットなど，商品を消費者に販売しているのは，小売業者である。卸売業は問屋ともいい，生産者からまとめて仕入れ小売業にまとめて売るという仕事をしている。

②「流通の合理化」とは，商品の流れを能率的なものにすることをいう。流通のしくみが複雑になると，人手を経る回数が多くなり，その分経費がかかるため，小売価格が高くなる。そこで，スーパーマーケットなどの大規模小売店は，商品を生産者から直接仕入れて流通経費の削減をはかったり，流通センターを設けたり，自社ブランドを開発したりして流通の合理化をはかっている。

(2) NGOは私企業ではない。私企業とは利潤を目的として民間で経営される企業であり，「利潤を追求しない私企業」というのはあり得ない。したがって，イが誤りである。

(3) ①株式会社は，必要となる資本（金）を小額の株式に分けて発行し，株式の引受人を広く集める。株式を購入して資金を出した者は株主とよばれ，会社が利潤を生み出した場合，持ち株数に応じて配当（配当金）を受けることができる。

②経営の基本方針や取締役を決定するのは，**株主総会**である。株主総会は株式会社の最高議決機関であり，株主はそこでの議決権を株数に応じてもっている。

(4) 複数の国にまたがって生産・流通などの拠点をもつ企業のことを多国籍企業という。国内から世界に目を向け，さらに大きな利益を求めて経済活動を行っている。

4

(1) **労働基準法**は，「労働者に，休憩時間を除き1日について8時間を超えて，労働させてはならない。」と定めている。したがって，**ア**が誤りである。
労働基準法は労働三法の1つであり，労働条件の最低基準を定め，労働者の生活を保護することを目的としている。

(2) ①男女雇用機会均等法は，募集・採用・昇進・定年・解雇など，職場での男女の格差をなくすことを定めたものである。

②**資料Ⅰ**を見ると，女性の就業者数は増加していることがわかる。次に**資料Ⅱ**を見ると，女性の正規労働者（正社員のこと）の割合が減少していることがわかる。これらをまとめて述べる。こ

の問題のように，「変化」について述べる場合，「増加しているのか」「減少しているのか」を読みとるようにする。

(3) 定年まで同じ企業で働き続ける**終身雇用制**は，これまで日本の多くの企業で受け入れられてきたが，近年は能力や職歴を重視することが増え，見直しが進められている。

5

(1) 図において，Aは好況期，Bは後退期，Cは不況期，Dは回復期を表している。資本主義社会では，このような経済の状態がくり返されることを**景気変動**という。

(2) アは不況期，イは好況期，ウは回復期，エは後退期についての説明である。

景気変動

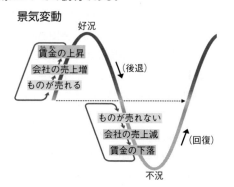

6

(1) ①わが国の中央銀行は**日本銀行**である。個人や企業とは取り引きせず，政府や銀行などと取り引きを行う。

②「政府の銀行」の役割は，図の「政府資金の受け入れ」「政府資金の取り扱い」という語句から読みとる。日本銀行は，政府の銀行として政府資金を預かったりその出し入れをしている。

日本銀行のはたらき

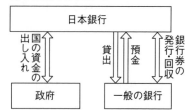

(2) **金融機関**とは金融のなかだちをする機関であり，都市銀行や地方銀行などのほか，信用金庫や信用組合，証券会社，生命保険会社などがある。例えば，証券会社は，株式などの売り買いの手助けをして手数料収入を得ている。保険会社は，加入者から保険料を集め，集めたお金を運用して収入を得て

いる。

(3) ①②日本銀行は，例えば不況のときには，一般の
銀行がもっている国債などを買い上げる。すると，
一般の銀行がもつ通貨量が増加するため，景気は
刺激され，好況に向かうと考えられる。このよう
に，日本銀行が行う景気対策を金融政策という。

(4) 銀行の貸しつけには利子（利息）が必ずかかってく
る。一般の銀行はその貸し借りをしたときの利子
で利益を得ている。

7

(1) ①外国と貿易をする場合，外国の企業との間で代
金の支払いや受け取りを行う必要がある。しか
し，国ごとに通貨が異なるため，自国通貨と外
国通貨との交換が必要になる。このときの交換
比率が為替相場（為替レート）である。現在，円
やドルなどの為替相場は，外国為替市場におい
て需要と供給の関係によって決められている。

②「1ドル＝150円」から「1ドル＝100円」に為
替相場が変動した場合，それまで150円で買っ
ていたアメリカ製の商品が100円で買えること
になる。これは円の価値が上がったことを意味
し，これを円高という。円高ドル安になると，
日本では，アメリカから輸入する商品の価格は
安くなる。よってイが正解である。

ア　円高ドル安になると，円の価値が高まるた
め，日本人にとってアメリカ旅行での滞在費
は安くなる。日本人がアメリカ旅行をし，滞
在費用が1000ドルとした場合を考える。円
安で1ドル＝150円のときの費用は，日本円
では1000×150＝15万円だが，円高で1ド
ル＝100円のときの費用は，1000×100＝
10万円と安くなる。

ウ　円安ドル高になると，ドルの価値が高まる
ため，アメリカ人にとって日本への観光旅行
はしやすくなる。アメリカ人が日本への観光
旅行をし，旅行費用が15万円とした場合で考
える。円高で1ドル＝100円のときの費用は
150000（円）÷100＝1500ドルだが，円安
で1ドル＝150円のときの費用は，150000
（円）÷150＝1000ドルと安くなる。

エ　円安ドル高になると，日本からアメリカへ
輸出している日本の商品の価格は安くなるた
め，売れやすくなる。

ミス注意！

円高…円の価値が高くなること。
　　　（例）「1ドル＝150円」から「1ドル＝100円」
円安…円の価値が低くなること。
　　　（例）「1ドル＝100円」から「1ドル＝150円」

(2) ア　消費者は，カード会社には買い物をしたあと
で商品の代金を支払うことになるため，計画的
に買い物ができるわけではない。

イ　消費者は，計画的に買い物をする必要がある。

ウ　販売店に商品の代金を前払いするのはカード
会社である。消費者が販売店に前払いするわけ
ではない。

以上のことからエが正解であるとわかる。

(3) ①グラフから，日本の賃金に比べて，台湾，中国，
フィリピンの賃金の方が安い。このことから，
企業は労働者を日本で雇うより，これらの外国
で雇った方が生産費が安くなるため，賃金の安
い労働者を求めて海外に進出していることがわ
かる。

②工場などが海外へ進出すると，国内の労働者が
仕事につくことができず，国内の産業が衰退す
る「産業の空洞化」がおきる。産業の空洞化が
おきている状態だと，生産に必要な技術が海外
へ流出するといった問題もある。

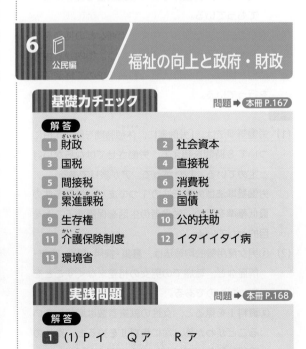

6 公民編　福祉の向上と政府・財政

基礎力チェック　問題 ➡ 本冊 P.167

解 答

1 財政　　　　　　2 社会資本
3 国税　　　　　　4 直接税
5 間接税　　　　　6 消費税
7 累進課税　　　　8 国債
9 生存権　　　　　10 公的扶助
11 介護保険制度　　12 イタイイタイ病
13 環境省

実践問題　問題 ➡ 本冊 P.168

解 答

1 (1) P イ　　Q ア　　R ア
　(2) X ア　　Y イ

(3) Ⅰ 中小　　Ⅱ 大
(4) ア・イ
2 (1) ①国税　　②累進課税
(2) ア　　　(3) イ　　　(4) 250
3 (1) 生存権
(2) ①ア　　②ウ　　③イ　　④エ
(3) ①2000年 イ　2030年 ア
　　②エ　　③エ
4 (1) ①ア　　②イ
(2) ①介護保険　　②エ
5 (1) エ
(2) ①×　　②○　　③×

解説

1

(1) 経済全体の状態を，**景気**といい，**好景気（好況）**の状態では商品がたくさん売れ，企業の生産が増え，家計の所得は増加する。反対に**不景気（不況）**の状況では，商品はあまり売れず，企業の生産が減り，家計の所得も減少する。社会全体の需要と供給の動きに応じて，好景気と不景気を交互に繰り返すことを**景気変動**という。

(2) 不景気のとき，政府は公共事業への支出を増加させて民間企業の仕事を増やしたり，減税をして家計や企業の資金を増やすことで消費を増加させようとして景気を刺激しようとする。好景気のときは逆の対策をとり景気をおさえようとする。

(3) 日本の企業数では，99％以上が中小企業で，日本の売り上げの約43％，従業員数の約70％を中小企業が占める。大企業よりも高い技術力を持っている中小企業も多くあり，日本の生産力を支えてきた。

中小企業の日本経済に占める割合

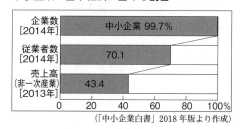

（「中小企業白書」2018年版より作成）

(4) 日本の社会保障の4つの基本的な柱のうち，けがや病気，失業などで働けなくなり，収入がなくなったときの備えが**社会保険**，高齢者や障がいのある人々，子どもなど，社会の中で弱い立場になりやすい人々への支援が**社会福祉**，生活環境の改善や

感染症の予防などで，人々の健康や安全な生活を守る役割を果たすのが**公衆衛生**，残る1つがウの生活に困っている人に生活費などを給付するしくみの**公的扶助**である。エの医療費は，被保険者が一部を負担し，残りを全国健康保険協会や健康保険組合，市区町村などの保険者が支払う。

日本では，高齢化にともない社会保障関係費の増加に対応するため，2019年に消費税が8％から10％に引き上げられた。社会保障の充実と経済成長をどのように両立させるかが日本の課題となっている。

2

(1) ①**国税**には，所得税や法人税，相続税，消費税，酒税など，**地方税**には，自動車税，固定資産税などがある。

おもな税の種類

		直接税	間接税
国税		所得税 法人税 相続税	消費税 酒税 たばこ税 関税
地方税	都道府県税	（都）道府県民税 事業税 自動車税	地方消費税 （都）道府県たばこ税 ゴルフ場利用税
	市町村税	市町村民税 固定資産税 事業所税	市町村たばこ税

②所得が多い人は税率が高く，所得が少ない人は税率が低くなるしくみ。累進とは，数が大きくなるほど比率が高くなっていくことである。

(2) 法人税，相続税などは**直接税**，関税，たばこ税などは**間接税**である。フランスとイギリスでは，間接税が40％以上を占めている。日本では約70％，アメリカでは，約80％を直接税が占めている。

(3) 消費税は，所得の多い人も少ない人も，同じ税率で税金を負担している。したがって，**イ**が正解である。

　ア　支払う者と納める者が同じなのは直接税，異なるのは間接税。消費税は間接税である。

　ウ　1989年に消費税が導入されたときは，税率は3％だったが，1997年に5％に，2014年に8％に，2019年に10％に引き上げられた（2020年11月現在）。

　エ　消費税より所得税や法人税のほうが割合が高くなっている。

(4) レシートに，「内　消費税」とあることから，2750円は消費税込みの金額であることがわかる。

消費税率は10%だから，消費税込みの金額は，定価×（1＋0.1）＝2750円となる。この式から定価を求めると，2750÷1.1＝2500円となるから，消費税は2750－2500＝250円となる。

3

(1) 日本国憲法第25条で保障されている，**社会権**の中心となる権利である。社会権には他にも，教育を受ける権利，労働基本権などがある。

(2) **エ**は社会保険のうちの雇用保険について述べている。社会保険は保険料を払って，高齢・失業・病気などの際に保険金を受け取る制度。年金保険，医療保険，雇用保険，介護保険などがある。

種類	内容	具体的な制度など
社会保険	加入者があらかじめ保険料を払っておき，病気や失業などで必要なときに保険金や介護サービスなどが受けられる。	医療保険，年金保険，雇用保険，介護保険，労災保険
社会福祉	高齢者や障がい者など働くことが困難な人の生活を保障するため，施設やサービスを提供する。	老人福祉，児童福祉，障がい者福祉，母子福祉
公的扶助	生活が困難な人に生活費などを支給し，自立を支援する。	生活保護（生活，住居，教育など）
公衆衛生	国民の健康の保持・増進のため，病気の予防や生活環境の整備などを行う。	感染症対策，上下水道の整備，公害対策など

(3) ①生産年齢人口は，15～64歳の人口のこと。2000年は862÷1267＝0.68…より約70％，2030年は677÷1165＝0.58…より約60％となる。

②老年人口は65歳以上の人口のこと。257（十万人）÷149（十万人）＝1.72…より，2005年の老年人口は1990年の老年人口の1.7倍だから，1.8倍以上ではない。したがって，**エ**が正解である。

ア 単位は十万人であることに注意する。1995年，2000年，2005年は，それぞれ5年前より340万人，370万人，370万人増えている。

イ 3400万人－2950万人＝450万人より，450万人増えているので，正しい文。

ウ 1990年の老年人口が総人口に占める割合は，149÷1233×100＝12.08…％より10％をこえている。同様に2005年は，257

÷1273×100＝20.18…％より，20％をこえている。したがって正しい文である。

③グラフから，将来老年人口が増加するため，公的年金の費用は増加すると考えられる。公的年金の保険料を支払う中心となるのは生産年齢人口にあたる人々なので，これらの人々の保険料の負担も増加すると予想される。したがって，正解は**エ**である。

4

(1) ①年金の増加額は約42兆円，医療の増加額は約23兆円となっている。

②「福祉・その他」の金額は，1980年度から1990年度は約1.2兆円，2000年度から2010年度は約8.2兆円増えている。

(2) ①2000年に，65歳以上の人，老化が原因の病気の40～64歳の人を対象とした**介護保険制度**が創設された。

②介護保険のサービスの申請は市町村の窓口で行う。したがって，**エ**が正解である。

ア サービスの内容は，**ケアマネージャー**によってプランがつくられて決まるが，すべての利用者が施設に入所するわけではない。在宅訪問介護のサービスを受けることもできる。

イ 介護保険料を支払うのは40歳以上である。

ウ 申請した人すべてが必ず介護サービスを受けられるとは限らない。申請後，介護が必要だと認定された人が，要介護度に応じてサービスを受けることができる。

5

(1) **四大公害病**は水俣病，新潟水俣病，イタイイタイ病，四日市ぜんそく。水俣病，新潟水俣病は，工場から海に流れた廃水に含まれていた，メチル水銀（有機水銀）による水質汚濁が原因となった。したがって，**エ**が正解。イタイイタイ病も，川に流れたカドミウムによる水質汚濁が原因。四日市ぜんそくは，大気汚染が原因の公害である。

(2) ①1998年に制定された**家電リサイクル法**では，すべての家電の回収・リサイクルをメーカーに義務づけてはいない。テレビ，洗濯機，エアコン，冷蔵庫の4品目が対象なので，正しい文ではない。

②**公害対策基本法**を引き継ぎながら，ごみ問題など生活公害の悪化，地球温暖化など地球規模の

環境問題の深刻化など，社会の変化に対応していくために，1993年に**環境基本法**が制定された。同時に公害対策基本法は廃止された。したがって，正しい文である。

③廃棄物の焼却施設から排出されるのは，**フロンガス**ではなく**ダイオキシン**なので，正しい文ではない。ダイオキシンは，ごみを焼却する過程などで発生する，有害な物質である。フロンガスは，スプレーや冷蔵庫，エアコンなどに使われていた物質。**オゾン層破壊**の原因となるため，排出が規制され，フロンガスを使っている機器の回収・破壊処理がなされている。

---

7 公民編 世界平和と人類の福祉

基礎力チェック

問題 → 本冊 P.173

解答

1 内政不干渉の原則
2 領域
3 ニューヨーク
4 総会
5 安全保障理事会
6 拒否権
7 冷戦〔冷たい戦争，東西冷戦〕
8 難民
9 ＥＵ
10 地球温暖化
11 京都議定書
12 南北問題
13 ＯＤＡ〔政府開発援助〕

実践問題

問題 → 本冊 P.174

解答

1 (1) A 領土　B 領空　C 領海
　(2) (例) 沿岸国が水産資源や鉱産資源を自由にとることができる水域。
　(3) 主権
2 (1) 非核三原則
　(2) 難民
　(3) (例) 日本は，国民総所得に対するＯＤＡ支出金額の割合が低い。
3 (1) エ　(2) ＰＫＯ
　(3) ヨーロッパ・旧ソ連　イ
　　　アフリカ　エ
　(4) ウ，エ
　(5) (例) 冷戦時代にはアメリカとソ連が対立していたため，拒否権の発動により，議決できないことがあったから。
4 (1) 温室効果

---

　(2) (例) 発展途上国は，**工業を発達させ経済力**をつけたいと考えているから。
5 (1) (例) エネルギー自給率が低く，資源を外国からの輸入に頼っている。
　(2) フェアトレード

解説

1

(1) 国家の領域は**領土・領空・領海**からなる。

ミス注意

・領土…その国家の土地
・領海…沿岸から12海里 (約22km)
・領空…領土と領海の上空，大気圏内まで。

(2) 経済水域は沿岸から**200海里**までの領海をのぞいた水域。沿岸国に水産資源や鉱産資源の権利がある。外国船の航行は自由にみとめられている。

(3) 国家はほかの国からは独立して国内を自由に治める権利をもっており，この権利を**主権**という。国際社会においてはこの主権はどの国も平等であるという**主権平等の原則**がとられている。

2

(1) 日本は1945年8月に，広島と長崎に**原子爆弾**を投下され，多くの犠牲者が出ている。核兵器の廃絶と軍縮によって世界平和を推進することが日本の果たすべき役割である。

(2) 現在，難民の増加により，これまで難民を受け入れてきた周辺国の対応も難しくなってきている。ＵＮＨＣＲなどの国際組織では，難民を保護するための**難民キャンプ**を設けて，食料や水，生活用品などを援助している。

(3) 日本では国際貢献として，お金だけでなく，人材育成や技術援助の面でも途上国の開発を支援している。

3

(1) **国際連合**は**総会**，事務局，国際司法裁判所，**安全保障理事会**，経済社会理事会，信託統治理事会 (活動停止中) などからなりたっているため，正解は**エ**。アの第一次世界大戦の反省から発足した組織は**国際連盟**，イの本部があるのは**ニューヨーク**，ウは民族間の紛争にも国際連合は軍を派遣することがある。

(2) 国連が行っている停戦の監視などを行う活動を国連の**平和維持活動** (Peacekeeping Operations

＝PKO）という。日本も自衛隊が参加し，カンボジアやルワンダ，イラクなどへ派遣されてきた。

(3) ヨーロッパ・旧ソ連は，ソ連の解体などにともない1990年代はじめに国家の数が増えたことから1970年から1995年の間の加盟国数が増えている**イ**。アフリカは1960年が「**アフリカの年**」といわれるように独立した国が多かったため，1945年から1970年の間の加盟国数の増加が激しい**エ**。加盟国数が少ない**ア**はオセアニア，**ウ**は南北アメリカである。

(4) **ウ**のIAEAは国際原子力機関のことで，原子力の平和的運用の推進などを行う。**エ**のUNHCRは国連難民高等弁務官事務所のことで，難民に関する諸問題の解決に取り組む。したがって，**ウ**・**エ**が正解である。
   アのUNESCOは国連教育科学文化機関で，義務教育の普及率の向上や，世界遺産の登録などを行っている。**イ**のWHOは世界保健機関のことで，人々の健康などに関する取り組みを進めている。**オ**のIMFは国際通貨基金のことで，通貨や為替の安定をめざす組織のことである。

(5) **資料**から，1940年代後半〜1960年代はおもにソ連の，1970年代〜1980年代はおもにアメリカの拒否権が発動されて議決がなされなかったことが読みとれる。この時期について**略年表**を見てみると，1940年代はアメリカが先に原爆を保有した時期，1950年代〜1960年代はアメリカ・ソ連の代理戦争がおきていた時期，1970年代はソ連の軍事行動が多かった時期，ということがわかる。東西陣営の対立＝冷戦のため，アメリカとソ連の対立が続いている間は拒否権の発動が多く，安全保障理事会の機能がじゅうぶんに果たされなかったということになる。

4

(1) **温室効果ガス**は，地球温暖化のおもな原因とされているガスのことで，二酸化炭素が代表的なものである。

(2) 発展途上国も二酸化炭素などの排出抑制や削減が必要なことはわかっていても，それにより工業の発展がさまたげられるため，自国の発展にともなう経済的な利益を考えると消極的になっているのが現状である。

5

(1) 日本は鉱産資源に乏しく，そのほとんどを輸入に頼っているため，エネルギー自給率が低い。輸入が難しくなった際のエネルギー確保が課題である。

(2) フェアトレードは日本語で「公正取引」と訳される。

入試予想問題

第1回

問題 ➡ 本冊 P.177

解答

1　(1) c　　(2) シリコンバレー　　(3) ウ
　　(4) ① (例) 人口の増加を抑えること。
　　　　② (例) 中国は人口が多く，生産された米
　　　　　の多くが国内で消費されるため。
2　(1) イ　　(2) ①a　②c
　　(3) (例) 夏の冷涼な気候を利用した抑制栽培を
　　　　行っているから。
　　(4) イ
3　(1) ア　　(2) エ
　　(3) ①ウ→エ→ア→イ　②イ　　(4) 出島
4　(1) ア　　(2) イ　　(3) 口分田　　(4) ウ
5　(1) モンテスキュー　　(2) ウ　　(3) エ
　　(4) ア
6　(1) 銀行の銀行　　(2) イ　　(3) イ
7　(1) a，ペキン　　(2) イ　　(3) エ　　(4) ア
　　(5) ①国際連合　②エ
　　(6) (例) 国民所得に占める社会保障の給付の割
　　　　合も高くなる。

解説

1
(1) 本初子午線はイギリスの首都ロンドン郊外にある
　　旧グリニッジ天文台を通る。したがって，c が正
　　解である。
(2) コンピューターや半導体関連のハイテク産業が集
　　中しており，半導体がシリコンを原料とすること
　　からこの名がつけられた。
(3) 東京と季節が逆になっていることから，南半球に
　　ある都市とわかる。したがって，ウが正解である。
(4) ①子どもの数を原則として 1 人に制限する政策で
　　あったが，人口構成がいびつになって社会問題
　　となってきたため，廃止された。
　　②国内消費が多く，輸出に回すことができないた
　　め，輸出量は世界第 6 位にとどまっている。

2
(1) X－Y は日本アルプスとよばれる飛騨山脈，木曽
　　山脈，赤石山脈などの 3000 m 級の山々を通って
　　いる。したがって，イが正解である。
(2) 北九州市やかつて水俣病が発生した水俣市はエコ
　　タウンが形成され環境モデル都市である。

(3) 温暖な地域での収穫が少なくなる夏に収穫・出荷
　　することで売り上げを伸ばすことができる。
(4) a は阪神工業地帯での割合が高いので金属，b は
　　中京工業地帯での割合が高いので機械，c は瀬戸
　　内工業地域での割合が高いので化学と判断するこ
　　とができる。したがって，イが正解である。

3
(1) 群馬県にある岩宿遺跡では旧石器時代の打製石器
　　が発見された。
(2) 東大寺が建てられたのは奈良時代であり，『万葉
　　集』がまとめられた時代と同じである。したがっ
　　て，エが正解である。アは飛鳥時代のできごと。
　　イは豊臣秀吉によって行われた政策で，安土桃山
　　時代のできごと。ウは平安時代のできごとである。
(3) ①アは 1167 年，イは 1192 年，ウは 1086 年，
　　エは 1159 年のできごとである。したがって，
　　ウ→エ→ア→イが正解である。
　　②南満州鉄道の利権が日本に譲渡されたのは日露
　　戦争の講和条約であるポーツマス条約の内容で
　　ある。したがって，イが正解である。
(4) 1636 年，徳川家光は出島を築いてポルトガル人
　　を収容したが，1639 年にポルトガル船の来航を
　　禁止した。1641 年に平戸にあったオランダ商館
　　が出島に移され，オランダ人と日本人の交流も制
　　限されることになった。

4
(1) Aの十七条の憲法を制定したのは，聖徳太子であ
　　り，天皇が女性であったり，幼い場合に置かれる
　　役職である摂政として推古天皇に仕えた。した
　　がって，アが正解である。イは奈良時代のできご
　　と。ウは平安時代に建てられた。エの白村江の戦
　　いは，663 年に百済の復興を助けるために派遣さ
　　れた日本軍が，唐と新羅の連合軍に大敗した戦い
　　である。
(2) Bの御成敗式目は鎌倉時代に定められた。Yは織
　　田信長による安土桃山時代の楽市・楽座の政策で
　　あるので誤り。したがって，イが正解である。
(3) 奈良時代になると，人口の増加により口分田が不
　　足した。そのため，土地の開墾をすすめようと，
　　723 年に三世一身法を制定したが，土地を新し
　　く開墾しても期限が終わると国に収めるとしたた
　　め，あまり効果は上がらなかった。そこで，743
　　年の墾田永年私財法では，開墾した土地を永久に
　　私有することを認めた。

入試予想問題

第1回

| 57

(4) **親藩**は将軍家の親戚で，尾張，紀伊，水戸は「御三家」とよばれ重んじられた。**譜代大名**は関ヶ原の戦い以前から徳川家に従っていた大名，**外様大名**は関ヶ原の戦い以後に徳川家に従った大名である。江戸幕府は，親藩，譜代大名は要所に，外様大名はなるべく遠隔地に配置した。

5

(1) モンテスキューは『法の精神』で三権分立を唱えた。

(2) **弾劾裁判所**は国会が裁判所に対して設置する。したがって，**ウ**が正解である。

(3) 法律案は衆議院と参議院のどちらに先に提出をしてもよいが，先に衆議院で可決され，参議院で否決された法律案は，衆議院で出席議員の3分の2以上の多数によって可決されると，法律になる。これを衆議院の優越という。

衆議院の優越	・予算の先議，議決
	・条約の承認
	・内閣総理大臣の指名
	・法律案の議決
	・内閣不信任の決議

(4) **刑事裁判**は，殺人や傷害などの犯罪行為について，被疑者を被告人として訴える。したがって，**ア**が正解。**民事裁判**は貸したお金を返してもらえない，建てた家に欠陥があったなど，私人（個人や企業など）の間で争われ，訴えた人が原告，訴えられた人が被告となり，自分の意見を主張する。

6

(1) **日本銀行**はこのほかにも，日本銀行券とよばれる紙幣を発券する「**発券銀行**」としての役割，政府の資金を預金として預かり，その出し入れを行う「**政府の銀行**」としての役割を担っている。

(2) 外国通貨に対して円の価値が低くなることを**円安**といい，日本の輸出企業にとっては有利になる。したがって，**イ**が正解である。

(3) 2008年の世界金融危機や2011年の東日本大震災をきっかけに，日本企業は，工場の海外移転や，部品調達先の海外企業への切り替えを進めた。その結果，輸入額が輸出額を上回る貿易赤字が進んでいる。したがって，**イ**が正解である。

7

(1) bはシャンハイ，cはウーハン，dはシェンチェンである。シェンチェンには外国企業を受け入れ

(2) ◆は石油の産出地であり，西アジアでは石油の産出量が多い。また，日本における一次エネルギー供給の割合が最も高いのは石油である。したがって，**イ**が正解である。**ア**は石炭。**ウ**は天然ガス。**エ**は原子力である。

(3) Bの国はエジプトであり，かつてナイル川のほとりで**エジプト文明**が栄えた。エジプト文明では神のように敬われた国王の墓としてピラミッドがつくられた。したがって，**エ**が正解である。**ア**と**ウ**はチグリス川とユーフラテス川のほとりで栄えた**メソポタミア文明**，**イ**はインダス川のほとりで栄えた**インダス文明**である。

(4) **マゼラン艦隊**が世界一周を成し遂げたのは1522年。**ア**は1467年，**イ**は1590年，**ウ**は1549年，**エ**は1543年のできごとである。したがって，**ア**が正解である。

(5) ①1920年に国際連盟が発足したが，第二次世界大戦を防げなかったことを反省に1945年に国際連合憲章が採択され，国際連合が生まれた。
②**常任理事国**はアメリカ，ロシア連邦，イギリス，フランス，中華人民共和国の5か国である。したがって，**エ**が正解。また，**非常任理事国**は任期2年で総会で選出される。

(6) 税金の負担と，社会保障給付の割合は同じ動きをすることがわかる。

解 答

1 (1) C

(2) (例) オーストラリアはかつてイギリスの植民地だったから。

(3) ①ヒンドゥー教 ②イ (4) 白豪主義

(5) (9月) 4 (日) 午前5 (時)

2 (1) ①リアス海岸

② (例) 養殖が魚をいけすで大きくなるまで育てるのに対して、栽培漁業はある程度成長すると川や海に放流する。

(2) イ (3) イ (4) エ

3 (1) ア→ウ→イ→エ (2) 教育勅語

(3) イ (4) エ

4 (1) 卑弥呼 (2) イ

(3) (例) 倭寇と正式な貿易船とを見分けるため。

(4) ウ

5 (1) イ (2) 非核三原則 (3) イ

(4) 3人

6 (1) 私企業 (2) エ

(3) (例) 減税や公共事業への投資を増やし、生産や消費を増やそうとする。

(4) 消費者基本法 (5) ウ

7 (1) ウ (2) D (3) エ

(4) ア→ウ→イ→エ

(5) ウ (6) 地方自治

解 説

1

(1) Aの国はイギリス、Bの国はインド、Cの国はオーストラリア、Dの国はブラジルである。日本はおよそ東経122度から154度の間に位置し、オーストラリアは南半球のほぼ同経度に位置する。したがって、Cが正解である。

(2) イギリスの国旗はユニオンジャックとよばれる。オーストラリアやニュージーランド、ツバルなど、かつてイギリスの植民地であった国の国旗にもユニオンジャックがデザインに入っている。

(3) ①インドでは約80%の人々がヒンドゥー教を信仰しており、インドの社会や暮らしに大きな影響を与えている。

②XはBの国であるインドが2位で、アメリカも

上位に入っていることから綿花、Yはロシアやフランスが上位に入っていることから小麦と判断できる。したがって、イが正解である。

(4) 白豪主義はアジアとの結びつきが強まるようになると、撤廃され、ヨーロッパ系以外の移民などを積極的に受け入れるようになった。

(5) 経度15度ごとに1時間の時差が生じるので、経度の差÷15度で求める。日本の標準時子午線は東経135度、Dの国の標準時子午線は西経45度だから、(135 + 45) ÷ 15 = 12より時差は12時間となる。日本の時刻はDの国より進んでいるので12時間足す。したがって、9月4日午前5時が正解。

2

(1) ①リアス海岸は三陸海岸のほかに、志摩半島などでもみられる。

②世界中で魚の消費が増え、中国など周辺国との漁獲争いによって日本が魚を獲れなくなってきている。

(2) PとRはAの岩手県での割合が高いので米、畜産と判断できる。SはBの山梨県での割合が高いので果実と判断できる。したがって、残るQは野菜となりイが正解である。

(3) アは都市の人口が減少し、郊外のニュータウンなどの人口が増えることである。

(4) 火山、温泉地と関わりのある発電方法は地熱発電である。したがって、エが正解である。

3

(1) アは1858年、イは1866年、ウは1860年、エは1867年のできごとである。したがって、ア→ウ→イ→エが正解である。

(2) 天皇と国への「忠君愛国」および親への「孝」を基本とする教育勅語は、国民の道徳や価値観の統一に大きな影響を与えた。

(3) ブロック経済は植民地が多いからできる対策であり、イギリスやフランスが行った。したがって、イが正解。

(4) 本格的な政党内閣である原敬内閣は米騒動後の1918年に成立した。したがって、エが正解。

(1) 卑弥呼については魏志倭人伝に記載されている。

(2) Xは1185年に源頼朝が行ったできごとである。Yは1232年に執権北条泰時が行ったできごとである。したがって，**イ**が正解である。

(3) 日本の貿易船は明から与えられた勘合という証明書を持参し，明の原簿と照合が行われた。

(4) Dの徳川綱吉が活躍した時代の文化を元禄文化という。したがって，**ウ**が正解である。ア，エは化政文化，イは室町時代の北山文化にあてはまる。

(1) **イ**の自己決定権は日本国憲法には直接的には記載されていない「新しい人権」である。したがって，**イ**が正解である。基本的人権の尊重に関わる権利は平等権，自由権，社会権，参政権などである。

(2) 日本は1945年，広島と長崎に原子爆弾を投下され，多くの犠牲者を出した経験から，非核三原則を掲げている。

(3) **ア**の内閣不信任の決議が可決された場合，内閣は10日以内に衆議院の解散を行うか，総辞職をしなければならない。したがって，**イ**が正解。**ウ**は国会が行い，**エ**は内閣総理大臣が行う。

(4) 各政党の得票数を1，2，3・・・と整数で割り，その答えの大きい順に定数まで議席を配分する。

	A党	B党	C党	D党
÷1	3000①	1800②	1200④	800⑦
÷2	1500③	900⑥	600	400
÷3	1000⑤	600	400	266

（÷1）の場合，（÷2）の場合，（÷3）の場合の答えを求め，答えの大きい順に定数の7まで番号を書いたとき，A党は3人当選したことがわかる。

(1) 私企業に対して，利潤目的ではなく公共のために活動する企業を公企業という。水道やガス，公立病院などは，国や地方公共団体が資金を出して運営する公企業にあたる。

(2) 商品の価格は需要量と供給量との関係で変化し，需要量が供給量を上回っている場合，一般に価格は上昇する。したがって，**エ**が正解。

(3) 国が公共投資や税金を調整し，経済を安定させることを財政政策という。

(4) 消費者基本法は2004年に消費者保護基本法が改正されたもので，消費者の権利が明示されている。

(5) ごみ増加の対策として，3R（リデュース，リユース，リサイクル）が求められている。マイバッグを持参することはごみを減らすことになるので，リデュースである。

(1) アパラチア山脈は北アメリカ大陸，アンデス山脈は南アメリカ大陸に位置する。また，河川について，ナイル川はアフリカ大陸に，アマゾン川は南アメリカ大陸に位置する。したがって，**ウ**が正解である。

(2) 経済水域は島国で広くなる。また，日本の国土は38万k㎡である。イにあてはまるのはニュージーランドである。したがって，**D**が正解である。

(3) Xは鹿児島，宮崎に加えて関東地方の県が上位になっていることから，豚と判断できる。Yは北海道，鹿児島が上位に入っているので肉用牛である。したがって，**エ**が正解である。

(4) アは607年，イは平安時代，ウは701年，エは明治時代である。したがって，**ア→ウ→イ→エ**が正解である。

(5) 日本の10万人あたりの法曹人口はどの項目においても最も少ない。したがって，**ウ**が正解である。

(6) 地方自治は，人々の暮らしに身近な民主主義の場であることから，「民主主義の学校」とよばれている。

MEMO

MEMO